HEYNE
BÜCHER

MICHAEL WHITE

Die Wissenschaft der Akte X

Beweise für die Realität des Unerklärbaren

Deutsche Erstausgabe

WILHELM HEYNE VERLAG
MÜNCHEN

HEYNE ALLGEMEINE REIHE
Nr. 01/11506

Titel der Originalausgabe
THE SCIENCE OF THE X-FILES
Aus dem Englischen
von Thomas Görden (Kapitel 1-4);
Bernhard Kleinschmidt (Kapitel 5-8);
Jochen Winter (Kapitel 9-12).

Umwelthinweis:
Dieses Buch wurde auf
chlor- und säurefreiem Papier gedruckt.

Redaktion: Dr. Michael Farin

Printed in Germany 1996
Umschlagillustration: Model von Andy Bridge,
fotografiert von Simon Battensby
Innenillustrationen: Legend Books
Umschlaggestaltung: Atelier Ingrid Schütz, München
Satz: Schaber Satz- und Datentechnik, Wels
Druck und Bindung: Ebner Ulm

ISBN 3-453-12309-3

Für meinen Vater

Samuel Leonard White
(1915–1985),

der in mir das Feuer
der Neugierde entfachte.

Gleich um die Ecke wartet ein
verflucht gutes Universum auf uns.
Also los, gehn wir!

E. E. CUMMINGS

Danksagung

Viele Menschen halfen mir, während ich dieses Buch schrieb, doch ganz besonders danke ich: Jaimie Tarrell, Paul Bailey und John Gribbin – für ihren Rat; meinen Agenten Bill Hamilton und Sara Fisher für ihren geschäftlichen Sachverstand, der mir selbst völlig fehlt, und John Jarrold, der wahrscheinlich der freundlichste Lektor ist, mit dem ich je gearbeitet habe. Schließlich möchte ich meiner Frau Lisa danken, die härter arbeitet als ich und die dafür sorgte, daß ich auch dann am Schreibcomputer ausharrte, wenn ich es vorgezogen hätte, mich zum Fernseher davonzuschleichen.

Inhalt

Vorwort

Dies ist ein Buch über Hypothesen – über jene Hypothesen, auf denen die Fernsehserie *Akte X* basiert.

Es gab eine Zeit, ungefähr bis zum Anfang dieses Jahrhunderts, während der die Erforschung des Paranormalen durchaus über ein gewisses Ansehen verfügte und von professionellen Wissenschaftlern ebenso betrieben wurde wie von begeisterten Amateuren. Diese offene Haltung endete aus zwei Gründen. Erstens schienen paranormale Phänomene so schwer erfaßbar, daß vielbeschäftigte Physiker, Chemiker und Biologen es ermüdend fanden, sie zu bestimmen und zu definieren. Zweitens erzielte die Wissenschaft so überwältigende Erfolge, daß das Übernatürliche für viele Menschen überflüssig zu werden schien. Atomphysik, Gehirnchirurgie und die Entwicklung der Raumfahrt können ebenso aufregend sein wie die Jagd nach Gespenstern oder der Versuch, die Existenz außerirdischen Lebens zu beweisen, und gleichzeitig kann man mit ihnen wissenschaftliches Ansehen und geschäftlichen Erfolg erlangen.

Bis heute ist das Paranormale schwer erfaßbar geblieben. Wir sind heute genauso weit davon entfernt, die Existenz oder Nichtexistenz von Telepathie, Psychokinese oder Hellsehen zu beweisen wie vor hundert Jahren. Aber wir verfügen heute immerhin über eine größere Zahl von wissenschaftlichen Ideen, die wir für vernünftige Hypothesen heranziehen können. Und genau das habe ich in diesem Buch versucht.

Ich habe mich immer für paranormale Phänomene interessiert. Von dem glühenden Enthusiasten, der ich in meiner Jugend war, wandelte ich mich zum überzeugtesten, zynischsten Skeptiker. Mittlerweile, so denke ich, bin ich immer mehr zu einer ausgewogenen Haltung gelangt, jener vielgerühmten geistigen Offenheit.

Wie viele Menschen hatte ich das Glück, das Paranormale aus erster Hand zu erleben. Und wie fast alle, denen das geschah, besitze ich keine wirklichen Antworten, die das, was ich erlebte, befriedigend erklären könnten.

1974 war ich ein wissenschaftlich interessierter fünfzehnjähriger Streber an einer traditionellen englischen Privatschule. Während der Sommerferien begannen einige meiner Freunde, die anonym bleiben sollen, da ihnen die Sache auch so schon peinlich genug ist, mit einem Ouija-Brett zu experimentieren. Sie stellten es sich selbst aus Papier und einem Orangensaftglas her, aber ungewöhnlich war weniger die von ihnen benutzte Methode als das, was dann geschah. Anstatt Mozart oder Julius Cäsar zu kontaktieren, unterhielten sie sich sofort mit jemandem, der behauptete, ein auf dem Saturn lebender Außerirdischer zu sein (in einem Parallel-Universum, in dem dieser Planet bewohnbar sei). Er nannte sich Alan Kalak 7. Er erzählte den Jungen, Anführer eines außerirdischen Komitees zu sein, das zwölf junge Menschen auf der Erde auswählen wolle, um *Die Gruppe* zu gründen – und diese Gruppe auserwählter Menschen würde eines Tages die Zukunft des Planeten radikal verändern.

Nun, für ein paar unreife Jungen, die sich gerade mit Akne, Kricket und der drohenden mittleren Reifeprüfung herumplagten, war das natürlich mächtig aufregend. Und für mich wurde es noch sensationeller, als die ursprünglichen Kontaktpersonen mich ganz beiläufig davon in Kenntnis setzten, daß Alan meinen Namen als Mitglied *Der Gruppe* genannt hatte.

Vor dem Ouija-Brett zu sitzen, war ein ziemlich sonderbares Erlebnis, erschreckend und erheiternd zugleich. Es bestand ein enormer Gruppenzwang, sich nicht vollends zum Trottel zu machen. Heute, über zwei Jahrzehnte später, erinnere ich mich nur noch an eine dieser Sitzungen sehr deutlich, und diese Erinnerung ist der Grund, warum ich die ganze Sache überhaupt erwähne.

An einem bitterkalten Nachmittag (es muß kurz nach einer Mathematik-Klausur gewesen sein) lud einer meiner Freunde (derjenige, der dieses Abenteuer initiiert hatte) – ich werde ihn G nennen – mich zu einer Brettsitzung ein, bei der nur wir beide versuchen wollten, mit Alan zu reden.

Dies hatten wir noch nie zuvor getan. Normalerweise bestand unsere Gruppe immer aus mindestens drei oder vier Leuten, so daß wir uns hinterher immer einreden konnten, irgendeiner von uns hätte heimlich das Glas bewegt, und alles sei in Wahrheit bloß ein alberner Spaß.

G legte die Zettel auf einem Glastisch aus, den er für diesen Zweck irgendwie organisiert hatte. Ein einfaches JA, NEIN und ein paar Buchstaben und Zahlen. Dann setzten wir uns einander gegenüber an den Tisch und berührten mit unseren Fingern ganz sacht das Trinkglas.

Plötzlich schien es sehr still im Zimmer zu werden. Die von draußen hereindringenden Geräusche verstummten, als seien sie von einem Tonband eingespielt und abrupt abgeschaltet worden. Wir hörten unseren Atem. Dann sagte G: »Alan, bist du da?«

Zuerst geschah nichts. Die Sekunden verstrichen – ich hörte sie auf der Uhr an meinem Handgelenk davonticken. Ansonsten nichts als Schweigen, während wir erwartungsvoll den Atem anhielten.

Das ist einfach lächerlich, dachte ich. Ganz offensichtlich würde überhaupt nichts passieren ... es sei denn, G hatte bisher immer das Glas verschoben. Doch gerade als ich schon glaubte, daß wir nur unsere kostbare Paukzeit verschwendeten und die Sache besser abbrechen sollten, bewegte sich das Glas.

Zunächst war die Bewegung kaum wahrnehmbar, dann zuckte das Glas und wanderte scheinbar mühelos über die glatte Tischplatte.

Ich war sprachlos. Ich hatte das schon einige Male erlebt, aber es hatte dabei immer eine größere Gruppe von uns um den Tisch gesessen. Ich schaute auf G's Finger, doch der schwebte beinahe über dem Glas, berührte es kaum. Ich betrachtete meinen eigenen Finger. Schob ich selbst das Glas, ohne mir dessen bewußt zu sein? Nein, natürlich tat ich das nicht. Auch ich berührte das Glas kaum.

G stellte Alan ein paar Fragen – etwas über *Die Gruppe* und die daran beteiligten Leute, und das Glas buchstabierte Initialen, antwortete mit JA oder mit NEIN, doch ich war viel zu verblüfft, um auf die Antworten zu achten.

Nachher redeten G und ich lange über das, was geschehen war, und wenn ich noch einen weiteren Beweis dafür brauchte, daß er genausowenig des Betrugs schuldig war wie ich, lieferte ihn mir diese Unterhaltung: G war ebenso geschockt und aufgeregt wie ich.

Ich würde gern berichten, daß aus *Der Gruppe* eine wirklich große Sache wurde, daß dieser Kontakt außerordentlich bedeutsam war und es sich bei Alan Kalak 7 und seinen Kumpanen tatsächlich um Aliens aus einem Paralleluniversum handelte, doch leider kann ich das nicht. Nach der Schule trennten sich unsere Wege, und akademische Abschlüsse, Frauen und Karrieren beschäftigten uns mehr als irgendwelche mutmaßlichen außerirdischen Kontakte. Während unserer restlichen Schulzeit gab es noch einige weitere Abenteuer und geheimnisvolle Vorfälle, aber Alans Versprechungen bezüglich *Der Gruppe* erfüllten sich nicht, und alles in allem befindet sich der Planet heute in einem schlimmeren Zustand als 1974. Aber nichtsdestotrotz hält sich bei mir die Erinnerung an jenen Nachmittag, und sie hat selbst in meinen empirischsten und skeptischsten Momenten meinen Enthusiasmus weiter genährt.

Ich habe immer noch keine Ahnung, was 1974 geschah. Ich bin nicht bereit zu glauben, daß wir von Außerirdischen kontaktiert wurden, oder von boshaften Gespenstern. Ebensowenig kommt es für mich in Betracht, daß unsere untrainierten Gehirne über die Fähigkeit der Psychokinese verfügten. Gleichermaßen erscheint es mir als unakzeptable Ausflucht, einfach zu mutmaßen, daß damals Kräfte am Werk waren, die sich für alle Zeiten unserem Verständnis entziehen.

Die Wahrheit ist, ich weiß nicht, wie dieser und andere Vorfälle zu erklären sind, aber weil ich es nicht weiß, bleibe ich weiterhin neugierig und entschlossen, es eines Tages herauszufinden.

MICHAEL WHITE
London, Juli 1996

1. Kapitel

Ist dort draußen jemand?

»Allein, allein, ganz allein,
allein auf einem weiten, weiten Meer!«

SAMUEL TAYLOR COLERIDGE

Sind wir allein in einem unendlichen Universum, oder ist der Kosmos so voller Leben wie die Erde? Das ist vielleicht die größte Frage, die sich unserer Spezies stellt, seit wir die Fähigkeiten entwickelten, mit unserem Denken über die ausschließliche Befriedigung materieller Bedürfnisse hinauszugehen. Und selbst heute nähern wir uns nur langsam einer Antwort.

Die Wissenschaftler wissen, daß es zumindest auf *einem* Planeten Leben gibt - auf der Erde. Doch da wir nur über dieses eine Beispiel als Basis für unsere Hypothesen verfügen, ist es uns unmöglich, mit Bestimmtheit zu sagen, ob die Kette von Ereignissen, die hier auf der Erde zur Entstehung des Lebens führte, einzigartig oder häufig ist - solange wir keine neuen Beweise entdecken. Und wegen der beinahe unvorstellbaren Entfernungen zwischen den Sternen, können wir erst heute, wo wir unsere eigene planetare Atmosphäre verlassen und Maschinen entwickeln, die in die tiefsten Tiefen des Alls zu blicken vermögen, auf schlüssige Antworten hoffen.

Den längsten Teil dieses Jahrhunderts weiß man, daß Leben

auf anderen Planeten in unserer Nachbarschaft, innerhalb unseres Sonnensystems, äußerst unwahrscheinlich ist. Für die beiden der Sonne am nächsten stehenden Planeten, Merkur und Venus, gilt, daß auf Merkur Temperaturextreme herrschen, so daß ein Teil seiner Oberfläche ein Inferno, der andere eine gefrorene Einöde ist, während auf der Venus Oberflächentemperaturen von rund 800 K herrschen. Jenseits des dritten Planeten, der Erde, liegt Mars, von dem man einst glaubte, auf ihm sei außerirdisches Leben innerhalb des Sonnensystems am wahrscheinlichsten. Tatsächlich sorgte noch 1877 der Astronom Giovanni Schiaparelli für große Aufregung, als er verkündete, er habe auf der Marsoberfläche ein Netz von sogenannten *Canali* entdeckt. *Canali* wurde fälschlich mit ›Kanäle‹ ins Englische übersetzt, obwohl es eher Flußbett oder Rinne bedeutet. Als das Gerücht sich verbreitete, glaubten plötzlich Astronomen in aller Welt immer komplexere Kanalsysteme auf dem Mars zu entdecken. Doch obwohl die Neuigkeit damals H. G. Wells zu seinem Roman *Krieg der Welten* anregte, stellte sich leider heraus, daß auf dem Mars keine Kanäle existieren. Der Effekt wurde durch eine auf natürlichem Wege entstandene Färbung der Planetenoberfläche hervorgerufen.

Die Viking-Sonden entdeckten in den siebziger Jahren keine Spur von Leben auf dem Mars, nicht eine einzige Mikrobe. Obgleich einige Enthusiasten darauf verweisen, daß die Bedingungen auf der Marsoberfläche in früheren Zeiten geeigneter für erdähnliches tierisches oder pflanzliches Leben gewesen sein mögen, gibt es nach wie vor keinen Beweis dafür, daß der rote Planet je Leben trug.

Jenseits des Mars befinden sich die Gasriesen Jupiter und Saturn, in deren Atmosphäre unter dem Einfluß mächtiger Magnetfelder giftige Gase brodeln. Die beiden größten Monde des Sonnensystems, Titan, der den Saturn umkreist, und Ganymed, Jupiters größter Mond, bieten vielleicht mehr Anlaß zur Hoffnung, und die Voyager-Sonden entdeckten bei ihrem Vorbeiflug offenbar Spuren von organischen Molekülen auf Titan. Doch bei Oberflächentemperaturen von etwa –150 °C (123 K) und einer toxischen Atmosphäre mit nur geringen Spuren von

Sauerstoff sind die Chancen sehr gering, daß diese Moleküle sich zu lebenden Organismen entwickeln.

Am äußeren Rand des Sonnensystems haben Uranus, Neptun und Pluto kaum Annehmlichkeiten für, wie die Wissenschaftler das nennen, auf Kohlenstoff basierende Lebensformen zu bieten. Die auf ihnen herrschenden Temperaturen sind entweder zu niedrig, oder es handelt sich, im Falle von Uranus, bei dem gesamten Planeten um einen einzigen Ozean aus überhitztem Wasser, erwärmt durch vulkanische Aktivität und gehüllt in giftige Gase.

Um Leben zu finden, besonders Leben, das wir leicht als solches erkennen können, müssen wir unser Denken und unsere Teleskope und Sonden von den winzigen Räumen unseres Sonnensystems weg auf die fernen Sterne ausrichten. Doch dann haben wir uns mit dem Problem der Entfernung zu beschäftigen. Unser Sonnensystem ist, mit den Maßstäben unseres Alltags gemessen, gewaltig. Es besitzt einen Durchmesser von etwa 12 Milliarden Kilometern, doch es schrumpft zu einem bedeutungslosen Fleckchen, und diese Zahlen werden trivial, wenn wir uns mit der Vorstellung befassen, Kontakt zu Lebensformen auf Planeten aufzunehmen, die um andere Sterne kreisen.

Der unserer Sonne am nächsten stehende Stern ist Proxima Centauri, dessen Entfernung von der Erde 4,2 Lichtjahre beträgt. Das Licht, das sich mit einer Geschwindigkeit von etwas über 300 000 km pro Sekunde bewegt, benötigt also 4,2 Jahre, um dorthin zu gelangen. Das entspricht einer Entfernung von 300 000 x die Anzahl der Sekunden pro Stunde (3600) x die Anzahl von Stunden pro Tag (24) x der Anzahl von Tagen pro Jahr (365) x 4,2. Das ergibt etwas weniger als 4×10^{13} Kilometer (eine Vier mit 13 Nullen, oder 40 Millionen Millionen Kilometer), was in etwa 100 Millionen Flügen eines Apollo-Raumschiffs zum Mond entspricht. Bei der Geschwindigkeit, mit der die Apollokapseln flogen (ungefähr 40 000 km/h), würde man selbst bis zu diesem, unserem nächsten Nachbarstern 100 000 Jahre brauchen.[1]

---

[1] Weitere Einzelheiten zur interstellaren Raumfahrt siehe Kap. 2.

Solange wir also über keine Technologie verfügen, die uns eine höhere Geschwindigkeit ermöglicht, können wir nur a) hoffen, Außerirdische mit Hilfe von lichtschnellen Signalen, wie zum Beispiel Radiowellen, zu kontaktieren, b) darauf warten, daß sie mit uns Kontakt aufnehmen, oder c) Teleskope verschiedenen Typs benutzen, um so viel wie möglich über andere Planeten herauszufinden, die vielleicht um benachbarte Sterne kreisen.

Doch wie stehen denn überhaupt die Chancen, daß es außerhalb unserer eigenen Welt intelligentes Leben gibt?

Die Meinungen der Wissenschaftler zu dieser Frage sind geteilt. Es gibt jene, wie den Astronomen Frank Drake, den Schöpfer des ersten SETI-Projektes (Search for Extraterrestrial Intelligence/Suche nach Außerirdischen Intelligenzen), oder den Forscher und Autor Carl Sagan von der Cornell University, die glauben, daß das Universum von Leben nur so wimmelt. Am anderen Ende des Spektrums gehen Schriftsteller und Gelehrte wie Marshall Savage, Autor von *The Millennial Project,* und der Physiker Frank Tipler davon aus, daß wir vollkommen allein sind.

Das Problem bei jedem Versuch, eine definitive Antwort zu finden, oder uns einer solchen wenigstens anzunähern, besteht darin, daß wir keine klare Vorstellung davon haben, welche Variablen zu berücksichtigen sind und in welcher Beziehung sie zueinander stehen. Zum Beispiel: Wie wahrscheinlich ist es, daß sich DNA-Moleküle bilden, wenn dafür ausreichend Zeit zur Verfügung steht? Wie häufig kommt es vor, daß um einen Stern Planeten entstehen? Wie wahrscheinlich ist es, daß sich aus komplexen Molekülen lebende Materie bildet? Wir wissen, daß all diese Dinge zumindestens einmal geschehen sind. Aber ist es nur dieses eine Mal geschehen, oder Milliarden Male?

Frank Drake, der Pionier der Suche nach außerirdischen Intelligenzen, entwickelte 1961, bemüht, diese Frage zu quantifizieren, eine heute berühmte Formel, die seither als die Drake-Gleichung bekannt ist. Sie ist sehr klar und ein überraschend wirkungsvolles Hilfsmittel für die Astronomen, doch für fast alle Variablen in dieser Gleichung können sehr unterschiedliche Werte eingesetzt werden, und niemand weiß bislang sicher, welche Werte denn nun die richtigen sind. Es ist Aufgabe der Astronomen, Biologen und Geologen, für jede dieser Variablen genaue Größen festzulegen, um so schließlich eine Lösung für die Drake-Gleichung zu finden.

Die Gleichung lautet:

$$\mathbf{N = R \times f_p \times n_e \times f_l \times f_i \times f_c \times L}$$

Das mag abschreckend aussehen, ist aber in Wahrheit auch nicht komplizierter als eine Spesenabrechnung. Der Buchstabe **N** steht für die Anzahl von Zivilisationen in unserer Galaxis, die versuchen, mit uns Kontakt aufzunehmen. Jedes Symbol auf der rechten Seite der Gleichung steht für Faktoren, die berücksichtigt werden müssen, wenn man eine Antwort auf die Frage sucht: Gibt es außerhalb der Erde Leben? (Jede Variable wird isoliert betrachtet. Mit anderen Worten: Der Wert, der zum Beispiel $\mathbf{f_p}$ zugeordnet wird, ist unabhängig von dem Wert, den man **L**, $\mathbf{f_i}$ oder einer der anderen Variablen zuordnet.) Wenn man Werte für alle diese Faktoren einsetzen kann, erhält man eine Zahl für **N**. Was also sind diese Faktoren?

Erstens: **R**; **R** steht für die durchschnittliche Rate der Sternenbildung. Eine verbreitete Fehlannahme geht davon aus, daß das Universum mit dem Urknall erschaffen wurde und sich seither nicht mehr verändert hat. Natürlich trifft das nicht zu. Die gegenwärtig vorherrschende Theorie besagt, daß das Universum sich ausdehnt und daß Sterne und Planeten ständig neu entstehen und sterben. Mit Geräten wie dem Hubble Weltraumteleskop können die Wissenschaftler diesen Geburtsprozeß neuerdings sogar beobachten. Einige Bereiche der Galaxis scheinen fruchtbarer zu sein als andere, und es werden heute weniger neue Sterne geboren als in der fernen Vergangenheit, aber einer konservativen Schätzung zufolge entstehen in unserer Galaxis jedes Jahr zehn neue Sterne. Also ist **R** eine der Variablen über deren Größe die Astronomen sich weitgehend einig sind: 10.

f_p ist die Anzahl jener Sterne, die ›gut‹ sind und Planetensysteme besitzen könnten. Mit ›gut‹ meinen die Astronomen, daß sie für die Entstehung erdähnlicher Planeten in einem stabilen Orbit geeignet sind. Das ist eine ziemlich komplexe Angelegenheit. Das Alter des Sterns spielt dabei eine wichtige Rolle. Ist er zu alt, geht ihm der Brennstoff aus, und er emittiert dann Strahlung, die die Bildung und den Erhalt auf Kohlenstoff basierender Lebensformen erschweren würde. Auch verlangsamt sich, wenn ein Stern älter wird, die Rotation der ihn umkreisenden Planeten. Wenn der Stern älter als etwa 6 Milliarden Jahre ist (unsere Sonne ist etwa 5 Milliarden Jahre alt) hat das dramatische Folgen. Die Rotation von Planeten, die um sehr alte Sterne kreisen, ist völlig zum Stillstand gekommen, so daß ihre eine Seite ständig dem Stern zugewandt ist, während auf der anderen ewige Nacht herrscht. Ist der Stern zu jung, reichte die Zeit möglicherweise noch nicht dafür, daß sich Planeten bilden und auf ihnen Leben entstehen konnte.

Von noch größerer Bedeutung ist, daß Planeten, auf denen intelligentes Leben existiert, nicht in der Umlaufbahn von Pulsaren oder Quasaren gefunden werden können. Diese exotischen stellaren Objekte senden schädliche Strahlung aus. Auch Sterne, die über längere Zeitperioden instabil sind, kommen nicht in Frage.

Außerdem sind viele Sterne binär – das heißt, es handelt sich in Wirklichkeit um zwei Sterne, die einander umkreisen. Auch wenn die Bildung von Planeten in einem solchen Fall keineswegs ausgeschlossen ist, geht man doch allgemein davon aus, daß das Vorhandensein eines Planetensystems, das unserem Sonnensystem ähnelt, bei binären Sternen weniger wahrscheinlich ist als bei Einzelsternen.

Als Drake seine Gleichung zum erstenmal vorstellte, konnte man den Wert für f_p nur raten, aber neue astronomische Entdeckungen haben ergeben, daß er relativ niedrig angesetzt werden muß. Zu Beginn der sechziger Jahre setzte Drake f_p mit 0,5 an, mit anderen Worten: Bei der Hälfte aller Sterne in der Galaxis hielt Drake das Vorhandensein von Planeten für möglich. Doch inzwischen haben sich die Beobachtungsverfahren verbessert. Neue Daten wurden gesammelt, die zeigen, daß dieser ursprünglich angenommene Wert bei weitem zu optimistisch bemessen war.

Mit der heutigen Technik können die Astronomen Planeten, die andere Sterne umkreisen, nicht auf die gleiche Weise beobachten wie die Planeten in unserem eigenen Sonnensystem. Wie wir gesehen haben, sind die Entfernungen dafür einfach viel zu groß. Es wurde geschätzt, daß man ein Teleskop von der Größe des Mondes benötigen würde, um Wolken und Küstenlinien auf einem Planeten beobachten zu können, der fünfzig Lichtjahre von der Erde entfernt ist. Und das ist nicht das einzige Problem. Stellen Sie sich einmal vor, sie sollten aus einigen hundert Kilometern Entfernung einen Leuchtkäfer entdecken, der am Rand eines Scheinwerfers sitzt. Das Licht des Scheinwerfers würde den Leuchtkäfer völlig überstrahlen. Auf die gleiche Weise würde auch das Licht eines Planeten, das ja nur reflektiertes Licht seiner Sonne ist, von der viel größeren Helligkeit des Sterns völlig überdeckt werden.

Das könnte uns zu der Annahme verleiten, daß wir nie imstande sein werden, herauszufinden, ob andere Sterne ebenso wie unsere Sonne Planeten besitzen. Doch es gibt andere Möglichkeiten, mit deren Hilfe festgestellt werden kann, ob um einen fernen Stern ein Planet kreist.

Die beste Methode, über die wir heute verfügen, besteht darin, das ›Taumeln‹ eines Sterns zu beobachten. Stellen Sie sich einen Hammerwerfer vor, der bei den Olympischen Spielen durch den Abwurfkreis wirbelt, kurz bevor er den Hammer losläßt. Der Athlet, der erheblich schwerer als der Hammer ist, übt natürlich einen größeren Zug auf das Drahtseil und den Hammer aus als dieser auf ihn, aber dennoch übt auch der Hammer (der etwa 7 kg wiegt) einen Zug auf den Werfer aus, obgleich der Werfer ungefähr zwanzigmal schwerer ist. Mit geeigneten Instrumenten ließe sich dieser Zug, das ›Taumeln‹, messen. Auf die gleiche Weise übt auch ein Planet, der einen Stern umkreist, einen Zug auf den Stern aus, genau wie der Stern, wenngleich in viel größerem Maße, Zugkraft auf den Planeten ausübt. Und natürlich ist diese auf den Stern ausgeübte Zugkraft zwangsläufig um so größer, je größer der Planet ist.

Allerdings sind, um diese Zugkraft zu messen, sehr empfindliche Geräte nötig. Die Schwierigkeit, das Taumeln eines Sterns zu messen, wurde damit verglichen, mit Hilfe eines Teleskops einen Mann auf dem Mond winken zu sehen. In den letzten zwei Jahren aber haben Astronomen in Genf eine verfeinerte Version dieses Verfahrens erfolgreich eingesetzt – es gelang ihnen zum erstenmal, die Existenz eines fremden Planeten nachzuweisen.

Die Entdeckung eines Planeten, der den Stern 51 Peg im Sternbild Pegasus umkreist, bekanntgegeben auf einer Konferenz in Florenz im Oktober 1995, verblüffte die Gemeinde der Astronomen und sorgte auf der ganzen Welt für Schlagzeilen. Der Planet (dem noch kein Name gegeben wurde) besitzt die halbe Jupitermasse (des mit dreihundertfacher Erdgröße größten Planeten unseres Sonnensystems) und umkreist den Stern im Abstand von etwa acht Millionen Kilometern.

Obwohl die meisten Astronomen die Möglichkeit für unwahrscheinlich halten, daß jupiterähnliche Gasriesen auf Kohlenstoff basierendes Leben beherbergen, geht man davon aus, daß in Sonnensystemen nur dann erdähnliche Planeten vorhandensein können, wenn zumindest ein Planet vom Jupiter-Typ den Stern außerhalb jenes Bereichs umkreist, in dem feste, kühlere Planeten existieren können. Gasriesen wirken nämlich wie Staubsauger und ziehen Asteroiden, Kometen und Meteore an, die in das System eindringen. Auf diese Weise schützen sie die inneren, erdähnlichen Planeten, wodurch sich dort überhaupt erst eine stabile Umwelt bilden kann, in der Leben und Zivilisation eine Chance haben, sich zu entwickeln. Der Planet, der 51 Peg umkreist, befindet sich dafür jedoch an der falschen Stelle. Er ist seinem Stern zu nah (Merkur umkreist die Sonne im Abstand von 46 bis 70 Millionen Kilometern) und er umkreist ihn zu schnell. Für einen vollständigen Umlauf braucht er vier Tage (Merkur benötigt 88 Tage). Doch immerhin: Er ist ein Planet, und seine Entdeckung hat unser Denken über den Kosmos revolutioniert.

Wir wissen jetzt, daß unser Sonnensystem definitiv nicht das einzige ist.

Wenige Monate nach der Entdeckung des Planeten, der 51 Peg umkreist, wurden weitere Sonnensysteme entdeckt. Im Januar 1996 wurden zwei neue Planeten gefunden, von denen der eine 70 Virginis im Sternbild Virgo umkreist, und der andere den Stern 47 UMa im Sternbild Ursa Major. Beide sind etwa 35 Lichtjahre von der Erde entfernt. Bei beiden handelt es sich um Planeten des Jupiter-Typs, doch diese beiden befinden sich in geeignetem, ›konventionellen‹ Abstand zu ihrem Stern.

Was bedeuten diese Entdeckungen nun für den Wert, den wir für $\mathbf{f_p}$ einsetzen? Die Suche nach Planeten mit Hilfe der Messung von ›Taumelbewegungen‹ der Sterne dauert jetzt ein gutes Jahrzehnt. Dabei wurden Hunderte von sonnenähnlichen Sternen untersucht. Bis zu diesen jüngsten Entdeckungen ergab die Messung bei keinem der untersuchten Sterne ein positives Resultat, und die Astronomen zweifelten schon daran, ob sie je einen Kandidaten finden würden. Obgleich die neuen Erkenntnisse für die Astronomen nun aber sehr ermutigend sind, zeigen sie auch, daß Drakes ursprüngliche Schätzung zu hoch war. Und es wurde deutlich, wie schwierig es ist, Größen für die Variablen in der Drake-Gleichung festzulegen. Statt 0,5 könnte eine vorsichtigere Schätzung jetzt bei 0,1 angesetzt werden, was bedeutet, daß einer von zehn Sternen potentiell von Planeten umkreist wird.[2]

Als nächstes kommen wir zu $\mathbf{n_e}$, womit die Anzahl von Planeten pro Stern bezeichnet wird, die erdähnlich sind. Auch hier besitzen wir wieder nur sehr geringe Erfahrungswerte. In unserem Sonnensystem gibt es in der Tat nur einen erdähnlichen Planeten. Mars mag einmal geeignetere atmosphärische Bedingungen besessen haben, aber heute reicht seine Ober-

---

[2] Ein möglicher Einwand diesbezüglich besteht darin, daß mit diesem Meßverfahren nur große Planeten entdeckt werden können. Die Theorie, daß planetare Systeme zwangsläufig Gasriesen enthalten, könnte aber falsch sein, so daß diese Zahl dann höher veranschlagt werden müßte.

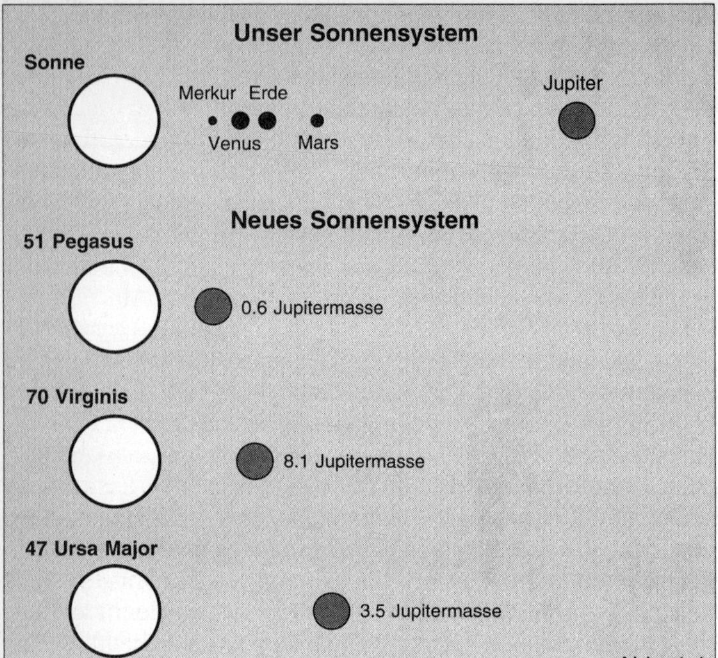

Abb. 1.1

Vergleich der Planeten

	Erde	Jupiter	51 Pegasus B	70 Virginis B 47	Ursa Major B
Masse	0,003	1,00	0,6	8,1	3,5
Durchmesser	0,09	1,00	0,32 bis 1,35	0,35 bis 1,05	0,35 bis 1,1
Entfern. zum Stern	1,00	5,20	0,05	0,43	2,1
Umlaufzeit	1 Jahr	11,9 Jahre	4,2 Tage	116,7 Tage	3,0 Jahre
Tagestemp. °C	15	–150	1000	85	–80

Vergleich der Sterne

	Sonne	51 Pegasus	70 Virginis	47 Ursa Major
Durchmesser	1,0	1,4	1,9	1,1
Masse	1,0	0,95	0,9 bis 1,0	1,0 bis 1,1
Temperatur °C	5500	5430	5200	5590
Helligkeit	1,0	1,8	2,9	1,4

flächentemperatur von –50 °C (223 K) bis 0 °C (273 K). Und seine Atmosphäre ist so dünn (der atmosphärische Druck ist hundertmal schwächer als auf der Erde), daß Menschen Sauerstoffgeräte mit sich führen müßten, wenn sie sich auf seiner Oberfläche aufhalten und arbeiten wollten. Venus, als anderes Extrem, besitzt eine Atmosphäre, die fast vollständig aus Kohlendioxid (CO_2) besteht. Dadurch herrscht auf Venus ein so starker Treibhauseffekt, daß ihre Oberfläche heißer ist als die des Merkur.

Seien wir also auch hier wieder vorsichtiger und setzen wir $\mathbf{n_e}$ für unser Sonnensystem mit 1 an.

$\mathbf{f_l}$ steht in der Drake-Formel für jene Anzahl erdähnlicher Planeten, auf denen sich Leben entwickelt haben könnte. Beim Versuch, diesen Wert zu bestimmen, sind wir nun vollends auf Mutmaßungen angewiesen.

Zuerst: Was ist überhaupt Leben? Die Antwort auf diese Frage mag offensichtlich scheinen, aber wie die Biologen betonen, sind die Parameter hierfür strittig. Lebendige Geschöpfe wachsen, doch das gilt auch für Kristalle, die regelmäßige Muster hervorbringen, bestehend aus sich wiederholenden einfachen Einheiten, die durchaus Zellen ähneln. Lebendige Geschöpfe bewegen sich, aber auch lebloses Wasser und andere Flüssigkeiten können fließen, sich also bewegen. Lebensformen benutzen Energie, doch das tun auch Computer, Lokomotiven, Raketen. Eine bessere Definition könnte lauten, daß ein lebendiges Geschöpf in der Lage ist, Energie zu *kontrollieren.*

Alternativ dazu könnte man argumentieren, daß lebende Organismen Informationen verarbeiten und speichern, aber das trifft eindeutig auch auf Computer zu, die ja allein zu diesem Zweck konstruiert wurden. Die heftige Debatte darüber, ob zukünftige, komplexe Computer eigenständige Intelligenz entwickeln können, ist nach wie vor in vollem Gange, doch bei dem PC, den ich benutze, um diesen Text zu schreiben, handelt es sich ganz sicher nicht um einen lebendigen Organismus. Welche anderen Kriterien können wir also benutzen? Ist die Fähigkeit, sich zu vermehren, ein Kriterium? Doch Flammen vermehren sich ebenfalls. Die vermutlich beste Definition lautet wohl, daß Lebensformen sich vermehren und dabei genetisches Material weitergeben, Eigenschaften auf ihre Nachkommen vererben.

Für dieses Buch finde ich es wesentlich, zu einer Definition über intelligente Lebensformen zu gelangen, mit denen wir verhältnismäßig leicht kommunizieren können. In diesem beinahe unendlichen Universum mag es eine unbegrenzte Anzahl exotischer Geschöpfe geben, doch daß wir jemals die Chance bekommen, mit ihnen in Kontakt zu treten, ist noch unwahrscheinlicher als die Möglichkeit einer Begegnung mit einer Lebensform, mit der wir uns verständigen können. Es könnte sogar sein, daß wir diesen Geschöpfen schon begegnet sind, aber ihre Gegenwart so wenig bemerkt haben wie sie die unsere. Bei ›Leben, wie wir es kennen‹, sollten wir also an auf Kohlenstoff basierende Lebensformen denken, mit denen eine Kommunikation denkbar wäre. Warum aber muß dieses Leben auf Kohlenstoff basieren?

Gemäß den Gesetzen der Physik (auf denen die Gesetze der Chemie und somit auch der Biologie gründen) ist Kohlenstoff das einzige Element, aus dem sich komplexe Moleküle bilden können, die als organische Moleküle bekannt sind. Wenn es sich bei außerirdischen Lebensformen um ›Leben, wie wir es kennen‹, handelt, dann müssen diese Lebewesen innerhalb der gleichen engen Parameter hinsichtlich Temperatur, Druck und Strahlung operieren wie wir, nicht zuletzt, damit wir überhaupt fähig sind, uns mit ihnen zu verständigen. Innerhalb dieser Parameter ist Kohlenstoff das einzige Element, aus dem sich organische Moleküle bilden können, die wiederum als Basis für Zellen, Gewebe und Fleisch dienen. Kohlenstoff besitzt die einzigartige Fähigkeit, sehr starke molekulare Verbindungen mit einer großen Zahl anderer Elemente einzugehen, darunter Stickstoff, Sauerstoff und Wasserstoff, ebenso wie Mehrfachbindungen mit anderen Kohlenstoffatomen. Das ermöglicht es ihm, eine Vielzahl verschiedenartiger Moleküle zu bilden, von denen manche Zehntausende von Atomen enthalten können. Kein anderes Element besitzt auch nur annähernd eine solche Vielseitigkeit.

Damit auf einem Planeten auf Kohlenstoff basierendes Leben entstehen kann, müssen in seiner Frühzeit ganz bestimmte Umweltbedingungen und Substanzen vorhanden gewesen sein. Und später sind sehr fein aufeinander abgestimmte andere Bedingungen und Substanzen nötig, damit dieses Leben sich entwickeln und gedeihen kann.

Skeptiker argumentieren, daß exakt die gleichen Bedingungen wohl kaum irgendwo im Universum ein zweites Mal aufgetreten sein können und daß die Wahrscheinlichkeit, daß sich anderswo Leben entwickelt hat, deshalb gering ist, aber es gibt eine wachsende Zahl von Beweisen, die dieser Auffassung widersprechen.

1953, als die Struktur der DNA von Crick und Watson in Cambridge entdeckt wurde, erforschten die beiden Wissenschaftler Stanley Miller und Harold Urey an der Universität von Chicago jene ursprünglichen biochemischen Bedingungen auf der Erde, unter denen das Leben seinen Anfang nahm. Man wußte, daß das Leben auf der Erde vor etwas weniger als 4 Milliarden Jahren entstanden ist und daß die in dieser Zeit in der Erdatmosphäre vorherrschenden Chemikalien Ammoniak, Wasser und Methan gewesen sind. Miller und Urey setzten ein Gemisch aus diesen Substanzen in einem Glaskolben elektrischer Spannung aus. Nachdem sie diesen Vorgang einige Tage aufrechterhalten hatten, stellten sie fest, daß sich am Boden des Glaskolbens eine rotbraune Ablagerung gebildet hatte. Bei der Analyse dieser ›Ursuppe‹ fanden sich darin Aminosäuren – organische Moleküle, die die Grundbausteine allen Lebens auf der Erde sind.

Weitere Experimente zeigten, daß sich auf diese Weise eine große Zahl von Molekülen erzeugen ließ, die für die Entstehung von Leben entscheidend sind. Miller und Urey fügten dem Gemisch Wasserstoffcyanid (HCN) hinzu, ein in vulkanischen Gasen vorkommendes simples Molekül, und entdeckten, daß auf diese Weise eine Anzahl von komplexen Molekülen entstand, die den Schlüssel zur Bildung von Proteinen und DNA darstellen. Obwohl solche Moleküle noch weit entfernt sind von den riesigen Strukturen der DNA (Deoxyribonukleinsäure) und der RNA (Ribonukleinsäure), jenen hochkomplexen Molekülen, von denen die Produktion von Proteinen und die tägliche Arbeit der Zellen gesteuert werden, stellten Miller und Urey die These auf, daß eine ›Suppe‹ aus Leben hervorbringenden Molekülen innerhalb der Erdatmosphäre in einem Zeitraum von lediglich ein paar Jahren entstanden sein könnte. Kürzlich hat Stanley Miller erklärt, daß diese Moleküle sich in nicht mehr als 10 000 Jahren zu ihrer vollen Komplexität entwickelt und lebende Zellen hervorgebracht haben können. Miller ist sicher, daß sich Leben auf jedem Planeten entwickeln kann, wenn dort geeignete Umweltbedingungen herrschen und die richtigen Chemikalien vorhanden sind. Diese Position ist ein Schlag ins Gesicht für all jene, die behaupten, das Leben auf der Erde sei einzigartig.

Schließlich belegen auch fossile Funde, daß sich das Leben auf der Erde bei der ersten sich bietenden Gelegenheit entwickelt hat. 1980 fand man in der australischen Wüste Fossilien sogenannter Stromatoliten oder ›lebender Steine‹. Dabei handelt es sich um die einfachste und vermutlich älteste Lebensform auf der Erde. Sie lebten vor über 3,5 Milliarden Jahren. Wir wissen, daß erst vor 4 Milliarden Jahren auf der Erde für die Entstehung von Leben geeignete Umweltbedingungen herrschten. Es vergingen also offenbar lediglich wenige hundert Millionen Jahre, bis die ersten einfachen Lebensformen auftauchten. Das liefert uns keinen Beweis für die Entstehung von Leben auf anderen Planeten, aber es verdeutlicht, daß Leben rasch entsteht, wenn die richtigen Bedingungen gegeben sind. Carl Sagan, ein großer Befürworter der Idee außerirdischen Lebens, schrieb: »Die vorliegenden Beweise deuten stark darauf hin, daß Leben dann auftritt, wenn die richtigen Anfangsbedingungen vorhanden sind und eine Milliarde Jahre Evolutionszeit bestehen. Die Entstehung von Leben auf geeigneten Planeten scheint in die Chemie des Universums eingebaut zu sein.«[3] Er meint damit das Prinzip der Selbstorganisation.

---

[3] Zitiert nach: Paul Davies: *Are We Alone?* – Penguin Books, 1995, S. 23.

Seit einigen Jahren vertreten manche Wissenschaftler die Auffassung, daß bestimmte physikalische und chemische Systeme spontan aus relativ einfachen Stadien zu Stadien größerer Komplexität oder Organisation springen können. Bei diesem organisierenden Prinzip, argumentieren einige, handele es sich um eine Art Anti-Entropie-Effekt, der, auf eine geheimnisvolle Weise, mit dem Leben selbst in Verbindung zu stehen scheint. Entropie ist das ›Maß an Unordnung‹ in einem System, und in der Natur nimmt die Entropie ständig zu: Wenn wir einen Apfel liegenlassen, wird er sich allmählich zersetzen. Seine Zellstruktur löst sich auf, und aus der ›schönen‹, ›organisierten‹ Form des frischen Apfels wird unorganisierter, verfaulter Matsch. Das Prinzip der Selbstorganisation könnte, glaubt man, der im Universum vorhandenen natürlichen Tendenz zur Entropie entgegenwirken. Als Konsequenz daraus erhöht sich die Chance, daß aus einer Ansammlung von komplexen organischen Molekülen Leben entsteht, ganz erheblich.

Frank Drake zufolge »entsteht Leben, wo Leben entstehen kann«.[4] Er setzt daher für $\mathbf{f_l}$ den Wert 1 an. Mit anderen Worten: Die Wahrscheinlichkeit, daß sich auf einem geeigneten Planeten unter den richtigen Bedingungen Leben bildet, beträgt 100 Prozent. Andere, wie der Chemie-Nobelpreisträger Melvin Calvin und Carl Sagan, halten es zumindest für wahrscheinlicher, daß sich auf einem geeigneten Planeten Leben bildet, als daß es sich nicht bildet.[5] Für jene dagegen, die nicht an außerirdisches Leben glauben, ist der Wert für $\mathbf{f_l}$ die entscheidende Größe in der Drake-Gleichung. Sie geben ihn mit 0 an, wodurch wir auch für **N** dementsprechend den Wert 0 erhalten - kein Leben anderswo im Universum. Der Wert für $\mathbf{f_l}$ kann vermutlich nur 1 oder 0 betragen, daher werde ich ihn im Hinblick auf den Zweck unserer Diskussion mit 1 angeben.

---

4 Frank Drake und Dava Sobel: *Is Anyone Out There?* Souvenir Press, 1993, S. 56.

5 Ebenda.

Nun wenden wir unsere Aufmerksamkeit $\mathbf{f_i}$ zu. Hiermit wird jener Anteil von erdähnlichen Planeten benannt, wo intelligentes Leben entstanden ist. Auch hierbei stehen wir zunächst vor dem Problem der Definition: Was kennzeichnet intelligentes Leben?

Viele werden argumentieren, daß Delphine und Wale hochintelligente Tiere sind, die eine Zivilisation entwickelt haben könnten, wenn sie sich an Land entwickelt hätten. Sie können mit ihren Artgenossen kommunizieren, und man weiß, daß sie auf hochintelligente Weise mit dem Menschen in Interaktion treten können. Immer wieder wurde versucht, die komplizierten Folgen von Klick- und Pfeiflauten zu entschlüsseln, mit denen sie sich untereinander verständigen.[6]

Auf ihre Weise sind auch Ameisen und Bienen intelligent, wenn man sie als eine Ansammlung von Individuen ansieht, von denen jedes einzelne als Teil einer großen Gemeinschaft handelt, einer Gestalt. Wenn wir für die Drake-Gleichung unseren Planeten heranziehen, erhalten wir also für $\mathbf{f_i}$ einen Wert zwischen 1 und mindestens 4. Doch seien wir auch hier vorsichtiger und setzen den Wert mit 1 an, indem wir nur die menschliche Rasse als intelligent einstufen.

Die vorletzte Variable, $\mathbf{f_c}$, steht für die Anzahl intelligenter Spezies, die den Wunsch haben, mit uns zu kommunizieren. Auch hier ist es wieder eine äußerst subjektive Entscheidung, welchen Wert wir für diesen Parameter in unsere Gleichung einsetzen. Um überhaupt zu einem Wert zu gelangen, ist es zunächst erforderlich, einige Grenzen zu ziehen. Erstens müssen wir annehmen, daß eine intelligente Rasse irgendeine Form von elektromagnetischer Strahlung zur Kommunikation benutzt. Die meisten Wissenschaftler sind sich darin einig, daß eine intelligente Rasse sich wohl kaum entwickelt haben

---

6 Interessant ist, daß diese Bemühungen bislang nur von wenig Erfolg gekrönt waren. Das könnte als heilsame Lehre für all jene dienen, die gern außerirdische Zivilisationen auf fernen Welten kontaktieren wollen. Angenommen, es gelingt uns tatsächlich ein Kontakt, wie wahrscheinlich ist es, daß die beiden Rassen einander je verstehen werden?

könnte, ohne elektromagnetische Strahlung technologisch zu nutzen. Außerirdische Intelligenzen nutzen vielleicht extreme Bereiche des Spektrums, sie sehen vielleicht im infraroten oder ultravioletten Bereich, je nachdem welche Strahlung ihre Sonne emittiert. Auch könnten sie unter extremen Umweltbedingungen leben, unter denen der Gesichtssinn für sie so bedeutungslos ist wie für einige Tiefseelebewesen auf der Erde, aber wie extrem auch immer ihre Lebensbedingungen sein mögen, sie müssen eine Form von elektromagnetischer Strahlung verwenden. Trifft das nicht zu, fällt diese außerirdische Rasse nicht unter die Kategorie ›Leben, wie wir es kennen‹.

Als Zivilisation nutzen wir eine große Bandbreite von Strahlungsfrequenzen, von Funk- und Fernsehsignalen bis zu Röntgenstrahlen, von Ultraschall bis zu Mikrowellen. Es ist daher wahrscheinlich, daß jede mindestens ebensoweit entwickelte technologische Zivilisation ähnliche elektromagnetische Wellen verwenden würde; vielleicht haben sie sogar etwas entwickelt, das unserem Fernsehen oder Radio ähnelt. Doch auch wenn sie keine Unterhaltungsmedien entwickelt haben, die, wie unser Fernsehen seit Jahrzehnten, unbeabsichtigt Signale in den Weltraum strahlen, sollten sie trotzdem in der Lage sein, Geräte zu bauen, die Signale aus dem All empfangen und entschlüsseln können.

Das führt dann zu einer Frage bezüglich der soziologischen und psychologischen Beschaffenheit einer außerirdischen Zivilisation: Hätten sie denn überhaupt das Bedürfnis, mit uns zu kommunizieren? Die Signale, die wir unbeabsichtigt in den Weltraum senden, werfen kein besonders gutes Licht auf unsere Kultur. Seit fünfzig Jahren besteht unsere Visitenkarte aus allem möglichen, von gewalttätigen Hollywood-Filmen bis zu Nachrichtenbildern von Kriegen, Hungersnöten und Gewalt. Das ist es, was wir hauptsächlich in den Weltraum schicken, keine wohlüberlegten, politisch korrekten Botschaften an unsere himmlischen Nachbarn. Viele dieser Signale mögen zu schwach sein, um ferne Sterne zu erreichen, aber vielleicht unterschätzen wir dabei die Empfindlichkeit außerirdischer Empfangssysteme. Fernsehsignale breiten sich genau wie andere

Formen elektromagnetischer Strahlung mit Lichtgeschwindigkeit aus. Daher ist es denkbar, daß außerirdische Zivilisationen auf Planeten in bis zu 50 Lichtjahren Entfernung sich köstlich über unsere Possen amüsieren, oder aber aus Angst, wir könnten die ganze Nachbarschaft verwüsten, sämtliche Schotten dichtmachen.

Welchen Wert sollen wir also für $\mathbf{f_c}$ annehmen? Einerseits erscheint es wahrscheinlich, daß jede Zivilisation eines Tages eine Art von mit elektromagnetischer Strahlung arbeitendem Kommunikationssystem entwickelt, aber wieviele dieser Rassen möchten gern mit uns in Kontakt treten? Es könnte eine Vielzahl von Rassen geben, die intensiv miteinander kommunizieren, ohne uns einzubeziehen. Doch könnten außerirdische Zivilisationen auch völlig selbstbezogen sein, ob sie nun vor uns gewarnt wurden oder nicht. Wägt man alle diese Faktoren ab, können wir vorsichtig schätzen, daß 10–20 % der intelligenten Außerirdischen kommunikationsbereit sind. Setzen wir also für $\mathbf{f_c}$ 0,1 ein.

Zuletzt kommen wir zu **L**, was für die Lebensspanne einer Zivilisation (in Jahren) steht. Auch hier sehen wir uns einer komplizierten Reihe von Permutationen gegenüber. **L** stellt uns vor eine schweres Dilemma, denn wir müssen über hypothetische soziologische Faktoren für eine hypothetische Rasse nachdenken. Doch wieder haben wir ein Beispiel, auf das wir uns beziehen können – unsere eigene Erfahrung.

Es scheint eine interessante Synchronizität zu sein, daß unsere Rasse beinahe zum gleichen Zeitpunkt, als wir mit unseren elektromagnetischen Signalen dem Universum unsere Anwesenheit verkündeten, atomare Massenvernichtungswaffen entwickelte. Möglicherweise löschen sich viele Rassen zu dem Zeitpunkt selbst aus, an dem ihre Technologie so weit fortgeschritten ist, daß sie mit ihren Nachbarn kommunizieren könnten.

Seit Frank Drake seine Formel 1961 zum erstenmal präsentierte, hat es unter Wissenschaftlern viele Diskussionen darüber gegeben, wie hoch der Wert für **L** anzusetzen ist. Und in den letzten 35 Jahren hat sich der politische und soziale Zeitgeist radikal verändert. Der Kalte Krieg ist zu Ende, aber die atomare Bedrohung ist nach wie vor sehr real, und der Killerinstinkt der Menschheit hat sich nicht im geringsten gewandelt. Möglicherweise ist die Neigung des Menschen, Krieg zu führen, untrennbar mit unserem Streben nach Fortschritt und Entwicklung verknüpft. Vielleicht hat jener Instinkt, der uns nach Kommunikation streben läßt, die gleichen Wurzeln wie unsere Aggressivität. Wenn das zutrifft, könnte das bei anderen Spezies ebenso sein. Vielleicht handelt es sich sogar um ein Naturgesetz. In diesem Fall ist es wahrscheinlich, daß sehr viele Zivilisationen sich genau zu dem Zeitpunkt selbst vernichten, an dem sie über die Technologie verfügen, mit anderen Planeten zu kommunizieren.

Es gibt noch viele andere Möglichkeiten, wie eine Zivilisation, die auf nur einem Planeten existiert, zerstört werden kann. Erst heute erkennen die Wissenschaftler allmählich, wie real die Gefahr ist, die von Zusammenstößen unseres Planeten mit Kometen oder Asteroiden ausgeht. Man nimmt an, daß ein verheerender Zusammenstoß mit einem Asteroiden das Ökosystem der Erde vor 65 Millionen Jahren auf traumatische Weise veränderte und das Aussterben der Dinosaurier auslöste. Und in diesem Jahrhundert gab es mehrere Beinahe-Zusammenstöße der Erde mit Kometen. 1908 ereignete sich in Sibirien eine gewaltige Explosion, die mehrere hundert Quadratkilometer Wald in der Region Tunguska vernichtete. Vermutlich wurde sie von einem Meteoriten verursacht, der in einigen Kilometern Höhe über der Erdoberfläche explodierte.[7] Hätte sich diese Explosion über London ereignet, wären ihr Millionen Menschen zum Opfer gefallen. Ein Objekt, nur drei- bis viermal größer als der Feuerball von Tunguska, würde, wenn es auf die Erde aufprallt, nicht nur ein noch größeres Gebiet verwüsten, der durch eine solche Kollision emporgeschleuderte Staub könnte zudem den ganzen Planeten einhüllen und alles Leben auf der Erdober-

---

7 Manche UFO-Enthusiasten verfechten allerdings die alternative Theorie, daß es sich um die Explosion eines Raumschiffs in der Erdatmosphäre handelte.

fläche vernichten. Wenn der Meteor im Meer einschlüge, wären die dadurch ausgelösten Flutwellen fast ebenso verheerend.

Außerdem muß die Frage der planetaren Ressourcen bedacht werden. Die Menschheit ist gefährlich nahe daran, die Ressourcen der Erde zu erschöpfen. Bereits heute sind wir in der Lage, planetare Mechanismen, die für das ökologische Gleichgewicht von entscheidender Bedeutung sind, gefährlich zu stören. Es ist denkbar, daß andere Zivilisationen den gleichen Weg eingeschlagen haben und ihre Umwelt schließlich völlig zerstörten. Gefahren wie der Rückgang der Zeugungsfähigkeit, wie AIDS, wie andere, noch gefährlichere Seuchen und Atomterrorismus sind weitere potentielle Zivilisationskiller.

Aus diesen Überlegungen läßt sich der Schluß ziehen, daß Zivilisationen entweder nur wenig mehr als die ersten 1000 bis 2000 Jahre überstehen, oder aber Hunderttausende von Jahren existieren. Es ist möglich, daß viele Rassen eine ›gefährliche Phase‹ durchlaufen, während der das Risiko der Selbstzerstörung sehr hoch ist. Überstehen sie diese kritische Zeit aber, könnten sie sich zu äußerst fortschrittlichen Kulturen weiterentwickeln, die interstellare Raumfahrt betreiben und den Weltraum kolonisieren.

L hängt in hohem Maße auch von astronomischen Faktoren ab. Wenn wir davon ausgehen, daß auf einer großen Zahl von Planeten Leben entstanden ist und daß diese Lebensformen sich zu intelligenten Wesen weiterentwickeln konnten, wäre der Zeitpunkt, an dem das Leben auf ihrer Welt begann, von entscheidender Bedeutung.

Man schätzt, daß das Universum etwa 12 Milliarden Jahre alt ist. Unsere Sonne ist ein sehr typischer Stern, der sich am Ende des zweiten Drittels eines Spiralarms der Milchstraße befindet – bei der es sich ihrerseits um eine ›gewöhnliche‹ Galaxis unter schätzungsweise 100 Milliarden anderen handelt. Unter astronomischen und geologischen Gesichtspunkten ist die Erde ziemlich durchschnittlich. Das Leben hier begann vor etwa 4 Milliarden Jahren, also etwa 8 Milliarden Jahre nach dem Urknall. Aber es ist denkbar, daß sehr viele Planeten ältere Sterne umkreisen und schon lange vor unserem Planeten abkühlten. Astronomen haben den Tod von Sternen beobachtet, die viel älter als unser eigener sind. Sollten manche dieser Sterne von Planeten umkreist worden sein, auf denen intelligentes Leben entstand, dann wären die Angehörigen dieser Zivilisationen entweder uralte interstellare Reisende oder schon lange tot.

Um einen vernünftigen Wert für **L** zu erhalten, müssen wir uns auf eine durchschnittliche Lebensdauer für erfolgreiche Zivilisationen einigen. Wenn **L** bei einem bestimmten Planeten nur 2000 Jahre beträgt, hat die betreffende Rasse sich möglicherweise längst selbst zerstört und ist für uns nicht mehr von Interesse. Doch **L** könnte weitaus höher sein. Möglicherweise gab es und gibt es immer noch Zivilisationen, die Hunderte von Jahrmillionen alt sind. Außerdem könnte es auch eine große Zahl sehr junger Zivilisationen geben, die vielleicht nicht älter als 2000–3000 Jahre sind. Das Alter der meisten Zivilisationen, die überlebt haben und in der Lage sind, mit uns zu kommunizieren, dürfte sich zwischen diesen beiden Extremen bewegen.

Drake und seine Kollegen nahmen für **L** einen Wert von 100 000 an. Das scheint ziemlich willkürlich, aber nichtsdestotrotz, bei jedem Wert, der höher als die Wendemarke von 2000 Jahren liegt, liefert uns die Gleichung einen entsprechend hohen Wert für **N**, die Anzahl jener hochentwickelten Zivilisationen, die den Wunsch haben, mit uns Kontakt aufzunehmen.

Wir setzten 10 für **R** ein und legten weiter fest: $\mathbf{f_p}$ = 0,1, $\mathbf{n_e}$ = 1, $\mathbf{f_l}$ = 1, $\mathbf{f_i}$ = 1, $\mathbf{f_c}$ = 0,1, **L** = eine große Zahl. Wenn wir diese Zahlen in die Drake-Gleichung einsetzen, kommen wir zu einer sehr einfachen Rechnung:

N = 10 x 0,1 x 1 x 1 x 1 x 0,1 x Eine große Zahl

Wir erhalten also 0,1 x Eine große Zahl.

Wenn wir **L** (das durchschnittliche Alter einer Zivilisation) mit 100 000 annehmen, ergibt sich daraus, daß gegenwärtig

10 000 Zivilisationen allein in dieser Galaxis existieren (denken Sie daran, daß diese Galaxis nur eine unter 100 Milliarden ist). Frank Drake glaubt, daß der Wert für **L** weitaus höher sein muß. Dann wäre auch **N** dementsprechend größer. Manche Enthusiasten sind sogar der Ansicht, daß **N** in die Millionen, ja Hunderte von Millionen gehen könnte. Das mag übertrieben erscheinen, aber wenn wir uns klarmachen, daß unsere Galaxis mehr als 100 Milliarden Sterne enthält, bedeuten geschätzte 100 Millionen Zivilisationen in der Galaxis lediglich, daß auf jeden tausendsten Stern eine solche Zivilisation käme.

Wie wahrscheinlich ist es also, daß wir mit einer dieser Zivilisationen in Kommunikation treten? Bislang ist jeder Versuch der Kontaktaufnahme gescheitert, auch wenn es durchaus nicht an Versuchen mangelte. Die erste ernsthafte wissenschaftliche Bemühung, einen möglichen außerirdischen Dialog (oder Monolog) zu belauschen, geht auf einen Artikel im Wissenschaftsjournal *Nature* zurück, der 1959 erschien. Er stammte von dem italienischen Astronomen Guiseppe Cocconi und dem amerikanischen Physiker Philip Morrison. Sie argumentierten, Außerirdische, die ein Interesse daran hätten, daß andere mit ihnen in Kontakt träten, würden es diesen so leicht wie möglich machen. Damit meinten sie, daß außerirdische Intelligenzen ein Signal benutzen würden, daß universelle Bedeutung besitzt und mit Hilfe von Radioteleskopen gesendet und empfangen werden kann.

Cocconi und Morrison wählten als Standardfrequenz 1,420 GHz (Gigahertz). Diese Wahl trafen sie, weil es sich bei 1,420 Ghz um jene Frequenz handelt, auf der das Element Wasserstoff schwingt. Da Wasserstoff das bei weitem häufigste Element im Universum ist, nahmen sie an, daß diese Tatsache einer intelligente Rasse, die über Radiotechnologie verfügt, geläufig sein würde, und daß diese Aliens beim Empfänger das gleiche Wissen voraussetzen würden.

Sofort begannen Enthusiasten damit, ihre Radioteleskope auf diese Frequenz einzustellen und den Himmel abzusuchen. Das erste SETI-Projekt wurde in jenen Tagen von Frank Drake geleitet, der sich mit einem Team in Green Bank, West Virginia, auf die Suche machte. Bald darauf entstand an einer *Big Ear* (›großes Ohr‹) genannten riesigen Anlage von Radioteleskopen in Ohio ein weiteres SETI-Projekt unter der Leitung des Astronomen Bob Dixon, der seitdem unaufhörlich den Himmel nach Signalen absucht.

Heute gibt es weltweit eine ganze Reihe von gleichzeitig betriebenen SETI-Projekten. Die NASA startete 1992 ein Programm mit einem Etat von 10 Millionen Dollar, bei dem man das Problem auf andere Weise anging als bei den früheren Experimenten. Während Drake und andere sich auf die Frequenz 1,420 GHz und eine ausgewählte Gruppe von Sternen im Umkreis von 50 Lichtjahren um die Erde konzentriert hatten, entschied sich die NASA dafür, in Momentaufnahmen den ganzen Himmel abzusuchen und dabei alle in Frage kommenden Sterne und eine große Zahl möglicher Frequenzen zu erfassen. Leider werden wir nie erfahren, ob das Projekt jemals zu einem Resultat geführt hätte, denn schon nach gut einem Jahr sorgten Kongreßabgeordnete, die glaubten, für die Spinnereien von UFO-Gläubigen Gelder zu verschwenden, dafür, daß die Finanzierung des Projektes gestoppt wurde. Ein prominentes Kongreßmitglied wurde damals folgendermaßen zitiert:

> *»Natürlich gibt es fliegende Untertassen und fortgeschrittene Zivilisationen draußen im All. Aber wir brauchen keine Millionen dafür auszugeben, diese schurkischen Kreaturen zu finden. Dazu brauchen wir nur in den nächsten Supermarkt zu gehen und uns für 75 Cent ein Boulevardblatt zu kaufen. Denn es finden sich darin, und damit in jedem Zeitschriftenständer von Küste zu Küste, genügend schlüssige Beweise für die Existenz dieser schlauen Aliens.«*[8]

Solche Ignoranz trägt natürlich nicht dazu bei, die ernsthafte Suche nach außerirdischem Leben zu fördern. Doch zum

---

[8] Adrian Berry: *The Next 500 Years: Life In The Coming Millenium,* Headline, 1995, S. 239

Glück gibt es andere, die dieser Frage aufgeschlossener gegenüberstehen. So erscheint es mir sehr passend, daß Steven Spielberg, Produzent von *E.T.* und *Unheimliche Begegnung der Dritten Art,* ein Projekt an der amerikanischen Ostküste finanziert, und andere wohlhabende Enthusiasten investieren überall auf der Welt Geld in diese Suche. Das ursprüngliche SETI-Projekt der NASA wurde zwar abgebrochen, doch andere Wissenschaftler setzen die Arbeit mit Hilfe von privaten Fördergeldern fort. Im letzten Jahr etwa wurde das Projekt Phoenix ins Leben gerufen. Dabei arbeiten die größten Radioteleskope der Welt zusammen und durchsuchen das Universum nach Signalen im Frequenzbereich von 1 bis 10 GHz. In diesem Bereich finden sich viele natürliche Schwingungen und Strahlungen (einschließlich der des Wasserstoffs). Die NASA hat außerdem sogenannte Spektral-Analysegeräte entwickelt, die eine große Zahl von Frequenzen in diesem Bereich erfassen können. Und gegenwärtig erarbeitet man dort eine neue Software, die Geräusche und andere Störungen aus dem Signal herausfiltern kann.

Doch trotz des finanziellen und technischen Aufwandes, mit dem diese Suche seit nun fast vierzig Jahren betrieben wird, hat man bislang keine Signale irgendwelcher ›kleinen grünen Männchen‹ entdecken können. An einem berühmten falschen Alarm aus dem Jahr 1967 läßt sich gut verdeutlichen, welchen Schwierigkeiten sich die Astronomen bei ihrer Suche gegenübersehen.

Jocelyn Bell, eine Doktorandin der Universität Cambridge, entdeckte damals ein starkes, regelmäßiges Signal aus dem Weltraum, und zwar in jenem Frequenzbereich, von dem man damals glaubte, er könnte am ehesten ein Signal Außerirdischer enthalten. Nachdem sie ihren Doktorvater Anthony Hewish informiert hatte, kamen beide überein, erst mit der Nachricht an die Öffentlichkeit zu gehen, wenn das Signal von ihnen vollständig analysiert worden sei. Nach und nach schlossen sie alle möglichen irdischen und himmlischen Quellen aus, bis ihnen schließlich klarwurde, daß es sich um ein fremdes Objekt weit draußen im All handeln mußte, das einen

Impuls von fast perfekter Regelmäßigkeit ausstrahlte. Wie sich zeigte, handelte es sich bei dem Objekt um einen Neutronenstern oder Pulsar. Ein Pulsar entsteht, wenn ein sterbender Stern unter dem Druck seines eigenen Schwerkraftfeldes so stark kollabiert, daß die Elektronen, die um die Atomkerne dieses Sterns kreisen, in die Atomkerne gestoßen werden und dort mit den Protonen zu Neutronen verschmelzen. Diese superdichte Materie sendet Impulse von solcher Regelmäßigkeit aus, daß Pulsare, wie es heißt, die genauesten Uhren im Universum sind.

Seit diesem Fund von Bell und Hewish sind weitere regelmäßige Signale entdeckt worden, die weder von Pulsaren oder irgendeiner irdischen Störquelle stammen, jedoch jeweils nur einmal auftraten. Ein Team der Harvard-Universität unter Leitung von Professor Michael Horowitz hat in den letzten zehn Jahren über 37 solcher Signale berichtet. Alle stammen von Quellen, die weniger als 25 Lichtjahre von der Erde entfernt sind. Doch da die einzelnen Signale sich nicht wiederholten, lassen sie sich bislang nicht als eindeutige Botschaften einer außerirdischen Rasse identifizieren, die mit uns in Kontakt zu treten versucht. Es könnte sich um bei einzelnen, ganz spezifischen Ereignissen freigesetzte Strahlungsimpulse handeln, das aber werden wir vermutlich nie erfahren, denn nur ein wiederholt, stark und regelmäßig empfangenes Signal kann von Wissenschaftlern angemessen analysiert werden.

Die Suche geht weiter, und nachdem es sich nun bestätigt hat, daß auch andere Sterne Planeten besitzen, ist zynischen Zweiflern, etwa jenen Kongreßabgeordneten, die SETI für nicht förderungswürdig erachteten, ein wenig der Wind aus den Segeln genommen. Wenn es Lebewesen auf anderen Planeten gibt, was heute als durchaus wahrscheinlich erscheint, gibt es auch die Chance, daß wir eines Tages mit ihnen Kontakt aufnehmen. Wenn von tausend Sternen einer einen Planeten besitzt, der eine hochentwickelte Zivilisation beherbergt, sollte es im Umkreis von 50 Lichtjahren um die Erde doch wenigstens einen solchen Stern geben. Vielleicht senden wir ja auf der falschen Frequenz oder richten unsere Instrumente auf die falsche Himmelsregion. Möglicherweise haben wir das Pech, Nachbarn einer Rasse zu sein, die keinen Kontakt wünscht oder eine so stark von der unseren verschiedene Technologie entwickelt hat, daß wir einander nicht erreichen können. Auch könnten Signale, die auf weiter entfernten Planeten abgeschickt wurden, uns ganz einfach noch nicht erreicht haben.

Skeptiker zitieren gern das sogenannte Fermi-Paradox, benannt nach dem italienischen Physiker Enrico Fermi, der 1943 erklärte, wenn es Außerirdische gäbe, dann wären sie längst hier. Aber das ist nicht nur ein tautologisches Argument, sondern obendrein ziemlich überheblich: Schließlich setzt es voraus, außerirdisches Leben sei ganz leicht zu finden, und wir selbst seien so wichtig, daß Aliens keinen größeren Wunsch hätten, als mit uns Kontakt aufzunehmen.

Sollte das Bemühen der Wissenschaftler, mit außerirdischen Lebewesen in Kontakt zu treten, eines Tages von Erfolg gekrönt sein, hätte eine solche Entdeckung enorme Auswirkungen auf unsere Gesellschaft und unser Denken. Der Physiker Paul Davies hat gesagt:

> *»Zweifellos würde schon die Entdeckung einer einzigen außerirdischen Mikrobe, die sich unabhängig vom Leben auf der Erde entwickelt hat, unser Weltbild und unsere Gesellschaft so drastisch verändern, wie die Kopernikanische und Darwinsche Revolution.«*[9]

Obwohl das sicher zutrifft, wäre natürlich ein Beweis dafür, daß intelligente Wesen uns hier besucht haben oder gegenwärtig besuchen, von noch ungleich größerer Bedeutung. Doch vorausgesetzt, Leben auf anderen Welten ist in hohem Maße wahrscheinlich, wie sollten diese Wesen, wenn überhaupt, jemals zu uns gelangen? Ist interstellare Raumfahrt möglich? Damit befaßt sich das 2. Kapitel.

---

9 Paul Davies: *Are We Alone?* Vorwort, S. XI.

2. Kapitel

Besucher

»Jede einigermaßen fortschrittliche Technologie ist von Magie nicht zu unterscheiden.«

ARTHUR C. CLARKE

Ein zentrales Thema in *Akte X* ist der Besuch Außerirdischer auf unserem Planeten und die angeblich immer wieder stattfindenden Entführungen von Menschen durch Außerirdische. Diese Geschichten entsprangen nicht einfach nur der Phantasie der Serienautoren, sondern wurzeln so tief in einer Reihe von Kulturen unserer Erde, daß sie schon beinahe zum Klischee geworden sind. Für das Papier der zahllosen Bücher und Magazine zu diesem Thema müssen buchstäblich ganze Wälder gefällt worden sein. Eine ganze Mythologie ist entstanden, die sich mit allen Aspekten eines Besuchs durch Außerirdische beschäftigt. Das einzige, was bislang fehlt, sind klare, unumstößliche Beweise für diese Idee.

Abgesehen von den *Akte-X*-Episoden ist das Internet die am lebhaftesten sprudelnde Informationsquelle über außerirdische Besucher. Der anonyme Kongreßabgeordnete, der sich so verächtlich über die Arbeit des SETI-Projektes äußerte, war nicht mehr ganz auf der Höhe der Zeit. Wenn Sie das Neueste zu diesem Thema erfahren möchten, sollten Sie es einmal unter der Adresse alt.alien.visitors im World Wide Web versuchen. Dort werden Ihnen Telepathen von den Plejaden, Reptoiden vom Sirius, schöne Venusierinnen und eine allgegenwärtige Gruppe namens ›die Grauen‹ begegnen.

Das zum Thema außerirdische Besucher im Umlauf befindliche Material ist schwindelerregend und ernährt mittlerweile eine florierende Industrie. Magazine, die man an Zeitungskiosken in jeder größeren Stadt der westlichen Welt kaufen kann, sind längst weit über eher brave Interviews mit Entführten hinaus. Inzwischen liefern sie ihren Lesern detaillierte Beschreibungen außerirdischer Raumschiffantriebe und ausgefeilte anatomische Studien zur Physiologie der Aliens.

Quelle eines Großteils dieses Materials ist der Roswell-Zwischenfall. UFO-Gläubigen zufolge stürzte 1947 in Roswell, im US-Bundesstaat New Mexico, ein außerirdisches Raumschiff ab. Angeblich ist die damalige Untersuchung dieses Absturzes seither der Öffentlichkeit verheimlicht worden. Die UFO-Anhänger behaupten, amerikanische Regierungsbehörden hätten das Raumschiffwrack und die toten Außerirdischen in ein Sperrgebiet in der Wüste von Nevada, in die sogenannte AREA 51, gebracht und dort Experimente mit dem Wrack und den Aliens durchgeführt. Von dort seien geheime Informationen nach außen gedrungen, die diese Geschichte bestätigen würden.

Über die Herkunft der fremden Besucher gibt es eine Reihe von Theorien. Jene Enthusiasten, die wegen der großen Entfernungen an der Möglichkeit interstellarer Reisen zweifeln, schlagen stattdessen vor, die fliegenden Untertassen könnten entweder aus dem Erdinneren oder aber aus ›anderen Dimensionen‹ stammen. Der Kult um die ›Hohle Erde‹ existiert jetzt schon einige Zeit, doch es ist offensichtlich kaum mehr als ein Phantasieprodukt. Die Theorie mit den ›anderen Dimensionen‹ ist faszinierender, aber nicht weniger nebulös. Denn worum handelt es sich bei diesen Dimensionen?

Es kommt häufig vor, daß Menschen, die sich für das Okkulte begeistern, solche Begriffe benutzen, ohne eine klare Vorstellung zu haben, was sie eigentlich bedeuten. Dann vermischen sie ihre vagen Ideen mit seriösen wissenschaftlichen Erkenntnissen und behaupten, die Tatsache, daß Physiker von Universen sprechen, die sich aus 10 oder 26 Dimensionen zusammensetzen, sei eine Bestätigung für ihre unsinnigen Theorien. Doch das ist es keineswegs – die zusätzlichen Dimensionen, die in der Physik derzeit in Mode sind, tauchen alle in einem exotischen Spezialgebiet namens String-Theorie auf. Es handelt sich dabei nicht um ›Parallel-Universen‹, sondern man vermutet ihre Existenz ausschließlich im sub-atomaren Maßstab, im Bereich der Quanten-Mechanik (Größenordnungen um etwa 10^{-33} cm). Es ist extrem unwahrscheinlich, daß von dort aus außerirdische Intelligenzen in UFOs bei uns auftauchen.

Konsequenterweise werde ich mich daher in diesem Kapitel darauf beschränken, die Möglichkeiten zu erörtern, wie Außerirdische von Planeten außerhalb unseres Sonnensystems zu uns gelangen könnten, und ob ihnen das möglich ist, ohne daß dazu die Gesetze der Physik außer Kraft gesetzt werden müßten.

Die Schwierigkeiten interstellarer Raumfahrt drehen sich alle um Entfernung, Zeit und Energie. Wie wir im 1. Kapitel sahen, ist wegen der unvorstellbar großen Entfernung zwischen den Sternen die Reisedauer dementsprechend lang. Und jedes System, daß eine Chance hätte, diese Schranke zu überwinden, würde dazu eine unpraktikabel große Energiemenge verschlingen.

Das Problem beginnt mit Einsteins spezieller Relativitätstheorie. Zum erstenmal 1905 veröffentlicht, als Einstein in einem Berner Patentamt arbeitete, fußt die spezielle Relativitätstheorie auf zwei fest etablierten wissenschaftlichen Prinzipien, konfrontiert uns aber mit einer der sonderbarsten Ideen der gesamten Wissenschaft.

Das erste dieser Prinzipien geht auf die Arbeit Isaac Newtons zurück, der Ende des 17. Jahrhunderts zeigte, daß die Gesetze der Physik für alle Beobachter dieselben sind, die sich relativ zueinander mit konstanter Geschwindigkeit bewegen. Die zweite Erkenntnis ist neueren Ursprungs und lautet, daß die Lichtgeschwindigkeit in einem Vakuum immer konstant ist. Diese Geschwindigkeit wird durch das Symbol c repräsentiert und beträgt etwas mehr als eine Milliarde Kilometer pro Stunde. Das trifft zu, *unabhängig* von der Geschwindigkeit des Beobachters.

Der gesunde Menschenverstand sagt uns, daß, wenn Raumschiff A mit einer Geschwindigkeit von 0,75c in eine Richtung und Raumschiff B mit 0,75c in die entgegengesetzte Richtung fliegt, ihre relative Geschwindigkeit 1,5c betragen müßte. Aber das ist nicht wirklich der Fall. Einsteins Gleichungen zufolge würden die Besatzungen beider Raumschiffe nicht beobachten, daß sich das vom jeweils anderen Schiff auf sie zukommende Licht mit eineinhalbfacher Lichtgeschwindigkeit bewegt, sondern es würde sich für sie lediglich mit etwas weniger als 1 c (0,96 c, um genau zu sein) bewegen.

Die verblüffende Konsequenz daraus lautet: Wenn c konstant ist, müssen Raum und Zeit relativ sein. Mit anderen Worten: wenn sich für die Besatzung an Bord von Raumschiff A oder B das Licht immer mit konstanter Geschwindigkeit bewegt, müssen sie die Zeit ganz anders messen - das heißt, wenn sie sich schneller fortbewegen, vergeht die Zeit langsamer. Darüberhinaus können Entfernungen für Beobachter, die sich mit unterschiedlicher Geschwindigkeit bewegen, nicht gleich sein. Je schneller jemand reist, desto kürzer werden die Entfernungen - ein Kilometer ist, abhängig von der Geschwindigkeit des Beobachters, unterschiedlich lang und wird immer kürzer, je schneller der Beobachter sich bewegt. Und schließlich nimmt die Masse eines Beobachters immer mehr zu, je schneller er sich bewegt. In letzter Konsequenz läuft das alles darauf hinaus, daß mit einem Beobachter, der sich mit Lichtgeschwindigkeit fortbewegen würde, drei Dinge geschähen - die Zeit würde für ihn stehenbleiben, er würde unendlich klein und seine Masse unendlich groß werden!

Zum Leidwesen aller Raumfahrtbegeisterten ist das nicht bloß die Wahnvorstellung eines verrückten Professors. Einsteins spezielle Relativitätstheorie ist seit 1905 in vielen tausend Experimenten immer wieder bestätigt worden. In unserem täglichen Leben bemerken wir diesen Effekt nur deswegen nicht, weil wir uns nie auch nur annähernd schnell genug bewegen. Vor kurzem wurde während eines Spaceshuttle-Fluges demonstriert, wie minimal der Effekt bei niedrigen Geschwindigkeiten ist. Die Uhren an Bord des Shuttle, der sich immerhin mit recht schnellen 5 Meilen pro Sekunde bewegte, gingen um weniger als das Zehnmillionstel einer Sekunde langsamer als die Uhren auf der Erde. In CERN, dem riesigen Teilchenbeschleuniger in der Nähe von Genf, werden subatomare Teilchen routinemäßig bis nahe an die Lichtgeschwindigkeit beschleunigt. Dabei beobachtet man jedesmal, daß ihre Masse sich genau so erhöht, wie Einsteins Berechnungen es vorhersagen.

Es ist also ein unwiderlegbares Gesetz, daß kein materielles Objekt in unserem Universum sich mit Lichtgeschwindigkeit fortbewegen kann. Folglich gibt es für technologisch fortgeschrittene Zivilisationen nur zwei Möglichkeiten, interstellare Distanzen zu überwinden: Entweder sie reisen mit einer Geschwindigkeit durchs All, bei der Einsteins Theorie noch keine zu großen Probleme verursacht, oder sie müssen einen Weg finden, die Theorie zu umgehen.

Betrachten wir zuerst die Möglichkeiten für Raumreisen mit Unter-Lichtgeschwindigkeit.

Seit Jules Vernes Idee, eine Mondrakete aus einem dreihundert Meter tiefen Erdloch in Florida abzufeuern (beschrieben im 1865 veröffentlichten Roman *Reise um den Mond*), haben Wissenschaftler und Science-Fiction-Autoren eine Reihe von raffinierten Antriebsmöglichkeiten für interstellare Raumschiffe ersonnen. Das reicht von Fusionstriebwerken über Antimaterie bis hin zu Raumschiffen, die Wurmlöcher und Raumverzerrungen zur Fortbewegung nutzen.

Alle konventionellen Raumschiffantriebe (damit meine ich Triebwerke, die keine exotischen kosmischen Phänomene wie Wurmlöcher oder Raumverzerrungen nutzen) müssen auf dem Prinzip von Newtons drittem Bewegungsgesetz beruhen, das lautet: »Für jede Aktion gibt es eine gleichstarke gegenläufige Reaktion.« Darin unterscheidet sich ein Raumfahrzeug nicht von einem Düsenflugzeug – Material wird aus dem Heck des Fahrzeugs ausgestoßen, und das Fahrzeug bewegt sich vorwärts. Sehr einfach. Die Schwierigkeit liegt in der erforderlichen Masse.

Sämtliche Raumschiffe, die wir bislang gebaut haben, besitzen chemische Antriebssysteme. Dabei muß die meiste Energie dafür aufgewendet werden, die Anziehungskraft der Erde zu überwinden – also eine Fluchtgeschwindigkeit zu erreichen, die es der Saturn V, dem Spaceshuttle oder der Ariane-Rakete ermöglicht, ihre Fracht in den Orbit zu tragen. Während der Weiterreise zum Mond wurden für die Steuermanöver des Apollo-Raumschiffs nur relativ kleine Schubdüsen benötigt, die heiße Gase ausstießen und so die Raumkapsel auf Kurs hielten. Ohne diese Triebwerke wäre die Kapsel völlig den außerhalb der Erdatmosphäre wirkenden Gravitationskräften ausgeliefert gewesen.

Die nächste Ebene des technischen Fortschritts wäre ein auf Kernspaltung basierender Raumschiffantrieb. Diese Energiequelle wird in Atomreaktoren genutzt und wurde bei den ersten Atombomben freigesetzt. Wenn große, unstabile Atomkerne zum Zerfall gebracht, also gespalten werden, entsteht Energie. Die Energiemenge ist abhängig von der Masse des gespaltenen Materials und läßt sich mit der vielleicht berühmtesten Gleichung aller Zeiten berechnen: $\mathbf{E = mc^2}$, wobei **m** für Masse und **c** für Lichtgeschwindigkeit steht.

Obgleich es sich hierbei um die mächtigste beherrschbare Energiequelle handelt, über die wir gegenwärtig verfügen, läßt sich damit auch nicht annähernd so viel Energie erzeugen, wie man für einen Flug zu den Sternen benötigt. Die Masse spaltbaren Materials, die man selbst für effiziente interplanetare Reisen innerhalb unseres winzigen Sonnensystems braucht, ist so groß, daß in einem solchen Raumschiff kaum noch Platz für die Besatzung und Fracht übrigbliebe.

Eine machtvollere Form von Atomenergie entsteht bei der sogenannten Kernfusion. 1989 gab es für kurze Zeit große Aufregung, als die beiden Wissenschaftler Martin Fleischmann und Stanley Pons behaupteten, sie hätten ein Verfahren entwickelt, das sie als ›kalte Fusion‹ bezeichneten. Scheinbar war dazu nichts weiter nötig als ein Glasbehälter, ein Elektroden-Paar und einige ganz alltägliche Chemikalien. Leider legte sich die Aufregung rasch, als die Experimente sich als unwiederholbar erwiesen, und die Hoffnung der Wissenschaftler richtete sich erneut auf die konventionelle ›heiße‹ Kernfusion. Das ist jener Prozeß, der in der Sonne und jedem anderen Stern abläuft. Im Laboratorium besteht das Verfahren darin, kleine Atomkerne wie Deuterium und Tritium (dabei handelt es sich um schwere Wasserstoff-Isotopen) miteinander zu verschmelzen, wodurch große Energiemengen erzeugt werden.[10]

Seit fast fünfzig Jahren bemüht sich die Wissenschaft, eine praktisch anwendbare Form der Kernfusion zu entwickeln. Kernfusion ist relativ sauber, weil bei ihr keine gefährlichen radioaktiven Elemente wie Uran-238 entstehen, das in modernen schnellen Brutreaktoren zu Plutonium-239 umgewandelt wird (Isotopen, deren Gefährlichkeit Hunderttausende von Jahren andauert). Und sie würde weit mehr Energie liefern als die Kernspaltung. Das sind die Pluspunkte dieses Verfahrens, die Nachteile liegen bislang beim Problem der sicheren Abschirmung eines Fusionsreaktors und der Effizienz. Um eine Kernfusion ablaufen zu lassen, benötigt man Temperaturen von etwa 10 Millionen Grad (Temperaturen, wie sie im Kern der Sonne herrschen) damit die elektrostatische Abstoßung der positiv geladenen Atomkerne überwunden wird. Dieses fusionierte Material existiert dann als superheißes Plasma, dem kein physikalischer Abschirmungsbehälter standhalten könnte.

Zudem ist der Energieaufwand, den man benötigt, um den Fusionsprozeß herbeizuführen, bislang viel größer als die Energieausbeute, das Verfahren ist also einstweilen nicht effizient.

---

10 Ein schweres Isotop ist ein Atom, das in seinem Kern über mehr als die übliche Zahl von Neutronen verfügt. Die häufigste Form des Wasserstoffs besitzt im Atomkern nur ein Proton und keine Neutronen. Deuterium, das erste schwere Isotop des Wasserstoffs, hat ein Proton und ein Neutron. Das schwerste, Tritium, hat ein Proton und zwei Neutronen.

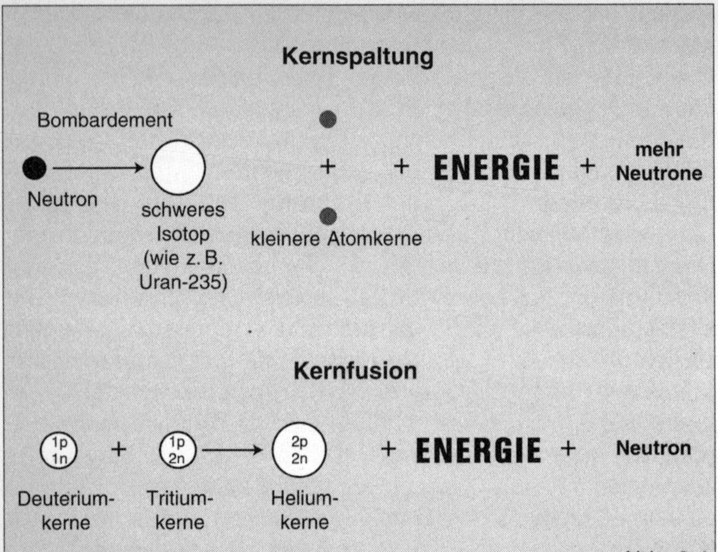

Abb. 2.1

Die Wissenschaftler hoffen aber, diese Probleme in der Zukunft in den Griff bekommen zu können, und Fusionsenergie gilt als der wahrscheinlichste Weg aus der uns drohenden Rohstoffkrise. Wenn andere Zivilisationen uns in der technologischen Entwicklung nur um ein paar Jahrzehnte voraus sind, haben sie die Kernfusion höchstwahrscheinlich technisch nutzbar gemacht, und wenn sie noch weiter fortgeschritten sind, können sie vermutlich sogar fusionsgetriebene Raumschiffe bauen. Leider kann diese Energiequelle niemals für interstellare Reisen genutzt werden, aus dem einfachen Grund, weil die Masse an Fusionsmaterial, die man selbst für einen winzigen Prozentsatz der Lichtgeschwindigkeit benötigt, viel zu groß ist.

Berechnungen haben ergeben, daß man, um ein Raumschiff auf lediglich 10 % der Lichtgeschwindigkeit zu beschleunigen, das Fünfzehnfache seiner Masse an Treibstoff benötigt. Und das braucht man allein zur einmaligen Beschleunigung. Wenn das Schiff an seinem Zielort abbremsen soll, benötigt es dazu erneut das Fünfzehnfache seiner dann noch vorhandenen Masse. Wenn wir annehmen, daß beim Hinflug die Hälfte des Treibstoffs verbraucht wurde (der, wie gesagt, das Fünfzehnfache der Masse von Mannschaftsunterkünften und Fracht ausmachen muß), würde man erneut das Siebeneinhalbfache der Masse benötigen. Für einen Start und einen Stopp würde man also 15 x 7,5 x der Masse des eigentlichen Schiffskörpers (ohne Treibstoff) brauchen, oder 112,5 x die Masse von Mannschaftsquartier und Fracht.

Eine Variation dieser Idee ist der Fusions-Ramjet (*Ramjet* = dt.: Staustrahltriebwerk). Im interstellaren Raum herrscht kein völliges Vakuum. Er enthält Wasserstoffatome, die allerdings sehr dünn in der Weite zwischen den Sternen und Planeten verteilt sind. Man könnte ein Raumschiff mit großen Schaufeln bauen, das diese Wasserstoffatome einsammelt, um sie als Fusionsmaterial zu nutzen. Der Einwand dagegen lautete immer, daß es im Weltraum zu wenig Materie gibt. Doch wenn sich das Raumschiff rasch genug fortbewegt, wäre es wie ein riesiger Meeressäuger, der Plankton aufsaugt.

Wenn wir eines Tages Menschen zu den anderen Planeten unseres Sonnensystems schicken, werden wir dafür mit an Sicherheit grenzender Wahrscheinlichkeit Fusionsenergie in irgendeiner Form nutzen. Für interplanetare Reisen mit einer Geschwindigkeit von etwa 100 000 km/h wäre dieses System praktikabel, so daß wir dann für eine Reise zum Mars etwa drei Wochen benötigten. Doch bei einer Reisegeschwindigkeit von 100 000 km/h würden wir Tausende von Generationen brauchen, um wenigstens den uns am nächsten liegenden Stern zu erreichen, und die selbst bei dieser relativ geringen Geschwindigkeit für einen so langen Flug nötige Treibstoffmenge macht ein solches Vorhaben völlig undurchführbar.

Neben der Fusionsenergie gibt es noch zahlreiche weitere Vorschläge, wie man im Rahmen der konventionellen Physik einen relativ hohen Prozentsatz der Lichtgeschwindigkeit erreichen könnte. Bei einem dieser Vorschläge wird das Raumschiff mit Hilfe von Atomexplosionen beschleunigt.

Die Entwickler eines theoretischen Raumfahrzeugs, das

Orion getauft wurde, stellen sich das so vor, daß thermonukleare Sprengköpfe mit einer Rate von drei pro Sekunde aus dem Heck des Raumschiffs geschleudert werden. Das heiße Plasma der Explosionen würde auf einen ›Schubteller‹ treffen und so das Schiff vorwärtstreiben. Allerdings würde man fast 300 000 Ein-Tonnen-Bomben benötigen, um Orion auch nur bis auf 3 % der Lichtgeschwindigkeit zu beschleunigen.

Eine weitere Variante stellt das Projekt Daedalus dar, das von der Britischen Interplanetaren Gesellschaft in den siebziger Jahren untersucht wurde. Bei diesem theoretischen System operiert man mit einem Orion ähnelnden Raumfahrzeug, das aber von 250 Atomexplosionen pro Sekunde angetrieben wird. Damit könnte es 12 % der Lichtgeschwindigkeit erreichen, also 130 Millionen Stundenkilometer, doch auch hier läßt die benötigte Treibstoffmasse die Idee als ziemlich undurchführbar erscheinen.

Schon vielversprechender wirkt da die Möglichkeit, jenes exotische Material zu verwenden, das als Antimaterie bekannt ist.

Die gesamte Materie in unserem Universum besteht aus Atomen. Diese ihrerseits bestehen aus sogenannten subatomaren Teilchen – Neutronen und Protonen, die zusammen im Atomkern existieren, und aus Elektronen, die den Atomkern umkreisen. Über diese Erkenntnisse verfügt man seit dem frühen 20. Jahrhundert, dank der Forschungen von Ernest Rutherford, James Chadwick, Max Planck und anderen Pionieren. Ein anderer wegweisender Physiker dieser Ära war Paul Dirac, der 1929 vorhersagte, daß alle bekannten atomaren Teilchen möglicherweise über Gegenstücke mit genau polaren Eigenschaften verfügen.[11] Diese wurden unter dem Namen Antiteilchen bekannt.

Protonen sind positiv geladen. Ein Antiproton hätte die gleiche Masse und würde im Kern eines Antiatoms existieren, wäre aber negativ geladen. Ein Antielektron, oder Positron,

---

[11] Damals kannte man nur Protonen und Elektronen. Das Neutron wurde erst drei Jahre später, 1932, entdeckt.

wie es genannt wird, wäre positiv geladen und würde wie das Elektron den Kern eines Antiatoms umkreisen. Für die Konstruktion eines interstellaren Raumschiffantriebs ist daran interessant, daß Materie und Antimaterie einander auslöschen, wenn sie aufeinandertreffen, und daß dabei Energie entsteht.

Zu Paul Diracs Zeit war die Antimaterie lediglich ein theoretisches Konzept, etwas, das plötzlich in seinen Berechnungen auftauchte, als er die Mathematik von Quantenmechanik, Elektromagnetismus und Relativität miteinander kombinierte. Damals ließ sich die Existenz der Antimaterie nicht beweisen, denn sie kommt in unserem Universum auf natürliche Weise nicht vor, weil sie sofort verschwinden würde, wenn sie mit Materie in Berührung käme. Heute können wir kleine Mengen Antimaterie in einem Teilchenbeschleuniger künstlich erzeugen.

Um ein Antiproton zu erzeugen, werden ›normale‹ Protonen durch den Ringbeschleuniger geschossen, wo man sie mit Hilfe eines starken Magnetfeldes so lange beschleunigt, bis sie etwa halbe Lichtgeschwindigkeit erreichen. Dann läßt man sie mit dem Kern eines Metallatoms zusammenprallen. Dabei entstehen Teilchen und Antiteilchen, außerdem Röntgenstrahlen und andere Formen von Energie. Die Antiprotonen werden dann von den Protonen getrennt, ehe sie miteinander reagieren und sich gegenseitig auslöschen.

Um Antimaterie zur Schuberzeugung einzusetzen, muß man eine kontrollierte gegenseitige Auslöschung von Teilchen und Antiteilchen ablaufen lassen und die dabei entstehende Hitzeenergie für den Raumschiffantrieb verwenden. Es existiert bereits ein Entwurf für ein solches System. Dabei soll eine winzige Menge Antimaterie in einen hohlen, mit Wasserstoff gefüllten Wolframblock geschossen werden. Die Teilchen werden dabei sofort ausgelöscht, und die freigesetzte Energie heizt den Wolframblock auf. Kalter Wasserstoff wird in dieses Triebwerk eingespritzt, erhitzt sich rasch auf etwa 3000 K und treibt das Raumschiff vorwärts.

Der große Vorteil von Antimaterie-Antrieben besteht darin, daß man nur wenig Treibstoff benötigt, um eine effektive Beschleunigung zu erreichen. Der große Nachteil sind die technischen Probleme bei der Herstellung genügender Mengen dieser Substanz. Gegenwärtig entstehen nur aus einem Sechzigmillionstel jener Energie, die man in Teilchenbeschleunigern zur Erzeugung von Antimaterie aufwendet, auch tatsächlich Antiteilchen, weshalb der heutige Marktwert von einem Gramm Antimaterie bei etwa 10 000 000 000 000 000 $ liegt (zehntausendmillionenmillionen Dollar).

Außerdem gibt es da noch das Problem der sicheren Abschirmung eines solchen Antriebs. Wie für das superheiße Plasma, das bei der Kernfusion erzeugt wird, benötigt man spezielle Magnetfeld-Systeme, um zu verhindern, daß die Antimaterie mit Materie reagiert, bevor es erwünscht ist.

Trotz dieser Schwierigkeiten ist es nicht auszuschließen, daß fortschrittliche Zivilisationen Antimaterie-Antriebe verwenden. Ein Blick auf unsere eigene Geschichte kann hier sehr aufschlußreich sein. Erst 1919 entdeckte Ernest Rutherford, daß sich die Kerne von bestimmten Atomen durch Teilchenbeschuß spalten lassen. In nur 26 Jahren führte diese Entdeckung zu den Atombombenabwürfen auf Hiroshima und Nagasaki.

Mit der heutigen Technologie läßt sich Antimaterie nicht zu wirtschaftlichen Kosten produzieren, aber das mag in zwei oder drei Jahrzehnten bereits ganz anders sein. Und, wie wir gesehen haben, sind das ziemlich unbedeutende Zeitspannen, wenn wir an das mögliche Alter fremder Zivilisationen denken.

Die Möglichkeiten des Antimaterie-Antriebs lassen hoffen, daß interstellare Raumfahrt möglich ist, doch selbst wenn eine hochentwickelte Zivilisation das volle Potential dieser Technologie nutzt, ist sie immer noch an die Naturgesetze des Universums und damit an Fluggeschwindigkeiten langsamer als das Licht gebunden.

Für interstellare Reisende bedeutet das, daß sie entweder die Konsequenzen eines Fluges mit annähernder Lichtgeschwindigkeit irgendwie beherrschen müssen (und selbst ein solches Reisetempo ist für das Besuchen oder Kolonisieren vieler Welten sehr langsam). Oder sie müssen noch langsamer Reisen und noch viel länger unterwegs sein, ehe sie Welten außerhalb ihres eigenen Sonnensystems erreichen.

Stellen wir uns einmal vor, daß die Entfernung zwischen dem Heimatplaneten dieser Außerirdischen und der Erde 50 Lichtjahre beträgt. Bei 0,95 c (95 % der Lichtgeschwindigkeit) brauchen sie für diesen Flug 47,5 Jahre hin, und dann noch einmal 47,5 Jahre für den Rückflug nach Hause. Wegen der speziellen Relativität, dem Umstand also, daß die relative Zeit sich verlangsamt, je schneller wir reisen, werden für die Raumschiffbesatzung statt 47,5 Jahren real nur 14,8 Jahre vergehen.

Das ist für eine praktische Nutzanwendung immer noch viel zu lang. Selbst wenn wir annehmen, daß die Lebenserwartung außerirdischer Lebewesen vielleicht höher ist als die unsere, sind eineinhalb Jahrzehnte an Bord eines Raumschiffs eine sehr lange Zeit. Die Antwort darauf könnte in einer künstlichen Reduzierung der Lebensfunktionen, vielleicht sogar im Kälteschlaf liegen, aber es gibt noch andere Hürden. Raumschiffbesatzungen, die man auf Reisen von fast hundert Jahren Dauer schickt, könnten bei ihrer Rückkehr feststellen, daß die politischen Strukturen sich völlig verändert haben. Die Organisation, von der sie eins ausgesandt wurden, existiert möglicherweise längst nicht mehr. Diese Raumfahrer würden erleben, daß alle ihre daheimgebliebenen Verwandten tot oder uralt sind. Fast alles ihnen einst Vertraute hätte sich inzwischen unwiederbringlich gewandelt. Stellen Sie sich vor, ein Mensch aus dem Jahr 1900 würde in die Welt des Jahres 1997 zurückkehren. Auch wenn er selbst inzwischen um nur weniger als dreißig Jahre gealtert wäre, hätte sich die Umwelt für ihn beinahe bis zur Unkenntlichkeit verändert.

Wenn wir, wie die UFO-Enthusiasten, davon ausgehen, daß interstellare Raumfahrt etwas Alltägliches ist und die uns besuchenden Aliens Teil einer organisierten Föderation oder interplanetaren Institution sind, dann können sie unmöglich mit Unterlichtgeschwindigkeit reisen. Erstens ließe sich über derartige Entfernungen und Zeiträume keine Kommandostruktur aufrechterhalten. Zweitens ist es sicher eine universale Regel, daß jedes Unternehmen für denjenigen, der darin investiert, in einem überschaubaren Zeitrahmen ein Resultat erbringt, zumindestens jedenfalls zu Lebzeiten des Investors. Wer würde je eine Mission finanzieren, die sich über derartig große Zeiträume erstreckt? Jedenfalls ganz sicher keine Regierung, wie wir sie uns vorstellen können.

Die einzige andere Möglichkeit für unterlichtschnelle Raumfahrt ist das Konzept der Arche. Sie ist seit Generationen ein Lieblingskind der Science-Fiction-Autoren und Weltraumforscher und bietet einige praktische Vorzüge.

Die Idee besteht darin, ein großes Raumschiff zu bauen, auf dem ganze Generationen von Außerirdischen leben während einer Mission, die Jahrhunderte oder Jahrtausende dauert. Eine solche Arche müßte zwar riesig sein, um eventuell über Jahrtausende hinweg Lebensraum für eine große Zahl von Besatzungsmitgliedern und Passagieren zu bieten, bräuchte sich aber nicht besonders schnell fortzubewegen. Wenn man von einer Reisedauer von 1000 Jahren ausgeht, ließen sich in dieser Zeit 50 Lichtjahre mit lediglich 5 % der Lichtgeschwindigkeit (50 Millionen Kilometer pro Stunde) überbrücken. Doch, ganz abgesehen von den technologischen Schwierigkeiten bei Konstruktion und Bau eines solchen Raumschiffs, gibt es gegen diese Idee andere, sehr sachliche Einwände.

Zunächst wäre da wieder das Problem der langen Reisedauer. Der einzig mögliche Grund für eine Zivilisation, ein solches Unternehmen zu finanzieren, könnte die Flucht vor einer Katastrophe sein – also eine Arche im biblischen Sinne, bei der ein Teil oder die ganze Bevölkerung eines Planeten in ein Raumschiff gepackt wird, das dann losfliegt, um eine neue Heimat zu suchen. Da auf der Erde noch keine Gruppe mit Kolonisierungsabsichten aufgetaucht ist, können wir wohl annehmen, daß unsere angeblich so zahlreich zu beobachtenden Besucher nicht unter diese Kategorie fallen. Doch selbst wenn ein solches Unternehmen im kleineren Maßstab auf den Weg gebracht würde, sagen wir mit einer Besatzung von vielleicht einigen tausend Individuen, wie könnte diese Gruppe die psychologischen Anforderungen dieser Reise ertragen?

Die ersten Generationen der Aliens an Bord der Arche hätten keine Hoffnung, die neue Welt zu sehen. Nur das Wissen, daß ihre fernen Nachkommen einst den Zielplaneten erreichen, würde sie aufrechterhalten. Es ist aber denkbar, daß Außerirdische mit einer von der unseren sehr verschiedenen psychologischen Struktur für ein solches Unternehmen geeignet wären. Sie könnten in ihrem Denken Ameisen oder Bienen ähneln und einen angeborenen Instinkt besitzen, bei dem die Gemeinschaft mehr zählt als das Individuum. Für sie könnte ein solches Vorhaben realisierbar sein, doch ansonsten kommt es wohl nur sehr eingeschränkt in Frage.

Das überzeugendste Argument gegen die Benutzung von Archen ist jedoch die ›exponentielle Geschwindigkeitskurve‹. Wenn wir unsere eigene technologische Entwicklung als Paradigma benutzen, sehen wir, daß die für uns erreichbaren Geschwindigkeiten exponentiell angestiegen sind. Während der ersten 100 000 Jahre der menschlichen Gesellschaftsentwicklung lag die höchste für uns erreichbare Geschwindigkeit bei etwa 20 Stundenkilometern – dem Tempo eines schnell laufenden Jägers. Vor 4000 Jahren, als der Mensch das Pferd zähmte, verdoppelte sich diese Geschwindigkeit. Im späten 19. Jahrhundert erfolgte wieder eine Verdoppelung, als Eisenbahnen und motorgetriebene Fahrzeuge in Gebrauch kamen. In den folgenden fünfzig Jahren lernten wir, uns wiederum drei- bis viermal schneller fortzubewegen: durch den Einsatz des Flugzeuges, dann des Düsenjets und schließlich durch die bemannte Raumfahrt. Geht die Entwicklung mit dieser Rate weiter, zeigt die exponentielle Geschwindigkeitskurve an, daß wir im Jahr 2070 in der Lage sein sollten, 1 % Prozent der Lichtgeschwindigkeit zu erreichen, und im Jahr 2140 5 %.

Für unsere Archen-Raumfahrer könnte das die Konsequenz haben, daß sie am Zielort eintreffen, nur um den Planeten bereits von ihrer eigenen Rasse kolonisiert vorzufinden, die inzwischen längst in einem Bruchteil der Zeit diese Distanz zu überbrücken vermag.

Eine Variante dieser Idee ist die Langzeit-Kolonisierung. Der Physiker Frank Tipler unterstützt die Theorie, daß fortschrittli-

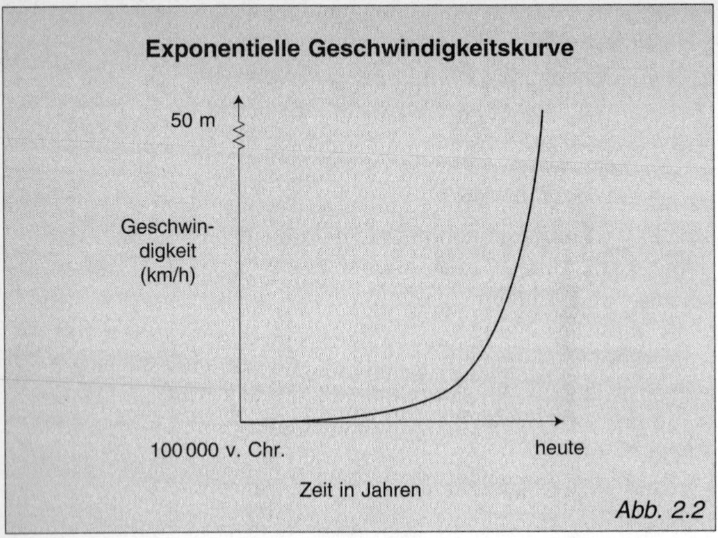

Abb. 2.2

che Zivilisationen ›Planeten-Springen‹ betreiben könnten. Er orientiert sich dabei an der Art und Weise, wie die Südsee-Insulaner sich im Pazifischen Ozean ausbreiteten, indem sie Insel für Insel besiedelten, mit längeren Konsolidierungsphasen zwischen jedem ›Inselsprung‹. Wenn man von diesem Modell ausgeht, sind laut Tipler zwei Zeitfaktoren zu berücksichtigen: Erstens, die Zeit, die für eine interstellare Reise benötigt wird (t_1), zweitens, die Zeit, die nötig ist, um eine Kolonie zu etablieren und den nächsten Sprung vorzubereiten (t_2). Vorsichtige Schätzungen der Reisedauer liegen bei 1000–10 000 Jahren. Und ein vernünftiger Zeitraum für die Kolonisierung und Konsolidierung auf der neuen Welt würde bei etwa hundert Generationen anzusetzen sein.

Mit einem solchen System ließe sich die gesamte Galaxis in einer überraschend kurzen Zeit kolonisieren, denn das Wachstum wäre exponentiell.

Nehmen wir an, daß Reisezeit und Kolonisierungszeit im Durchschnitt 10 000 Jahre betragen: $t_1 + t_2 = 10\,000$. Nehmen wir weiter an, daß es in einer durchschnittlichen Galaxis eine

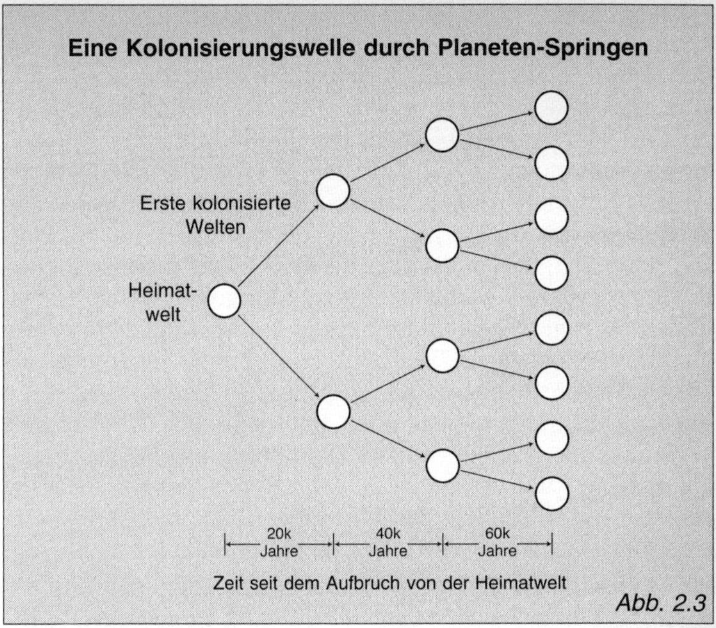

Abb. 2.3

Milliarde für eine Besiedlung geeignete Planeten gibt, dann ließen sich alle diese Planeten in weniger als einer Million Jahren erreichen und besiedeln.

Es ist ein ernüchternder Gedanke, daß auf der Erde vielleicht einmal eine solche Kolonie existierte, die aber, aus welchen Gründen auch immer, nicht florierte, so daß die ›Welle‹ der Kolonisierung uns zurückließ. Trifft das zu, dann würde ein solcher Besiedlungsprozeß bedeuten, daß alles menschliche Leben in unserer Galaxis einem einzigen Mutterplaneten entstammt, einer Urheimat der Menschheit. Alternativ dazu könnte man argumentieren, daß ein solcher Besiedlungsprozeß erst noch vor uns liegt und daß die Erde selbst die ursprüngliche, vielleicht einzigartige Heimat des *Homo sapiens* ist.

Diese Analyse wirft ein düsteres Licht auf die Möglichkeit interstellaren Reisens. Jede in Frage kommende Methode ist entweder zu langsam, zu teuer oder beides. Bestenfalls können wir darauf hoffen, mit Hilfe des Antimaterie-Antriebs die Dauer relativ kurzer Reisen auf ein für die Besatzung annehmbares Maß zu reduzieren. Doch jede Hoffnung auf ein organisiertes Projekt, bei dem es eine Koordination von und eine Kommunikation mit ›Zuhause‹ gibt, wird durch die lange Reisedauer zunichte gemacht. Wären das die einzigen Möglichkeiten, sich im Universum zu bewegen, müßten wir daraus schließen, daß außerirdische Rassen uns nicht besuchen und interstellare Reisen auch für weit fortgeschrittene Zivilisationen nur sehr eingeschränkt möglich sind. Glücklicherweise gibt es Möglichkeiten, dieses Problem zu umgehen, die ich als ›exotische Physik‹ bezeichnen möchte. Das sind Konzepte, die nicht gegen die uns bekannten physikalischen Gesetze verstoßen, sondern lediglich die Regeln beugen.

Das erste Stück exotischer Physik, mit dem wir uns befassen wollen, ist das Konzept des Wurmlochs. Wie die Antimaterie ergab sich auch das Wurmloch aus Manipulationen mit der physikalischen Mathematik, in diesem Fall ausgehend von Einsteins allgemeiner Relativitätstheorie.

Die Wissenschaftler wissen schon lange, daß ein Stern stirbt, wenn er fast seinen gesamten Brennstoff verbraucht hat. Die Art seines Todes hängt von seiner Masse ab. Ist er mindestens dreimal so groß wie unsere Sonne oder größer, beginnt er zu schrumpfen und löst dabei Schockwellen aus, die zu einer gewaltigen Explosion führen, einer Supernova – dem heftigsten Ereignis seit dem Urknall. Doch selbst dann bleibt, weil der Stern so groß war, etwas Materie im Zentrum der Supernova übrig, die wiederum in sich kollabiert. Diesmal wird die Materie so dicht, daß die unglaublich starken Kräfte, die die subatomaren Teilchen aneinander binden – die Bindekräfte zwischen den Quarks[12] – überwunden werden und der Stern sich in einen brodelnden Kessel aus fundamentaler Materie und Energie verwandelt. Ein Schwarzes Loch entsteht, so mas-

12 Die fundamentalste uns bekannte Form der Materie. Protonen, Neutronen und Elektronen bestehen aus Quarks.

senreich und dicht, daß noch nicht einmal das Licht seinem Gravitationsfeld zu entkommen vermag.[13]

Es geschieht in der Wissenschaft oft, daß die Mathematik die Existenz von etwas postuliert und seine theoretischen Eigenschaften beschreibt, bevor es dann tatsächlich entdeckt und beobachtet wird. Obwohl bislang nicht bewiesen ist, daß es Schwarze Löcher wirklich gibt, wurden einige vielversprechende Kandidaten gefunden, und es ist mehr als wahrscheinlich, daß sie irgendwo im Universum tatsächlich existieren. Die Chance, Wurmlöcher zu entdecken, ist weniger hoch, aber es gibt kein physikalisches Gesetz, daß ihre Existenz ausschließt.

Einsteins 1916 veröffentlichte allgemeine Relativitätstheorie ist eine Erweiterung der enger begrenzten speziellen Relativität. Die spezielle Relativitätstheorie befaßte sich lediglich mit Beobachtern, die sich mit konstanter Geschwindigkeit bewegen, doch Einstein fragte sich als nächstes, wie es wohl um Objekte bestellt war, die eine Beschleunigung erfuhren. Er stellte sich einen Aufzug im Zustand des freien Falls vor, und einen Lichtstrahl, der durch ein Loch in der Wand fällt. Die Leute in dem Aufzug würden das Licht als geraden Strahl wahrnehmen. Aber für einen Beobachter außerhalb des Aufzugs würde der Lichtstrahl gekrümmt sein. Diese Lichtkrümmung, die Einstein beschrieb, wurde durch die Beschleunigung des Aufzugs hervorgerufen. Einstein erklärte weiter, daß das Licht durch Gravitation gekrümmt werde, weil Gravitation eine Form von Beschleunigung sei.

Vor Einstein betrachteten die Physiker das Universum als dreidimensional, mit der Zeit als zusätzlichem Faktor. In der allgemeinen Relativität ist die Zeit genauso eine Dimension wie Länge, Breite oder Tiefe. Das Universum existiert eigentlich in vier Dimensionen, ›Raumzeit‹ genannt.

---

[13] Zum Vergleich: Der Spaceshuttle muß eine Geschwindigkeit von 11,18 Kilometern pro Sekunde erreichen, um dem Gravitationsfeld der Erde zu entkommen. Und das Licht bewegt sich, Sie erinnern sich, mit 300 000 Kilometern pro Sekunde.

Wir können uns ein Bild von einem vierdimensionalen Universum nur machen, indem wir es dreidimensional darstellen. Stellen Sie sich ein flach gespanntes Gummituch vor. Legen Sie nun eine schwere Kugel in die Mitte – das Tuch wird um die Kugel herum verformt, und genauso verzerrt sich auch die Raumzeit rings um ein massives Objekt, etwa einen Stern. Wenn Sie in der Nähe der schweren Kugel eine kleine Murmel über das Tuch rollen, wird die Murmel einer gekrümmten Bahn folgen, genauso wie das Licht in der Nähe eines Sterns. Ein Schwarzes Loch ist so massiv und besitzt ein so mächtiges Gravitationsfeld, daß es den Raum bis hin zu einer sogenannten ›Singularität‹ krümmt, einem Punkt, wo die Krümmung der Raumzeit unendlich steil wird und alle physikalischen Gesetze zusammenbrechen. Wurmlöcher, deren theoretische Existenz von einer ganzen Zahl Wissenschaftlern postuliert wurde (zuerst von den Physikern Kip Thorne und Michael Morris) entstehen, wenn zwei Singularitäten einander ›finden‹ und sich vereinigen.

Warum Wurmlöcher für interstellare Reisen nützlich sein können, sieht man in dem Diagramm. Wegen der Natur der gekrümmten Raumzeit ermöglichen sie eine Abkürzung, ein Umgehen des sonst notwendigen Fluges von Punkt A zu Punkt B auf konventionellem Wege.

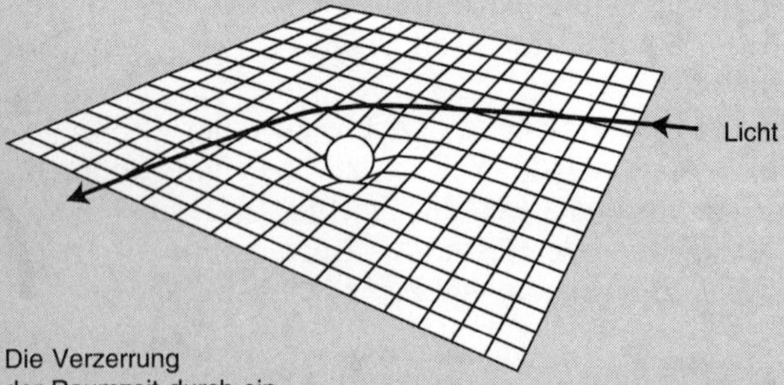

Die Verzerrung
der Raumzeit durch ein
massives Objekt wie eben unsere Sonne.
Die Bahn eines Lichtstrahls wird dadurch gekrümmt

Abb. 2.4a

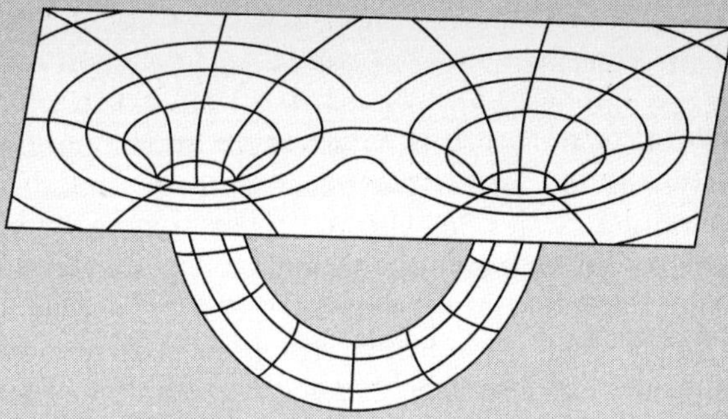

Ein Wurmloch
verbindet weit entfernte
Regionen des Universums

Abb. 2.4b

Mit dieser ganz offensichtlich sehr attraktiven Idee ließen sich alle Probleme des unterlichtschnellen Raumfluges auf einen Schlag lösen. Aber, wie Sie sich sicher denken können, hat auch diese Methode ihre Probleme.

Zuerst einmal sind Wurmlöcher bislang reine Spekulation. Ihre Existenz wird durch die uns bekannten Gesetze des Universums nicht ausgeschlossen, aber sie ist auch nicht erwiesen. Sollten sie existieren, wären sie vermutlich ziemlich selten. Das zweite Problem besteht darin, daß man nur, indem man sie benutzt, herausfinden kann, mit welchem Teil des Universums sie verbunden sind. Und wenn sie sich nutzen ließen, wäre dieser Nutzen sehr begrenzt, da sie den Ausgangspunkt lediglich mit einem einzigen, festen Ziel verbinden. Das wäre ein bißchen wie eine Autobahn, die London mit einem einzigen, geheimnisvollen Ziel verbindet, ohne Ausfahrten und Kreuzungen zwischendurch.

Neben dieser grundsätzlichen Einschränkung sollten wir auch die Natur einer solchen Weltraumbrücke berücksichtigen. Nach allem, was wir über Schwarze Löcher wissen, wäre der Flug durch ein ›natürliches‹ Wurmloch vermutlich eine ziemlich ungemütliche Angelegenheit. Das Innere eines Schwarzen Lochs ist der wohl unwirtlichste Ort im ganzen

Universum. Die Gravitationskräfte dort würden jedes materielle Objekt sofort zu einer Suppe aus Elementarteilchen und Energie zerquetschen. Und selbst wenn man diesen Kräften widerstehen könnte: Befindet man sich einmal im Klammergriff eines Schwarzen Lochs, gibt es kein Entrinnen. Die Idee, für interstellare Reisen ein Wurmloch zu benutzen, das durch die Verbindung zweier Schwarzer Löcher an zwei verschiedenen Punkten im Universum entstanden ist, dürfte sich also wohl kaum in die Praxis umsetzen lassen.

Eine Möglichkeit, diese Schwierigkeit zu umgehen, wäre die Idee des weißen Lochs. Dabei handelt es sich um das Gegenteil eines Schwarzen Lochs: Statt alles zu verschlucken, würden weiße Löcher, falls sie existieren, als perfekte ›kosmische Quellen‹ fungieren und Energie und Materie ausspucken. Wäre ein Schwarzes Loch mit einem weißen Loch verbunden, hätte man ein in nur eine Richtung funktionierendes Wurmloch, bei dem die Reisenden nicht vor dem Problem stünden, sich wieder aus dem Schwarzen Loch befreien zu müssen. Leider ergab eine gründliche mathematische Analyse dieses Szenarios, daß ein solches System instabil wäre. Das weiße Loch würde rapide zerfallen und damit den Durchflug eines Raumschiffs verhindern.

Eine Alternative bleibt noch: Künstlich erzeugte Wurmlöcher.

Seit die Existenz von Wurmlöchern von Kip Thorne und Michael Morris 1987 erstmalig in einem Artikel im *American Journal of Physics* postuliert wurde, haben Hunderte von theoretischen Physikern auf der ganzen Welt sich mit diesem Konzept beschäftigt. Sie gelangten zu dem Schluß, daß zur Erzeugung eines funktionsfähigen Wurmlochs eine Reihe von sehr strikten Bedingungen erfüllt sein müßten. Dazu gehört die offensichtliche Tatsache, daß das Wurmloch den Gesetzen der allgemeinen Relativität entsprechen muß, und daß die ›Schwerkraft-Gezeiten‹ in seinem Inneren auf ein Minimum beschränkt werden müßten. Leider ergaben die mathematischen Berechnungen, daß man für die Erzeugung eines Wurmlochs sogenannte exotische Materie benötigt, deren Masse negativ ist – eine sehr bizarre Eigenschaft.

Obgleich Wurmloch-Enthusiasten darauf beharren, daß eine derartig absurde Idee im Einklang mit den Gesetzen der Physik realisiert werden kann, schließen die meisten Wissenschaftler diese Möglichkeit aus. Haben sie recht, wäre es grundsätzlich unmöglich, Wurmlöcher zu erzeugen, egal wie weit fortgeschritten eine Zivilisation auch immer sein mag. Irren sie sich aber, und die Wurmloch-Befürworter haben recht, dann müßte eine Zivilisation zunächst einmal exotische Materie entdecken und nutzen, ehe sie ein Wurmloch erzeugen und für die Raumfahrt verwenden könnte.

Wenn Wurmlöcher uns zu unwahrscheinlich vorkommen, bleibt noch eine andere Methode interstellaren Reisens, die eine Umgehung der Lichtgeschwindigkeits-Barriere erlaubt, ein Konzept, daß durch die Fernsehserie *Raumschiff Enterprise* berühmt wurde – der Warp-Antrieb (*Warp*, dt.: Verzerrung).

Seit den vierziger Jahren fabulieren Science-Fiction-Autoren von ›Space warp‹ und ›Hyperraum‹, doch obwohl viele dieser Autoren selbst Wissenschaftler waren, machten sie nur selten den Versuch, dieses Konzept näher zu erläutern. Man stellte sich vor, so die Grenzen des unterlichtschnellen Fluges überwinden zu können, und umging geschickt das Ärgernis, an die physikalischen Gesetze gebunden zu sein. Aber was ist ›Warpen‹, und wie könnte man es technisch realisieren?

Eine andere Bezeichnung für Warpen wäre Surfen. Das Ganze basiert auf der Idee, die Raumzeit selbst zu manipulieren, so daß das Raumfahrzeug auf einer ›Welle‹ reitet. Das Raumschiff besäße die Fähigkeit, die Raumzeit künstlich zu verändern, so daß sie sich hinter dem Schiff ausdehnt und vor dem Schiff zusammenzieht. Dadurch würde, obgleich das Schiff selbst sich relativ langsam bewegt, der Abflugort weit ›weggestoßen‹ und gleichzeitig der Zielort näher ›herangezogen‹.

Das klingt wie ein fauler Zauber, aber die Regeln der allgemeinen Relativität lassen so etwas durchaus zu. Der schwierige Aspekt dabei ist, wieder einmal, der erforderliche Energieaufwand. Damit das System funktioniert, müßte die Raum-

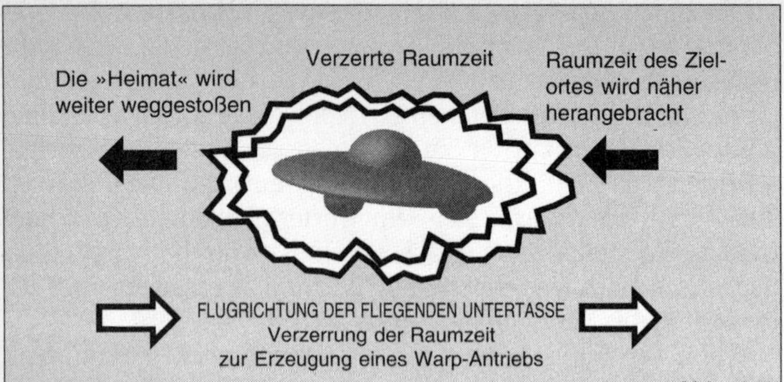

Abb. 2.5

zeit wirklich signifikant verzerrt werden (sonst wäre der Effekt so geringfügig, daß man keinen Geschwindigkeitsvorteil gegenüber dem unterlichtschnellen Flug erzielen könnte).

Aus der Beobachtung unserer Sonne wissen wir, daß ihre Masse die Raumzeit nur so geringfügig verzerrt, daß ein Lichtstrahl lediglich um ein Tausendstel Grad gebogen wird. Um die Ausdehnung und Zusammenziehung der Raumzeit zum Vortrieb zu nutzen, müßte ein Raumschiff die Raumzeit erheblich mehr verzerren. In mancher Hinsicht müßte ein solches Raumschiff sich wie ein winziges Schwarzes Loch verhalten. Benutzt man das als Basis für eine Berechnung der dafür erforderlichen Energie, gelangt man zu uns bereits deprimierend vertrauten Resultaten: Um ein Schwarzes Loch im Format eines typischen Raumschiffs, sagen wir einer Scheibe von 50 Metern Durchmesser, zu erzeugen, bräuchte man die 50 000fache Erdmasse, auf diese Größe komprimiert. In energetischen Begriffen ausgedrückt, entspricht das einem Energieausstoß, wie ihn unsere Sonne während ihrer gesamten Lebensdauer produziert.

Welche Schlüsse lassen sich nun aus diesen Erkenntnissen ziehen? Alle Formen des unterlichtschnellen Raumfluges legen dem interstellaren Reisen erhebliche Beschränkungen auf, und um die Lichtgeschwindigkeits-Barriere umgehen zu können, müßten zunächst gigantische technische Schwierigkeiten gelöst werden.

Es ist gut möglich, daß außerirdische intelligente Lebewesen Methoden entwickelt haben, mit denen sie genug Energie zum Verzerren der Raumzeit oder für Wurmlöcher erzeugen können. Dazu müßte ihre technologische Entwicklung der unseren um Jahrtausende voraus sein, doch wie wir im vorigen Kapitel sahen, ist das in Anbetracht des unterschiedlichen Alters der Sterne und der relativen Evolutionsgeschwindigkeit auf unterschiedlichen Planeten durchaus vorstellbar.

Daß interstellare Reisen so viele Probleme aufwerfen, wird von Skeptikern als Argument gegen mögliche außerirdische Besucher ins Feld geführt. Aber das ist ein engstirniger Standpunkt, bei dem einfach vorausgesetzt wird, andere Zivilisationen könnten sich nicht schneller oder früher als unsere entwickelt haben. Noch weit absurder sind aber die pseudowissenschaftlichen Erklärungen für UFOs und außerirdische Kontakte, wie sie gegenwärtig das Internet und die Boulevard-Zeitungen füllen.

Es ist eine interessante Tatsache, daß die Beschreibungen der UFOs jeweils der historischen Epoche entsprechen, in der die Beobachtung stattfand. Zu Anfang des Jahrhunderts wiesen die von Augenzeugen beschriebenen fremden Flugobjekte eine bemerkenswerte Ähnlichkeit zu Luftschiffen und kunstvoll ausgeschmückten Flugmaschinen auf, wie sie H. G. Wells beschrieben haben würde. Heute wird gemutmaßt, UFOs würden über Warp-Antriebe verfügen, ganz ähnlich wie das berühmte *Raumschiff Enterprise*. Und doch wird jedes Jahr über Hunderttausende von Sichtungen berichtet. Selbst wenn nur eine einzige davon echt ist, wäre das ein klarer Hinweis darauf, daß außerirdische Reisende uns tatsächlich besuchen.

Wenn es einer Kultur gelingt, lange genug zu überleben, dürfte sie schließlich eine Technologie entwickeln, mit der sie praktisch alles tun kann, was im Rahmen der physikalischen Gesetze möglich ist. Aber das heißt noch lange nicht, daß wir von ganzen Horden Außerirdischer besucht werden, von denen einige sich sogar mit Organisationen auf unserem Planeten in verschwörerischer Weise verbündet haben. Das Phänomen der Entführungen durch Außerirdische erscheint gleichfalls ziemlich fragwürdig, mögen auch Tausende scheinbar völlig normaler Leute jedes Jahr von derartigen Erlebnissen berichten.

Die häufigsten Erklärungen für diese Entführungen lauten, daß die Außerirdischen a) an der Erforschung des Menschen interessiert sind und b) genetische Experimente durchführen. Diese Erklärungen sind aber sehr fragwürdig: Eine Rasse, deren technologische Entwicklung so weit fortgeschritten ist, daß sie in der Lage ist, die Raumzeit zu manipulieren und durch die Galaxis zu reisen, würde es wohl kaum nötig haben, physikalische Untersuchungen durchzuführen und auf physischem Weg genetisches Material zu entnehmen. Ganz davon abgesehen, daß eine so hochentwickelte Rasse ein solches Verhalten vermutlich als unmoralisch ansehen würde, sind die von den Entführten beschriebenen Untersuchungsmethoden geradezu lächerlich plump und technisch simpel. Sie klingen verdächtig danach, Produkte einer überaktiven, aber unterentwickelten menschlichen Phantasie zu sein.

Ich hoffe, daß es unserer Zivilisation eines Tages gelingen wird, Antriebe für interstellare Raumschiffe zu bauen, und ich bin sicher, daß andere Zivilisationen schon heute über solche Antriebe verfügen. Es mag sein, daß einst außerirdische Rassen einen ziemlich unbedeutenden Planeten namens Erde besuchten, und vielleicht schauen sie auch heute schon von Zeit zu Zeit bei uns vorbei. Berichte über riesige Invasionsflotten und subversive kleine graue Wesen mit unwahrscheinlich großen Augen sind aber doch eher suspekt, um es vorsichtig auszudrücken. Das würde auch voraussetzen, die menschliche Rasse sei irgend etwas Besonderes, und wer ernsthaft an Leben auf anderen Planeten glaubt, kann das unmöglich annehmen. In dieser Hinsicht unterscheidet sich der Glauben mancher UFO-Enthusiasten kaum von den egozentrischen Irrtümern anderer organisierter Religionen.

3. Kapitel

Das geistige Auge

»Streift dich der Atem der Natur,
wird dir die ganze Welt verwandt.«

WILLIAM SHAKESPEARE,
Troilus und Cressida

Die Idee, daß Menschen unmittelbar von Geist zu Geist miteinander kommunizieren können, ist vermutlich so alt wie die Zivilisation selbst, und eine eingeschränkte Form dieser Fähigkeit entstammt möglicherweise noch früheren Zeiten. Während der letzten hundert Jahre wurden zahllose Experimente durchgeführt, alle in dem Bemühen, das Phänomen einwandfrei nachzuweisen und seine Wirkungsweise zu erklären. Die Versuchsmethoden wurden zunehmend genauer und präziser. Heute sind die Forscher in der Lage, bei diesen Experimenten einen Betrug fast völlig auszuschließen, doch die Mehrzahl der Wissenschaftler betrachtet solche Tests immer noch lediglich als raffinierte Zauberkunststückchen.

Diese Skepsis resultiert aus dem Umstand, daß Telepathie, falls sie wirklich existiert, ein sehr schwer faßbares Phänomen ist. Wissenschaftler betrachten sie mit großem Argwohn, weil sie oft in Gegenwart eines Skeptikers nicht funktioniert und meistens nicht die Erwartungen des Experimentators erfüllt.

Für Ungläubige gilt das als Symptom einer sogenannten nicht falsifizierbaren Hypothese, einer Hypothese also, die nicht eindeutig bewiesen oder widerlegt werden kann. Eine nicht falsifizierbare Hypothese wäre es zum Beispiel, wenn ich behaupten würde, meine Katze Sophie sei in Wahrheit die Schöpferin des Universums, und das Universum habe erst begonnen zu existieren, als Sophie sich selbst vor fünf Jahren erschuf. Dem könnten Sie entgegenhalten, daß die Welt, soweit Sie sich erinnern, auch vor sechs Jahren schon existierte. Doch dann würde ich mit der Behauptung kontern, daß Sophie, wenn sie das ganze Universum erschaffen hat, ganz selbstverständlich Ihnen die Idee eingab, Sie hätten vorher bereits gelebt, und Ihnen die entsprechenden Erinnerungen und Bilder einpflanzte. Mit Hilfe reiner Logik oder Vernunft läßt sich eine solche Hypothese nicht beweisen oder widerlegen. Sie ist nicht falsifizierbar.

Doch bei vielen paranormalen Phänomenen gibt es noch andere Gründe, skeptisch zu sein. Ein zentraler Grundsatz der Wissenschaft ist die Wiederholbarkeit. Wenn ein Wissenschaftler behauptet, ein physikalisches Phänomen beobachtet und Experimente durchgeführt zu haben, um diesen Effekt zu messen, dann wird seine Entdeckung von seinen Kollegen nur dann ernstgenommen, wenn der Versuch von anderen Wissenschaftlern bei identischen Bedingungen mit dem gleichen Ergebnis wiederholt werden kann. Wenn sich das Experiment als nicht wiederholbar erweist, gilt das ursprüngliche Ergebnis als fragwürdig. Ein Beispiel hierfür sind die im vorigen Kapitel erwähnten Experimente zur kalten Fusion. Als Wissenschaftler auf der ganzen Welt präzise den von den Entdeckern beschriebenen Versuch wiederholten, ohne zu den gleichen Resultaten zu gelangen, schloß man daraus, daß im ursprünglichen Experiment offenbar ein Fehler gemacht worden war. Mit der gleichen Einstellung betrachtet das wissenschaftliche Establishment zu Recht auch die Telepathie und andere paranormale Phänomene. Doch um zu sehen, ob und wie Telepathie funktionieren könnte, müssen wir unseren Unglauben einmal beiseiteschieben und uns genauer mit den Mechanismen befassen, die bei der Telepathie möglicherweise am Werk sind.

Was meinen wir eigentlich wirklich mit Telepathie? In der Science-Fiction-Literatur ist ein Telepath ein Wesen mit der Fähigkeit, anderen ins Bewußtsein zu schauen und Gedanken zu lesen, oder gar die Gedanken seiner Opfer zu manipulieren und sie zu veranlassen, Dinge gegen ihren Willen zu tun. Von solchen extremen Formen von Telepathie einmal abgesehen, ist es sehr gut möglich, daß wir alle über eine Form von gleichsam telepathischer Sensibilität verfügen, die nicht auf übernatürlichen Fähigkeiten, sondern auf einer erhöhten Sinneswahrnehmung beruht.

Der Psychologe James Alcock beschreibt, was damit gemeint ist:

> *»Ich stand im Kino an, um Popcorn zu kaufen«,* sagt er, *»und erinnerte mich dabei zufällig an ein Gespräch, das ich einmal mit einem Mitschüler an meinem College geführt hatte. – Einen Moment später drehe ich mich um und sehe den Betreffenden, nur ein paar Meter von mir entfernt.«*[14]

Auf ein solches Erlebnis reagieren wir mit Überraschung und dem Gefühl, vielleicht soeben eine paranormale Erfahrung gemacht zu haben. Doch bei einer solchen Deutung verwechseln wir Ursache und Wirkung. In Wirklichkeit war Folgendes geschehen: Alcock hatte den ehemaligen Mitschüler unterbewußt bemerkt, *bevor* er anfing, über ihn nachzudenken. Dieses Phänomen ist in der Psychologie wohlbekannt, obgleich es lange Zeit von vielen Psychologen verspottet wurde. Es wird als ›nachträgliche Maskierung‹ bezeichnet und konnte durch Laborexperimente bestätigt werden.

Wenn Versuchspersonen für die Dauer einer Zehntelsekunde ein Bild gezeigt wird, sind sie anschließend in der Lage, sich an einige Einzelheiten des Bildes zu erinnern. Zeigt man ihnen aber unmittelbar nach dem für nur eine Zehntelsekunde

---

[14] James Alcock: *Parapsychology: Science or Magic?* Oxford, 1985, S. 86.

gesehenen Bild ein anderes für eine längere Zeit, dann wird das erste Bild vergessen, kann aber trotzdem die Beschreibung des zweiten Bildes beeinflussen. Wenn beispielsweise den Versuchspersonen für eine Zehntelsekunde das Foto eines Mannes gezeigt wird, unmittelbar gefolgt vom Foto eines anderen Mannes, der ein Messer hält, dann wird die Art, wie die Versuchspersonen anschließend den Mann mit dem Messer beschreiben, vom Aussehen des kurz davor nur unterbewußt wahrgenommenen anderen Mannes beeinflußt.

Die meisten Menschen machen solche Erfahrungen nur selten – woher dann das Gefühl resultiert, es mit etwas Übernatürlichem zu tun zu haben. Doch die Wissenschaft hat auch andere geistige Fähigkeiten erforscht, die eine natürliche Erklärung für solche Phänomene liefern könnten. Man kann diese Fähigkeiten als *ultra-sensorische Wahrnehmung* bezeichnen, als USP.

Wir haben heute alle schon von ›Körpersprache‹ und ›nichtverbaler Kommunikation‹ gehört, aber nur wenige Menschen machen davon bewußten Gebrauch. Gesichtsausdruck, Kopfbewegungen, Körperhaltung, der Klang der Stimme, ja sogar der Körpergeruch eines Menschen übermitteln uns Signale, die wir in der Regel nur unterbewußt registrieren und verarbeiten. Die Bewegungen des Kopfes und des Gesichts liefern uns die meisten Informationen darüber, welche Gefühle unser Gegenüber zum Ausdruck bringt, und wir sind alle instinktiv in der Lage, diese Signale zu deuten. Aber Politiker und Schauspieler sind darin geschult, noch subtilere Signale zu erkennen und selbst bewußt einzusetzen. Sie nutzen dabei lediglich eine natürliche Gabe, über die wir unterbewußt alle verfügen.

An dieser Form der Wahrnehmung sind ausschließlich unsere fünf alltäglichen Sinne beteiligt. Doch normalerweise wird ein großer Teil der Sinneseindrücke nicht bewußt von uns verarbeitet, sondern in unterbewußten Bereichen des Gehirns gefiltert, ohne daß wir etwas davon bemerken. Oft werden diese Eindrücke erst zu einem späteren Zeitpunkt interpretiert. Und mitunter ist die Schärfe unserer natürlichen Sinne wirklich erstaunlich.

Unlängst wurde in der Presse eingehend über das sogenannte Cocktailparty-Syndrom berichtet, was für beträchtliche Aufregung sorgte. ›Cocktailparty-Syndrom‹ ist ein Modewort für das Phänomen, daß jeder Mensch eine erhöhte Wahrnehmung seinem eigenen Namen gegenüber besitzt. Selbst im Stimmengewirr einer Cocktailparty oder in einer anderen lauten Umgebung hören wir sehr genau, wenn jemand unseren Namen ausspricht, selbst wenn er ihn auf der anderen Seite des Raumes leise flüstert.

Das Cocktailparty-Syndrom ist nichts weiter als ein Überlebensmechanismus, ein Relikt aus der menschlichen Frühgeschichte. Wenn jemand unseren Namen erwähnt, versetzt uns das in erhöhte Wachsamkeit. Es könnte sich um einen Angreifer oder Rivalen handeln, der uns zu identifizieren versucht. Oder aber jemand will uns vor einer Gefahr warnen oder hat eine positive Mitteilung für uns, die wir uns nicht entgehen lassen möchten. Unsere Fähigkeit, unterbewußt Dinge zu registrieren, die unserer bewußten Aufmerksamkeit entgehen, ist auf ein Filtersystem zurückzuführen. Würden wir allem, was unsere Sinne wahrnehmen, die gleiche Aufmerksamkeit widmen, könnten wir uns nicht auf das wirklich Wichtige konzentrieren und zielgerichtet handeln. Unser Gehirn ist darauf programmiert, zu erkennen, was wichtig ist und was nicht, so daß wir unsere Sinneseindrücke sortieren und einstufen können.

Es ist gut möglich, daß der moderne Mensch im Vergleich zu seinen Vorfahren einen Teil seiner Fähigkeit, unterbewußte Botschaften zu interpretieren, eingebüßt hat. Wir haben bestimmte, im Rahmen unsere Kultur besonders nützliche Fähigkeiten sehr stark entwickelt und dafür andere allmählich überflüssig werden lassen.

Manche Forscher vermuten, daß unsere Vorfahren Handzeichen und andere Formen der Körpersprache zur Verständigung benutzten, ehe sich vor 50–75 000 Jahren die verbale Kommunikation entwickelte. Ein offensichtlicher Grund für die Entwicklung der verbalen Kommunikation war gewiß, daß bei ihr die Hände frei bleiben und daß sie auch ohne Sichtkontakt möglich ist. Wenn ein Jäger bei der Rückkehr zu seinem Stamm von einem wilden Tier überrascht wurde, konnte er um Hilfe rufen, selbst wenn er sich an einen Baum klammerte, während unter ihm das Tier lauerte. Mit der Zeichensprache wäre er dazu nicht in der Lage gewesen. Auch wenn wir uns einen Rest der Fähigkeit, Körpersprache zu deuten, bewahrt haben, ist es den meisten menschlichen Kulturen leider nicht gelungen, einen zweigleisigen Entwicklungsweg zu beschreiten, einen Weg, bei dem der bewußte Kontakt zu unseren Instinkten und eine hochentwickelte verbale Kommunikation gleichberechtigt nebeneinander stehen.

Genau das hatte Isaac Asimov im Sinn, als er sich für seine *Foundation*-Romane die Gruppe der ›Zweiten Foundation‹ ausdachte. Asimov glaubte nicht an Gedankenübertragung auf übersinnliche Weise, und er hatte es nicht nötig, in seinen Romanen darauf zurückzugreifen. Statt dessen ersann er eine Gemeinschaft, die vom Rest der Menschheit völlig isoliert lebte und deren Mitglieder wegen ihrer besonderen angeborenen Fähigkeiten ausgewählt wurden. Sie wurden dann von ihren Lehrmeistern darin geschult, ihre natürlichen menschlichen Sinne in vollem Umfang zu nutzen. Man brachte ihnen bei, bei anderen Menschen auch noch die kleinsten Regungen zu registrieren, einschließlich unwillkürlicher Muskelbewegungen. Sie waren in der Lage, die Bedeutung jeder stimmlichen Veränderung zu erkennen, konnten den Körpergeruch auf große Entfernung wahrnehmen und deuten. Es überrascht nicht, daß solche Individuen dem Uneingeweihten wie Übermenschen mit paranormalen Fähigkeiten erscheinen mußten.

Dieses Szenario bewegt sich völlig im Rahmen der akzeptierten Wissenschaft und kommt ganz ohne den Einsatz übernatürlicher Kräfte aus. Lediglich dem Menschen natürlich innewohnende Fähigkeiten wurden in Asimovs Vision zu ihrer vollen Leistungsfähigkeit entwickelt. Ein solches Trainingsprogramm wäre kaum anders als jene Methoden, mit deren Hilfe Lyndford Christie oder Pele zu großen Sportlern wurden.

Und man muß nicht nur an solche Ausnahmemenschen denken. Nehmen Sie die außergewöhnlich empfindlichen Geschmacksnerven eines Weinprüfers, die Verbindungen zwischen Fingerspitzen und Gehirn eines Blinden, der Brailleschrift liest, oder das absolute Gehör eines Musikers.

Wenn der menschliche Körper in eine für ihn ungewöhnliche Umgebung gebracht wird, in der ganz neue Sinneseindrücke auftauchen, können wir zudem sinnliche Erfahrungen erleben, von denen wir zuvor gar nicht wußten, daß sie uns zugänglich sind. Als zu Beginn der sechziger Jahre die ersten Astronauten ins All geschickt wurden, beschrieben sie seltsame blitzende Lichter, die sie dort draußen sahen. Eine Erklärung dafür lautete, daß sie Bilder sahen, die anders waren als alles, was sie normalerweise auf der Erde zu Gesicht bekamen. Ihre Augen registrierten diese Bilder, aber ihre Gehirne waren nicht darauf trainiert, die Signale angemessen in Sprache zu übersetzen.

Einige relativ einfache Tiere verfügen ebenfalls über Fähigkeiten, die auf den ersten Blick paranormal wirken. Der Dornhai fängt Plattfische, indem er die winzigen Bewegungen registriert, die diese unsichtbar im Sand eingegrabenen Fische machen. Einige Aalarten sind von einem ›Netz‹ umgeben, einem elektromagnetischen Feld, mit dem sie, wie mit einem winzigen Radar, die Nähe anderer Tiere spüren können. An diesen Fähigkeiten ist überhaupt nichts Übernatürliches. Sie sind das Ergebnis des besonderen evolutionären Weges, den diese Tiere beschritten haben.

Auch in einigen menschlichen Kulturen sind diese Fähigkeiten noch in begrenztem Umfang vorhanden. Die Cuma-Indianer auf den San-Blas-Inseln vor der Küste Panamas nutzen den Körpergeruch, um die Stimmung ihres Gegenübers einzuschätzen. Wenn sie sich begrüßen, greifen sie einander unter die Achseln und riechen dann an ihren Händen. Unsere sterile Version dieses Brauchs ist das Händeschütteln. Doch auch die Menschen aus zivilisierten Nationen sind unterbewußt empfänglich für Gerüche. Das kann unsere Gefühle gegenüber anderen beeinflussen, ohne daß wir uns dessen bewußt sind.

Wir alle besitzen Sensoren in unseren Gelenken und Muskeln, die uns mitteilen, wo im dreidimensionalen Raum wir uns gerade befinden, und andere Sensoren im Innenohr, die uns über Gravitation und Bewegung informieren. In unserem Körper gibt es ausgeklügelte Systeme, die Temperatur, Körperchemie und unseren hochkomplizierten Stoffwechsel steuern und überwachen. Vielleicht lassen sich die meisten telepathischen Erlebnisse in diesem Rahmen interpretieren, ohne auf übernatürliche Erklärungen zurückgreifen zu müssen.

Der Unterschied zwischen all diesen natürlichen Sinneswahrnehmungen und der Telepathie ist die Meßbarkeit. Alle Formen ultra-sensorischer Wahrnehmung, vom Analysieren bestimmter Geruchs- und Geschmacksempfindungen bis zur Fähigkeit, ein nur eine Zehntelsekunde gesehenes Bild zu registrieren, sind meßbare Reaktionen. Wenn Telepathie als eigenständiges Phänomen existiert (außerhalb unserer normalen Sinneswahrnehmung) dann ist sie nur auf zwei Arten denkbar. Entweder funktioniert sie als extreme Variante eines uns bereits bekannten Systems der Informationsübermittlung – höchstwahrscheinlich in einem Teilbereich des elektromagnetischen Spektrums – oder es handelt sich um eine uns völlig unbekannte Form von Informations-Transfer. Trifft ersteres zu, konnten wir sie bislang deshalb nicht messen, weil unsere Geräte nicht im entsprechenden Frequenzbereich arbeiten oder zu unempfindlich sind. Trifft die zweite Möglichkeit zu, werden wir vielleicht nie Geräte entwickeln, mit denen wir den Telepathie-Effekt aufspüren und messen können, zumindest nicht, ehe das Prinzip dieser alternativen Informationsübermittlung verstanden wurde. Hätte Marconi, der Erfinder des Funkgerätes, nicht gewußt, daß Radiowellen existieren, wäre er vermutlich nie auf die Idee gekommen, seinen Prototypen zu bauen. Ohne ein Verständnis für das zugrundeliegende Prinzip hätte er wohl kaum einen funktionsfähigen Apparat konstruieren können.

Das menschliche Gehirn enthält etwa 10 Milliarden Nervenzellen oder Neuronen, von denen jede vermutlich viele tausend Verbindungen zu anderen Zellen hat. Das macht unser Gehirn zur kompliziertesten Maschine, die der Menschheit bislang bekannt ist. Neuronen agieren wie die binären Schaltkreise in einem Computer, und auf diese Weise entstehen Gedanken, Emotionen, Entscheidungen und Inspirationen und werden durch ein riesiges Netzwerk gesendet. Die Neuronen sind durch Axone verknüpft, deren Spitzen sich nicht wirklich berühren. Statt dessen fließen Signale durch das Axon und überspringen in nur einer Millisekunde (einer Tausendstelsekunde) den sogenannten synaptischen Spalt zu einem anderen Neuron. Diese Impulse besitzen ein elektrisches Potential von etwa 120 Millivolt und werden auf chemischem Weg erzeugt, mit Hilfe von elektrisch geladenen Atomen, sogenannten Ionen, die, wenn sie aktiviert werden, die Synapse ausfüllen und so die Verbindung zum benachbarten Neuron herstellen.

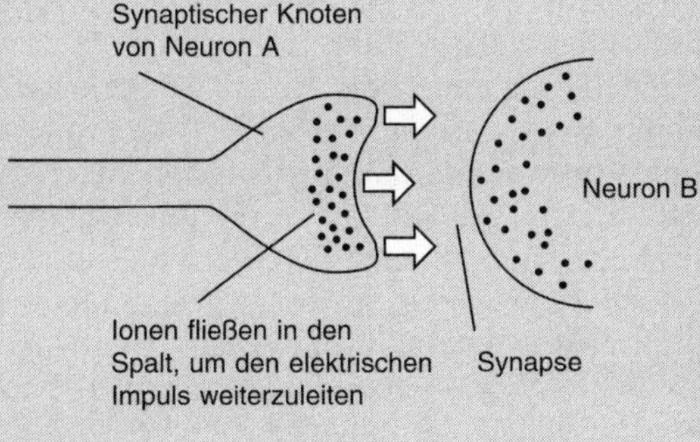

Abb. 3.1

Wenn Telepathie möglich ist, müßten sich die Mechanismen, mit denen Gedanken telepathisch übermittelt werden, zumindest bis zu dieser Ebene nachvollziehen lassen. Während der zahllosen Einzelschritte, aus denen sich im Gehirn ein Gedanke formt, könnte eine Art von Streustrahlung auftreten, die ein telepathisch begabter Mensch irgendwie auffängt und in sinnvolle Bilder übersetzt.

Das wäre ein bißchen, als würde man ein Telefon überwachen, allerdings mit einem wichtigen Unterschied – die Komplexität, mit der man es beim menschlichen Gehirn zu tun hat, ist im Vergleich dazu um ein Vielfaches größer. Das Abhören von Telefonen funktioniert nach dem Prinzip, daß man ein durch einen einzelnen, relativ dicken Draht fließendes Signal anzapft oder mit einem Fernempfänger das Signal auffängt, das zwischen zwei Einzelpersonen gesendet wird. Folgen wir dieser Analogie, dann würde der Telepath (der mentale Telefon-Abhörer) einen einzelnen Impuls zwischen zwei Neuronen auffangen, aber das wäre natürlich ziemlich nutzlos, denn schon für einen sehr simplen Gedanken arbeiten Tausende von Neuronen zusammen.

Vielleicht kann ein Telepath gleichzeitig eine sehr große Zahl von Neuronen anzapfen, aber dann stellt sich die Frage, wie er diese elektrischen Signale entziffert. Wie bringt er es fertig, die Billionen von Impulsen zu entschlüsseln, die in jedem Augenblick durchs Gehirn rasen? Vielleicht möchte er herausfinden, was die andere Person zu einer bestimmten Frage denkt, und empfängt dann lediglich Interferenz-Signale, mit denen Befehle weitergeleitet werden, Enzyme freizusetzen, sich am Bein zu kratzen oder die Blase zu kontrollieren.

Wenn wir bei unserer Analogie mit dem Telefon-Abhören bleiben, müßte der Telepath sich in ein unvorstellbar kompliziertes Gesprächswirrwar einschalten, an die hundert Millionen miteinander in Bezug stehende Telefonate gleichzeitig abhören und daraus eine sinnvolle, zusammenhängende Botschaft herausfiltern. Natürlich sind bestimmte Regionen des menschlichen Gehirns für unterschiedliche Funktionen zuständig, so daß seine Aufgabe vielleicht etwas leichter wäre, wenn es dem Telepathen gelänge, sich auf einzelne Hirnregionen einzustimmen.

Einige Parapsychologen vermuten, daß Gehirn setze, während in ihm die Signale von Neuron zu Neuron springen, hypothetische Teilchen frei, sogenannte Psitronen. Obwohl, wie die Befürworter dieser Theorie spekulieren, diese Teilchen in großer Menge freigesetzt werden müßten, konnten sie bislang nicht nachgewiesen werden. Angeblich liegt das daran, daß die Psitronen weder Masse noch Energie besitzen.

So lächerlich das klingen mag, es wurden tatsächlich bereits solche ätherischen Teilchen entdeckt. In den frühen Tagen der

Quantenmechanik sagte der Physiker und Nobelpreisträger Wolfgang Pauli die Existenz ungeladener, beinahe masseloser Teilchen voraus, Neutrinos genannt, die schließlich 1956 nachgewiesen werden konnten.

Der Psychologe Carl Jung verfaßte gemeinsam mit Pauli unter dem Titel *Naturerklärung und Psyche* ein Buch über paranormale Phänomene. Darin wurde die Auffassung vertreten, daß Telepathie mit Hilfe esoterischer Randbereiche der bekannten Physik erklärbar sei. Man kann sehr leicht eine hypothetische Verbindung zwischen zwei völlig getrennten Bereichen herstellen, in diesem Fall der Parapsychologie und der Physik, aber man sollte dabei die entscheidenden Fakten nicht außer acht lassen. Der wesentliche Unterschied zwischen dem Neutrino und dem hypothetischen Psitron besteht darin, daß das Neutrino perfekt in die Familie der schon bekannten Teilchen hineinpaßt, dort eine klar nachweisbare Rolle spielt und von der strikten Mathematik der Quantenmechanik vorhergesagt wurde, ehe man es dann tatsächlich nachwies. Jeder kann sich zur Erklärung eines Phänomens irgendein imaginäres Teilchen ausdenken, ihm einen passenden Namen geben und behaupten, es sei der Schlüssel zu einem nicht beweisbaren Vorgang. Psi-Gläubige verstiegen sich sogar zu der Behauptung, übersinnliche Kräfte würden in Gegenwart von Skeptikern nicht funktionieren, weil die Willenskraft der Zweifler die Aktivität der Psitron-Teilchen unterdrücke. Das ist ein geradezu perfektes Beispiel für eine nicht falsifizierbare Hypothese.

Psitronen konnten bislang noch nie gemessen werden, aber das bedeutet nicht, daß sie nicht existieren. Möglicherweise gibt es eine Art von Feldern, Schwingungen oder sogar Teilchen, die als Nebenprodukt der Gehirntätigkeit entstehen. Doch solange sie nicht gemessen und ihre Eigenschaften nicht verstanden wurden, sollte man sie als rein theoretisch betrachten.

Natürlich produziert das Gehirn meßbare Spannungspotentiale, die mit verschiedenen Gehirnzuständen assoziiert werden. Ihre Entdeckung durch Richard Canton im Jahre 1874 nährte die Hoffnung, die Wissenschaft sei nun endlich auf den Schlüssel zur Wirkungsweise der Telepathie gestoßen. Die Wahrheit ist leider viel prosaischer.

Man hat vier unterschiedliche Hirnwellen-Rhythmen im menschlichen Gehirn festgestellt, und ihr Auftreten ist mit bestimmten Gehirnzuständen verknüpft. Die Wellen entstehen durch elektrische Aktivität und manifestieren sich als oszillierende elektrische Ströme.[15] Sie können mit einem Gerät namens Elektroenzephalograph (EEG) gemessen werden, das die winzigen elektrischen Impulse mit Hilfe an der Kopfhaut befestigter Elektroden erfaßt und verstärkt.

Die vier unterschiedlichen Hirnwellen werden in Zyklen pro Sekunde oder Hertz (Hz) gemessen. Wenn das Gehirn ruht und entspannt ist, erzeugt es Alpha-Rhythmen zwischen 8 und 14 Hz. Beta-Rhythmen treten bei äußerer Aktivität auf und dominieren, wenn das Gehirn arbeitet, Probleme löst oder Bewegungen wie Gehen oder Laufen steuert. Sie liegen zwischen 13 und 30 Hz. Am anderen Ende des Gehirnwellenspektrums befinden sich die Deltawellen, die während des Schlafs erzeugt werden. Sie oszillieren zwischen einem und 4 Hz und haben weit auseinanderliegende Spitzen. Die Theta-Rhythmen schließlich werden erzeugt, wenn das Gehirn sich im Tiefschlaf oder in Trance befindet, und schwingen zwischen 4 und 7 Hz.

In den siebziger Jahren wurden die Gehirnwellen zum Gegenstand populärer Phantasien, und Geräte, mit denen angeblich Alpha-Rhythmen ausgelöst werden konnten, überschwemmten den Markt. Damit wurde von einer Erkenntnis Gebrauch gemacht, die Yogis und Zen-Schülern schon seit langer Zeit geläufig war, daß nämlich Menschen in der Lage sind, ihre Gehirnwellenmuster bewußt zu kontrollieren. Heute ist von einem vierten Bewußtseinszustand die Rede, einem Zustand tiefer Entspannung oder Meditation, bei dem Theta-Rhythmen auftreten.

---

15 Diese Hirnrhythmen sollten nicht mit den sogenannten Biorhythmen verwechselt werden, die nach Meinung ihrer Anhänger ganz anderen Ursprungs sind.

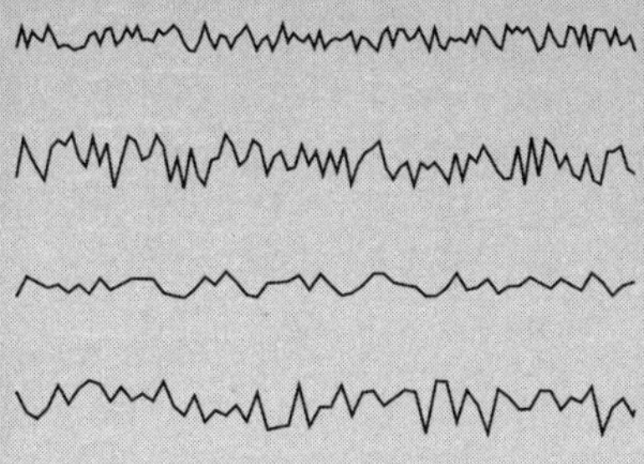

Abb. 3.2

Obgleich die Erforschung der Gehirnwellenaktivität sich für die Medizin nutzbar machen ließ, lieferte sie keine Erklärung für mögliche telepathische Fähigkeiten. EEGs werden im Bereich der Psychiatrie intensiv genutzt. Besonders hilfreich sind sie bei der Behandlung von Epileptikern, deren Hirnwellenmuster gestört sind. Die in der Hirnrinde (der nur wenige Millimeter dicken äußersten Schicht des Gehirns) gemessenen elektrischen Impulse spiegeln den Gesamtzustand des Gehirns wider, aus ihnen lassen sich aber keine einzelnen Gedanken oder gar Emotionen ablesen.

Manche Forscher behaupten aber, daß bestimmte Rhythmen sich verstärken, wenn Versuchspersonen telepathisch aktiv zu sein scheinen. Man maß bei Telepathie-Tests die Hirnströme der Versuchspersonen. Dabei zeigte sich, daß dann, wenn vermutlich Gedanken übertragen wurden, Alphawellen auftraten. Das ist aber irreführend, denn Alphawellen treten besonders dann auf, wenn sich ein Mensch im Entspannungszustand befindet. Und genau das ist der Zustand, in dem sich bei Labortests am deutlichsten telepathische Erfolge zeigten.

Statt Teilchen oder Wellen zur Erklärung von Telepathie heranzuziehen, haben manche Parapsychologen angeregt, daß es sich bei telepathischen Erlebnissen um einen holistischen Effekt handelt, um eine Art Reaktion auf ein Netzwerk des menschlichen Bewußtseins in seiner Gesamtheit. Möglicherweise hatte Erwin Schrödinger, einer der Begründer der Quantentheorie, dieses Konzept im Sinn, als er sagte: »Ich – ›Ich‹ im weitesten Sinne dieses Wortes, also jeder bewußte Geist, der jemals ›ich‹ sagt oder ein Ich-Gefühl erlebt – bin jene Person, wenn es überhaupt eine solche gibt, die die ›Bewegung der Atome‹ gemäß den Naturgesetzen kontrolliert.«

Die Art und Weise, wie ein ›menschliches Netzwerk‹, oder ein Netzwerk, das alle lebenden Wesen umfaßt, funktionieren könnte, ist weitgehend unklar. Manche Forscher haben versucht, dieses Konzept klarer zu formulieren oder es mit Aspekten aus Biologie und Psychologie zu verknüpfen, aber die Resultate führten nur zu neuen Kontroversen und, in einigen Fällen, noch größerer Verwirrung.

Jung trat für die Idee ein, daß es zwei Formen unbewußter Erkenntnis geben müsse: persönliches Unterbewußtsein und das, was er als ›kollektives Unbewußtes‹ bezeichnete.[16] Darin sah er einen ererbten Vorrat an Bildern, der allen Menschen gemeinsam sei. Er nannte diese Bilder Archetypen und glaubte, daß jeder Archetyp einen tieferen Aspekt der menschlichen Imagination symbolisiere, darunter Symbole für solche grundlegenden Ideen wie Elternschaft, Kindheit, Tod.

In den Händen meisterhafter Manipulierer sind Archetypen machtvolle Werkzeuge. Bei den Nazi-Großkundgebungen in Nürnberg in den dreißiger Jahren gelang es, Archetypen sehr geschickt zu manipulieren und auf diese Weise tief verwurzelte menschliche Ängste und Hoffnungen anzusprechen. Und, meist ohne sich dessen bewußt zu sein, durchsetzen Romanschriftsteller, Musiker und Maler oft ihr Werk mit Archetypen. Es gibt sogar die Theorie, daß der Erfolg eines Kunstwerks oder einer künstlerischen Darbietung davon abhängt, ob es dem Künstler gelingt, über die Archetypen einen Bezug zum Publikum herzustellen. Ein Beispiel dafür ist der enorme Erfolg von Tolkiens *Herr der Ringe* oder der *Krieg der*

[16] Siehe Carl G. Jung: *Man and His Symbols*. Aldus Books, London, 1964. (dt.: *Der Mensch und seine Symbole*. Düsseldorf, D. Walter, 1988).

Sterne-Filme, in denen ständig Archetypen zum Einsatz kommen, etwa der Kampf zwischen ›Gut‹ und ›Böse‹ oder der ›weise alte Mann‹ (Gandalf und Obi-wan-Kenobi). In der gleichen Weise greifen die Macher von *Akte X* häufig auf das Bild des ›Fremden‹ zurück und spielen sehr wirkungsvoll mit universalen menschlichen Ängsten.

Ein ähnliches Phänomen sind die sogenannten ›Formbildungsursachen‹, die zuerst von dem englischen Biologen Rupert Sheldrake in seinem 1981 veröffentlichten Buch *Das schöpferische Universum* (München, 1985) postuliert und populär gemacht wurden. Sheldrake geht davon aus, daß Systeme ›lernen‹, oder daß es leichter ist, eine Tätigkeit auszuführen, die bereits zuvor von anderen ausgeführt wurde. Den dabei wirksamen Mechanismus bezeichnet er als ›morphische Resonanz‹.

Das klingt zunächst nach einer sehr vagen und unklaren Idee, und tatsächlich wurde Sheldrake von orthodoxen Wissenschaftlern der ganzen Welt und aus unterschiedlichen Disziplinen scharf angegriffen. Doch er hat die letzten 15 Jahren damit zugebracht, Experimente durchzuführen, die, wie er behauptet, seine Theorie immer wieder bestätigen.

Eine von Sheldrakes Demonstrationen basiert auf linguistischen Mustern. Er bat einen japanischen Dichter, ihm drei ähnliche Verse zu schicken. Bei einem Vers handelte es sich um eine sinnlose Aneinanderreihung von Worten, der zweite war ganz neu verfaßt, und der dritte war ein bekanntes, japanischen Schulkindern vertrautes Gedicht. Dann zeigte Sheldrake die drei Verse einer Gruppe von Europäern, die über keinerlei japanische Sprachkenntnisse verfügten. Er fand heraus, daß alle Versuchspersonen es viel leichter fanden, das traditionelle Gedicht auswendig zu lernen als die beiden anderen.

Daraus zog Sheldrake den Schluß, daß das traditionelle Gedicht irgendwie über die morphische Resonanz Eingang in das allgemeine menschliche Bewußtsein gefunden hatte. Auf der Basis dieses Sachverhalts und zahlreichen anderen Experimenten - sowohl mit lebenden Organismen als auch mit unbelebter Materie, zum Beispiel wachsenden Kristallen - gelangten Sheldrake und seine Mitstreiter zu der Überzeugung, alle

Dinge würden mit ihresgleichen in Resonanz stehen. Mit anderen Worten: Es gibt ein Netzwerk menschlicher Beziehungen und ähnliche ›Felder‹ um andere Spezies, und ebenso um unbelebte Objekte, die deren Verhalten beeinflussen. Es ließe sich allerdings auch behaupten – am Beispiel des Experiments mit den japanischen Gedichten –, daß dieses Gedicht deshalb so beliebt und Schulkindern so vertraut war, weil es einfach zu lernen ist? Könnten nicht bestimmte Aktivitäten deshalb durch Wiederholung einfacher werden, weil diejenigen, die sie ausüben, eine natürliche Affinität dazu besitzen und andere Aktivitäten meiden, die ihnen weniger leichtfallen?

Wenn morphische Resonanz oder kollektives Unbewußtes tatsächlich existieren, ließe sich die direkte geistige Kommunikation auf diesem Wege erklären. Traditionell herrscht die Vorstellung vor, daß Telepathie auf pseudo-physikalische Weise funktioniert, vielleicht mittels Teilchen oder einer Strahlung, aber die Wahrheit könnte viel subtiler aussehen. Vielleicht kommuniziert jeder Künstler telepathisch mit seinem Publikum, indem er sich auf Archetypen einstimmt oder die morphische Resonanz benutzt, um die Barrieren von Raum und Zeit zu überwinden. Vielleicht gibt es bestimmte Menschen (und andere Tiere), die über eine größere Sensibilität für diese Schwingungen verfügen und Archetypen auf viel geschicktere Weise manipulieren, als wir es gewöhnlich erleben.

Welcher Mechanismus der Telepathie auch zugrundeliegen mag, beim Versuch, paranormale Phänomene nachzuweisen, mußten und müssen Parapsychologen sich an die Regeln der Wissenschaft halten. Nur so können sie ihre skeptischen Kollegen überzeugen und zu einem klaren Verständnis dieser Vorgänge gelangen, falls das überhaupt möglich ist.

Die Erforschung paranormaler Phänomene begann während des 19. Jahrhunderts, aber wirklich erwachsen wurde die Parapsychologie erst zur Zeit des amerikanischen Wissenschaftlers Joseph Rhine, der seine Entdeckungen 1934 in seinem Buch *Außersinnliche Wahrnehmung* zusammenfaßte. Rhine arbeitete an der Duke-Universität in North Carolina und leistete Pionierarbeit bei der Verwendung sogenannter Zender-

Karten (nach ihrem Erfinder Karl Zender). Auf den Karten gibt es fünf verschiedene Symbole: einen Kreis, ein Quadrat, einen Stern, ein Plus-Zeichen und drei Wellenlinien.

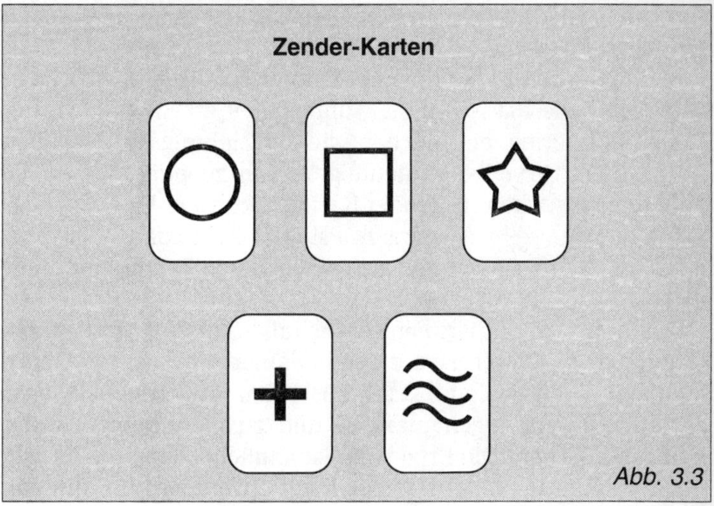

Abb. 3.3

Bei diesen Experimenten hob der Versuchsleiter die oberste Karte vom Stapel und bemühte sich, das auf der Karte abgebildete Symbol der Versuchsperson, dem ›Reader‹, zu übermitteln. Gemäß der Wahrscheinlichkeitsrechnung besteht eine Chance von 20 % für einen Zufallstreffer, doch bei manchen Experimenten erzielten die Versuchspersonen bemerkenswert hohe Trefferquoten. Einmal erreichte ein Teilnehmer bei 1800 Versuchen 588 ›Treffer‹ - eine Erfolgsquote von 32 %. Das scheint nicht besonders weit über dem Durchschnitt zu liegen, doch die Wahrscheinlichkeit, zufällig ein solches Ergebnis zu erzielen, ist astronomisch gering. Bei einer Variante dieses Tests bot Rhine einer Versuchsperson 100 Dollar für jeden Treffer. Sie erzielten eine Serie von 25 Treffern, also 2500 Dollar, ein Ergebnis, dessen Zufalls-Wahrscheinlichkeit bei dreitausend Millionen Millionen zu eins liegt.

Als Rhines Versuche Schlagzeilen machten, wollten andere

Forscher es ihm gleichtun und brachten die Parapsychologie durch eine Reihe von infamen Täuschungsmanövern in Mißkredit. Seither haben Parapsychologen große Mühe darauf verwendet, fälschungssichere Versuchsanordnungen zu entwerfen, um nachzuweisen, was sie für ein durchaus reales und meßbares Phänomen halten.

Bei modernen Experimenten werden Zufallsgeneratoren benutzt, die, wie man vermutet, ohne jedes erkennbare Muster Zahlen auswerfen, ein bißchen wie das Ziehungsgerät bei den Lottozahlen. Diese Experimente gelten als zuverlässiger als die früheren Versuche mit Zender-Karten. Doch die Einwände der Skeptiker, der selbsternannten ›Psi-Polizisten‹, haben die Forscher zu technisch immer ausgeklügelteren Methoden angespornt.

Die neuesten Experimente sind als *Ganzfeld*-Studien bekannt. Dabei müssen sich die Teilnehmer sensorischer Deprivation in einem Isolationstank aussetzen. Pingpongbälle werden über ihren Augen plaziert, und aus Kopfhörern dringt weißes Rauschen. Die Erfahrung ist ähnlich, als würde man in einen formlosen Nebel starren. Nach etwa fünfzehn Minuten beginnen die meisten Versuchspersonen hypnagogische Bilder zu sehen, wie sie häufig kurz vor dem Einschlafen auftreten. Ein Sender, meistens ein Freund oder naher Verwandter der Versuchsperson, sitzt in einem schallisolierten Raum. Von dort versucht er, ein Bild auszusenden, für gewöhnlich eine einminütige Videosequenz oder ein statisches Bild.

Diese Forschungen werden an einer Reihe von Zentren auf der ganzen Welt betrieben, unter anderem an einer 1985 gegründeten Abteilung der Universität von Edinburgh. Die Abteilung wird durch eine Stiftung des Literaturnobelpreisträgers Arthur Koestler finanziert, der fest an die Existenz paranormaler Phänomene glaubte. Bislang haben diese Experimente nur wenig schlüssige Beweise für Telepathie erbracht, wie man sie sich traditionell vorstellte. Wie bei Rhines Experimenten in den dreißiger Jahren erzielten auch jetzt wieder einige Versuchspersonen eindrucksvolle Trefferquoten weit jenseits der Zufallswahrscheinlichkeit. Leider lassen sich diese Resultate in der Regel nicht wiederholen und besitzen daher im Sinne der orthodoxen Wissenschaft keinerlei Beweiskraft.

Eine besonders erstaunliche Implikation aus den vielen in diesem Jahrhundert durchgeführten Experimenten lautet, daß telepathische Fähigkeiten sich anscheinend durch zahlreiche Faktoren verbessern lassen. Der Mann, der fünfundzwanzig Treffer hintereinander erzielte, als ihm eine finanzielle Belohnung versprochen wurde, ist dafür ein sehr prosaisches Beispiel. Zunehmend sind Experimentatoren daran interessiert herauszufinden, ob telepathische Kräfte dann stärker zur Geltung kommen, wenn andere Sinne unterdrückt werden. Daher isoliert man bei den *Ganzfeld*-Experimenten die Versuchspersonen. Außerdem wird experimentell untersucht, inwieweit Schlafende eher auf Telepathie ansprechen. Auch hier gab es wieder eine kleine Zahl von Fällen, wo eindrucksvolle Ergebnisse darauf hindeuten, daß telepathische Fähigkeiten sich verstärken, wenn die anderen Sinne gedämpft werden. Ein Forscher hat sehr zutreffend formuliert: »Wenn paranormale Kräfte existieren, dann zeigt die alltägliche Erfahrung, daß sie bei den meisten Menschen nur sehr schwach ausgeprägt sind.«[18]

Telepathische Fähigkeiten könnten auch durch andere Anomalien beeinflußt werden. Wie sich zeigte, schnitten geistig behinderte Kinder bei Telepathie-Tests besser ab. In einer Versuchsreihe erzielte ein als der ›Cambridge-Junge‹ bezeichnetes Kind mit angeborenen körperlichen und geistigen Behinderungen deutlich über dem Durchschnitt liegende Ergebnisse, wenn seine Mutter anwesend war.[19]

Wenn telepathische Fähigkeiten wirklich existieren, dann sind sie für solche Menschen wesentlich wertvoller, die auf konventionelle Art nicht kommunizieren können oder deren andere Sinne beeinträchtigt sind. Auch gibt es eine ganze Anzahl unbestätigter Fälle, wo telepathische Kräfte in lebensbe-

---

18 Chuck Honorton, zitiert in: *Roll Up For The Telepathy Test*, New Scientist, 15. Mai 1993, S. 29–33.

19 Siehe Terry White: *The Sceptical Occultist*. Arrow, 1988. 2. Kapitel.

drohlichen Situationen auftraten. Parapsychologen nennen das ›bedürfnisbestimmte Fälle‹ oder ›Krisen-Telepathie‹, aber die orthodoxe Wissenschaft lehnt sie als zweifelhaft und unbewiesen ab.

Manche Forscher glauben, daß diese Form der Telepathie sich aus ihrem Wert in lebensbedrohlichen Situationen erklärt und vielleicht sogar eine genetisch vererbte Eigenschaft ist. Beim Menschen wurde, argumentieren sie, dieses Talent zugunsten anderer, stärker genutzter Fähigkeiten unterdrückt, aber es gibt einzelne Menschen, die größeren Zugang zu dieser Kraft haben, und sie kommt in Gefahrensituationen zum Vorschein.

Es gibt außerdem die Theorie, daß andere Spezies über telepathische Fähigkeiten verfügen. In den siebziger Jahren versuchten russische Parapsychologen, diesen Effekt experimentell nachzuweisen. Sie nahmen einer Kaninchenmutter ihre neugeborenen Jungen weg, brachten sie in einen anderen Raum und töteten sie eines nach dem anderen. Die Mutter war währenddessen an ein EEG angeschlossen, und ihre Hirnwellenmuster wurden überwacht. Offiziellen Reporten zufolge, zeigten sich bei der Kaninchenmutter immer dann, wenn eines ihrer Jungen getötet wurde, heftige EEG-Ausschläge. Weil die Nachricht über dieses Experiment damals nur inoffiziell aus der Sowjetunion nach außen drang, läßt sie sich auch nur schwer verifizieren, und bislang hat niemand im Westen dieses Experiment wiederholt.

Die Skeptiker hören nicht auf, das ganze Phänomen der Telepathie in Zweifel zu ziehen. Eines der häufigsten Gegenargumente lautet, wieso telepathisch Begabte ihre Fähigkeiten nicht nutzen, um in Lotterien oder bei Pferderennen hohe Gewinne abzuräumen? Auch fragen sie, warum sich bei Labortests die Talente der angeblichen Telepathen auf geheimnisvolle Weise immer wieder der Nachprüfung entziehen.

Leider hat ein ganzes Jahrhundert an Forschung nur wenig Beweise erbracht, die den wissenschaftlichen Standards genügen. Während dieser Zeit konnte die Wissenschaft dagegen in anderen Bereichen deutlich sichtbare Wunder Wirklichkeit werden lassen, von der Heilung bestimmter Krankheiten bis zum Flug auf den Mond.

In einer Studie des äußerst skeptischen *National Research Council* der Vereinigten Staaten wurde 1988 festgestellt, daß bei manchen Experimenten sogenannte ›problematische Anomalien‹ auftraten, für die es keine Erklärung gab. Mit anderen Worten, Erfolge von Versuchspersonen, die sich nicht dem bloßen Zufall zuschreiben ließen. Und trotz fehlender Beweise glauben viele Menschen an Telepathie. Bei einer Umfrage gaben 67 % der Befragten an, daß sie schon ASW (Außersinnliche Wahrnehmungen) erlebt hätten.

Manche Psychologen gehen davon aus, daß »tiefe persönliche Überzeugung der Schlüssel für gute Resultate ist«.[20] Doch das ist gewiß noch nicht die ganze Wahrheit. Es gibt bislang keine befriedigende wissenschaftliche Erklärung für die bei einer wachsenden Zahl von Experimenten beobachteten Anomalien, es wäre aber unwissenschaftlich, daraus zu schließen, Telepathie sei lediglich Einbildung. Vielleicht wissen wir nur noch nicht, wie sie funktioniert.

---

[20] Susan Blackmore, zitiert in: Terence Hines: *Pseudoscience and the Paranormal.* Prometheus Books, New York, 1988, Seite 82.

4. Kapitel

Himmel und Erde in Bewegung setzen

»Oh, der Geist. Geist hat Berge:
steile Klippen,
erschreckend, jäh und unergründet.«

GERARD MANLEY HOPKINS

Telepathie ist nur die Spitze des Psi-Eisberges. Wenn wir uns Telepathie als ›Kommunikation von Geist zu Geist‹ denken, wie steht es dann mit der Möglichkeit, daß der Geist unmittelbar mit der physischen Welt interagiert, mit der Materie?

Psychokinese oder PK wird definiert als:

> *»Die augenscheinliche Fähigkeit, andere Menschen, Ereignisse oder Objekte durch Willenskraft zu beeinflussen, ohne Beteiligung bekannter physikalischer Kräfte.«*[21]

Während man Telepathie als Interaktion zweier psychischer ›Felder‹ oder ›Kräfte‹ beschreiben könnte, geht es bei PK um eine Interaktion zwischen dem Geistigen und dem Materiellen,

---

21 John und Anne Spencer: *The Encyclopedia of the World's Greatest Unsolved Mysteries.* Headline, 1995, S. 259.

was einen noch weiteren Vorstoß ins Übersinnliche bedeutet. Für Skeptiker ist das ein Pakt mit dem Teufel, doch aus der Perspektive der Parapsychologen ergibt sich dieser Schritt in natürlicher Konsequenz aus der Erforschung der prosaischeren Telepathie.

PK ist noch umfangreicher experimentell erforscht worden als die Gedankenübertragung. Je nachdem, aus welchem Blickwinkel man diese Forschungsergebnisse sieht, ist die Existenz der Psychokinese als eigenständiges natürliches Phänomen entweder zweifelsfrei erwiesen, oder aber die Resultate sämtlicher Tests und Experimente, die man in den letzten fast hundert Jahren durchgeführt hat, wurden gefälscht oder lassen sich anderweitig erklären.

Der erste ernsthafte Versuch, Psychokinese wissenschaftlich nachzuweisen, wird dem Parapsychologen J. B. Rhine zugeschrieben, der in den dreißiger Jahren zusammen mit seinen Experimenten, Telepathie zu belegen, auch Telekinese-Experimente durchführte. Sein Interesse wurde durch einen jungen Spieler geweckt, der behauptete, die Würfel allein mit seiner Willenskraft beeinflussen zu können. Sofort machte Rhine sich daran, Tausende von Tests mit einer großen Zahl von Versuchspersonen durchzuführen, um sichere statistische Erkenntnisse darüber zu gewinnen, ob dieser Effekt tatsächlich existierte.

Bei seinen Tests mußten die Teilnehmer versuchen, mit zwei Würfeln mehr als siebenmal die richtige Punktzahl zu erreichen. Wie bei den Telepathie-Tests kamen Rhine und andere zu dem Ergebnis, daß die meisten Leute Trefferquoten erreichten, die nur wenig von der Zufallswahrscheinlichkeit abwichen. Doch ab und zu gab es einzelne Testpersonen, deren Trefferquoten aus dem Rahmen fielen. Bei einigen von ihnen wichen die Ergebnisse so weit vom Durchschnitt ab, daß die Wahrscheinlichkeit eines Zufalls bei mehreren Millionen zu eins lag.

Bei einer seiner Versuchsreihen führte Rhine 6744 Tests durch. Die Zahl der zufällig richtig geratenen Würfe hätte etwa bei 2810 liegen müssen. Ein Teilnehmer erzielte aber 3110 Treffer, eine Abweichung, die zufällig nur bei einem von einer Milliarde Tests hätte auftreten können.

Rhines Versuchsmethoden stießen sofort auf Kritik, aber wie bei den Telepathie-Experimenten verwandte er große Sorgfalt darauf, Betrügereien und unbeabsichtigte Einflüsse bei seinen Tests auszuschließen. Nachdem er fast dreißig Jahre lang diese Experimente durchgeführt hatte, kam er zu dem Schluß, daß »das Bewußtsein über eine Kraft verfügt, mit der es physische Materie unmittelbar beeinflussen kann«.[22]

Seit Rhines frühen Arbeiten haben buchstäblich Hunderte von Forschungsteams auf der ganzen Welt andere Arten von PK-Tests durchgeführt. In den siebziger Jahren ersetzten an der *Mind Science Foundation* in San Antonio, Texas, Wissenschaftler unter Leitung von Helmut Schmidt Rhines Würfel durch einen Geigerzähler. Das geschah, weil Geigerzähler ausschließlich die Radioaktivität messen, die beim Zerfall von radioaktiven Atomkernen entstehen. Dieser Zerfallsprozeß ist vollkommen zufällig, so daß die Parapsychologen einen Betrug so weit irgend möglich ausschließen konnten.

Schmidts Testpersonen sollten versuchen, die Anzeige eines Geigerzählers zu beeinflussen - in der Regel ein Display mit Blinklichtern oder ein Wellenmuster auf einem Oszilloskopschirm. In den achtziger Jahren wurde eine Variante dieser Versuche entwickelt, bei der man elektronisch erzeugtes weißes Rauschen benutzte.

Einer der führenden Parapsychologen, der sich heute mit PK befaßt, ist Robert Jahn, Professor für Ingenieurwesen an der Princeton-Universität in New Jersey. Er hat die Experimente entwickelt, bei denen weißes Rauschen eingesetzt wird. Außerdem experimentiert er mit verschiedenen Versionen eines, wie er es nennt, Zufallsgenerators - einem Gerät, das zufällige Zahlenfolgen erzeugt, also das elektronische Äquivalent dazu, tausendmal eine Münze hochzuwerfen. Der Generator ist mit einer Reihe von Sicherheitsinstallationen versehen, die jede Temperaturveränderung, den Einfluß externer Magnetfelder oder jede physikalische Manipulation registrieren.

Den Zynismus seiner orthodoxen Kollegen, bis hin zu offe-

---

[22] L. E. Rhine: *Mind Over Matter.* London, Macmillan, 1970.

ner Feindseligkeit, hat Jahn ignoriert und während der letzten 15 Jahre Millionen von Tests mit über hundert Versuchspersonen durchgeführt, um festzustellen, ob es eine Abweichung von der bloßen Zufallswahrscheinlichkeit gibt. Seine Ergebnisse lassen noch immer keine eindeutigen Schlüsse zu. Die statistische Analyse seiner Experimente besagt, daß die Abweichung von der reinen Zufallswahrscheinlichkeit 0,1 Prozent beträgt.

Mit anderen Worten: Im Durchschnitt tritt bei jedem tausendsten Test eine Abweichung von der Norm auf.

Das klingt nicht sehr überzeugend. Doch es gibt noch beunruhigendere Aspekte bei Jahns Experimenten. Er führte eine große Zahl von Tests durch, bei denen die Versuchsperson sich sehr weit von dem Zufallsgenerator in seinem Labor entfernt befand. Einige Versuchspersonen wurden gebeten, den Test von England, ja sogar von Afrika aus zu machen, und verwirrenderweise war ihre Erfolgsrate von der Entfernung völlig unabhängig.

Bei einem anderen Experiment bat Jahn seine Testpersonen, ihren Versuch, den Zufallsgenerator zu beeinflussen, mehrere Tage im voraus zu machen. Er stellte fest, daß auch das keinen Einfluß auf das Ergebnis hatte. Andere Forscher stießen ebenfalls auf diese merkwürdige Anomalie. Bei einer von Helmut Schmidt durchgeführten Testserie wurde, ohne Wissen der Versuchspersonen, der Zufallsgenerator ausgeschaltet und die reale Anzeige durch eine Aufzeichnung vom Vortag ersetzt. Dabei ergab sich, daß die Resultate sogar noch besser waren als bei den üblichen Versuchen.

PK-Enthusiasten fanden dafür eine sehr merkwürdige Erklärung. Die Versuchspersonen, behaupteten sie, praktizierten angeblich eine sogenannte *retroaktive Psychokinese*, bei der sie Gedanken rückwärts durch Zeit und Raum geschickt hätten, um am Vortag die Generatoranzeige zu beeinflussen.

Erstaunlicherweise akzeptieren viele Parapsychologen diese Erklärung. Zyniker dagegen bezeichnen sie als Unsinn, als einen vielsagenden Makel der gesamten parapsychologischen Theorie und Praxis. Doch es gibt noch eine viel naheliegendere Erklärungsmöglichkeit, die offenbar beiden Lagern entgangen ist. Wenn die Ergebnisse am zweiten Tag von den Versuchspersonen beeinflußt wurden, obwohl man ihnen lediglich eine Aufzeichnung vom Tag davor zeigte, dann beeinflußte ihr Geist vielleicht ganz einfach das Aufzeichnungsgerät. Wenn PK tatsächlich funktioniert, gibt es keinen Grund, warum die Versuchsperson nicht, ebenso wie den Zufallsgenerator selbst, auch das Gerät beeinflussen könnte, auf dem die falsche Anzeige abgespielt wurde. Schließlich muß es sich dabei ja um eine Art Cassettenrecorder oder ein digitales Aufzeichnungsgerät gehandelt haben, daß für PK genauso empfänglich sein müßte, wie jedes andere materielle Gerät.

Wenn man die Meinungen der Extremisten in beiden Lagern einmal außer acht läßt - der glühenden Skeptiker ebenso wie der bedingungslos Gläubigen - welche wissenschaftlichen Schlüsse lassen sich dann aus der riesigen Zahl von Psychokinese-Experimenten ziehen?

Enthusiasten weisen darauf hin, daß es in seltenen Fällen ganz außergewöhnliche Anomalien gibt, und leiten daraus einen Beweis für die Existenz von PK ab. Durch die Tatsache, daß die Fälle, bei denen eine starke Abweichung von der Zufallswahrscheinlichkeit auftritt, die große Ausnahme und sehr selten sind, lassen sie sich nicht beirren. Häufiger tritt eine winzige Abweichung von der Norm auf, die vielleicht darauf hindeutet, daß eine schwache psychokinetische Kraft am Werk ist. Es könnten aber auch andere Anomalien der Grund für diese geringfügige Abweichung sein.

Bei diesen anderen Anomalien könnte es sich zum Beispiel um Streu-Magnetfelder oder elektrische Ströme handeln. In jüngster Zeit hat man herausgefunden, daß Menschen, die in der Nähe von Hochspannungsleitungen leben, manchmal unter körperlichen Beschwerden und Depressionen leiden. Man vermutet, daß diese starken elektrischen Spannungen einen störenden Einfluß auf das Gehirn haben. Alle elektrischen Impulse werden von Magnetfeldern begleitet, und die Magnetfelder in der Nähe von Hochspannungsleitungen reagieren irgendwie mit den sehr viel schwächeren Magnetfeldern der elektrischen Signale im menschlichen Gehirn. Auf noch ungeklärte Weise manifestieren sich diese Störungen als körperliche und seelische Symptome. Ebenso ist es möglich, daß starke Magnetfelder in der Nähe eines Versuchslabors einen schwachen Störeinfluß auf die für die Tests benutzten Geräte ausüben. Eine andere Fehlerquelle könnten elektromagnetische Störstrahlungen von anderen, ungenügend abgeschirmten Geräten im Labor oder in dessen unmittelbarer Nähe sein. Die Experimentatoren haben allerdings versucht, diese Anomalie auszuschließen, indem sie Geräte und Versuchspersonen in einem Faradayschen Käfig plazierten, der sie vor elektromagnetischen Störungen abschirmte.

Ein so winziger Effekt, wie er von den Parapsychologen beobachtet wurde, könnte auch von anderen natürlichen Quellen herrühren. Wir alle leben auf einem riesigen Magneten. Wie die meisten Planeten besitzt auch die Erde ihr eigenes Magnetfeld, das auf natürliche Weise fluktuiert. Diese Fluktuationen werden durch Bewegungen viele hundert Kilometer unter der Erdkruste verursacht. Auch Einflüsse von außerhalb der Atmosphäre haben Auswirkungen auf das Erdmagnetfeld. Sonnenflecken, kühlere Regionen auf der Sonnenoberfläche, können heftige Störungen im Magnetfeld der Sonne auslösen, die sich dann wiederum auf das irdische Magnetfeld auswirken. Solche magnetischen Störungen könnten elektronische Geräte wahrnehmbar beeinflussen, ja ein solcher Einfluß könnte sogar von den Feldern ausgehen, die von den elektrischen Impulsen in unserem Gehirn und in den Nerven unseres Körpers erzeugt werden.

Andere möglicherweise zu berücksichtigende Faktoren sind warme oder kalte Luftströmungen und geringfügige geologische Störungen wie zum Beispiel Mikro-Erdbeben. Auch wenn solche Faktoren beinahe nicht meßbar sind, könnten sie stark genug sein, um PK-Experimente zu stören.

Diese Einwände mögen pedantisch klingen, aber wenn die Parapsychologen von anderen Wissenschaftlern ernstgenommen werden wollen, müssen sie sich an die gleichen Regeln halten wie die orthodoxe Wissenschaft. Viele Kritiker der PK und anderer paranormaler Phänomene betrachten mangelnde Sorgfalt und eine unprofessionelle Haltung als Hauptursache für die scheinbar so eindrucksvollen Ergebnisse der Parapsychologie.

Die Millionen von PK-Experimenten, die seit den dreißiger Jahren durchgeführt wurden, lassen nur einen Schluß zu: Wenn die Tests die Existenz einer psychokinetischen Kraft beweisen, dann ist diese Kraft sehr schwach. Und weil sie so schwach ist, läßt sie sich unglaublich schlecht messen. Parapsychologen sprechen daher von *Mikro*-PK, und es gibt eine wachsende Zahl von Beweisen für die Existenz einer solchen schwachen Anomalie.

Mitte der siebziger Jahre entwickelte der Psychologe Gene Glass eine revolutionäre neue Form der Auswertung parapsychologischer Versuchsreihen. Der nur sehr schwach nachweisbare Effekt, in der Regel nur etwa 0,1 Prozent über der Zufallswahrscheinlichkeit, war, wie Glass erkannte, bei der Psychokinese das Hauptproblem. Also war eine große Zahl von Testergebnissen nötig, um zu belegen, daß sich diese Anomalie eindeutig auf paranormale Aktivität zurückführen ließ. Je kleiner der Effekt, desto größer die Zahl der benötigten Testergebnisse. Glass gab seinem System den Namen *Meta-Analyse*.

Eine Analogie dazu wäre das Einstellen eines Radiosenders. Wenn das Signal stark ist, wie beispielsweise das der BBC in Südengland, kann man das Radio leicht darauf justieren. Sucht man dagegen ein schwaches Signal, etwa von einem Piratensender, wird man einige Zeit brauchen, bis man den Sender gefunden und die Feineinstellung des Radios bewerkstelligt hat. Dieser Feineinstellung ähnelt das Sammeln einer großen Zahl von Testergebnissen.

Glass' Idee bestand also darin, alle Daten zu vereinigen, die während einer langen Periode von PK-Tests gesammelt worden waren. Dabei ergab sich aber das Problem, daß die Tests, die seit den dreißiger Jahren durchgeführt worden waren, sich in ihrer Methodik stark voneinander unterschieden. Manche Experimentatoren hatten die mögliche Wirkung der Psychokinese beim Würfeln untersucht, andere den Einfluß auf Licht-

Displays oder auf den mit einem Geigerzähler meßbaren Zerfall unstabiler Isotopen getestet. Doch Glass stellte fest, daß sich die Resultate unterschiedlicher Tests mit Hilfe geeigneter Rechenmethoden bündeln ließen. So hat der Parapsychologe Zugang zu einer viel größeren Zahl von Ergebnissen – Millionen von Tests, die während der letzten 60 Jahren durchgeführt wurden.

Eines der besten Beispiele für die Anwendung der Meta-Analyse von PK-Experimenten stammt von Dean Radin und Roger Nelson von der Universität Princeton. Sie führten keine eigenen Experimente durch, sondern werteten 150 Berichte aus, in denen fast 600 Einzelstudien und weitere 235 Kontrollstudien von 68 verschiedenen Forschern zusammengefaßt wurden. In jeder dieser Studien war der Einfluß des menschlichen Bewußtseins auf mikroelektronische Systeme untersucht worden – Experimente, bei denen die Testpersonen versuchen mußten, einen elektronischen Zufallsgenerator zu beeinflussen.

Zu Radins und Nelsons Verblüffung lag dabei die Wahrscheinlichkeit, daß das Ergebnis rein zufällig von der Norm abwich, bei lediglich 1 zu 10^{35} (einer 1 mit 35 Nullen dahinter).

Auch das beweist nicht die Existenz der PK als eigenständiges Phänomen, aber es deutet auf einen Faktor oder eine Kombination von Faktoren hin, die das Verhalten von Materie anders beeinflussen als auf sichtbare, konventionelle Weise. Ob es sich dabei nun um eine psychokinetische Einwirkung des menschlichen Bewußtseins handelt, um Sonnenfleckenaktivität, Mikroerdbeben oder thermische Strömungen ist eine andere Frage.

Diejenigen, die überzeugt sind, die in der Meta-Analyse nachgewiesenen Abweichungen seien auf menschliche Einwirkung zurückzuführen, glauben, dieser Effekt werde durch Mikro-PK hervorgerufen und sei ein alltägliches Phänomen. Sie gehen davon aus, daß viele Ereignisse, die wir für Zufälle halten, in Wirklichkeit eben auf diese Kraft zurückzuführen sind: Wenn wir ein Buch fallenlassen, und es öffnet sich genau an einer für uns bedeutsamen Seite; wenn wir in einem Aktenordner auf Anhieb das Dokument finden, nach dem wir gesucht haben; wenn wir beim Billard die Kugel einlochen, ohne richtig hinzusehen. Nach Auffassung der Mikro-PK-Befürworter sind das alles Beispiele für unsere unterbewußte Fähigkeit, das Verhalten von Materie zu beeinflussen. Darüberhinaus wird angenommen, daß dieses Phänomen dann am besten funktioniert, wenn die betreffende Person nicht bewußt versucht, PK anzuwenden, sondern sich auf etwas ganz anderes konzentriert.

Wir alle haben schon Momente erlebt, wo für uns alles entweder extrem gut oder extrem schlecht lief - gute Tage und schlechte Tage. Wir alle kennen das sogenannte Anfängerglück, Augenblicke, in denen man einfach nichts falsch machen kann. Bei diesen Gelegenheiten wirkt die Mikro-PK angeblich am besten, und das sind gerade jene Momente, wo wir am wenigsten auf die Idee kommen, uns bewußt auf PK zu konzentrieren.

Der Psychologe Rex Stanford von der Universität St. Johns im Staat New York hat eine interessante Variante der üblichen PK-Experimente eingeführt, um die Wirkung von Mikro-PK zu verdeutlichen. Er sperrt seine Versuchspersonen in einen Raum ein und läßt sie eine Reihe von sehr langweiligen Aufgaben ausführen. Im Raum nebenan befindet sich ein Zufalls-Nummerngenerator. Dabei verrät er den Versuchspersonen nicht, daß sie nur dann von ihrer langweiligen Arbeit befreit werden und den Raum verlassen dürfen, wenn der Generator eine bestimmte Zahlenfolge produziert, die unter normalen Umständen nur ein- bis zweimal am Tag auftreten würde. Bei mehreren Gelegenheiten gelang es dabei einzelnen Versuchspersonen, den Raum schon nach 45 Minuten zu verlassen.

Das Akzeptanzproblem der Mikro-PK besteht darin, daß es sich hierbei um die gleiche Kraft handeln müßte, die auch bei Makro-PK am Werk ist. Das Phänomen, das es uns ermöglicht, unbewußt zu kontrollieren, wie ein Buch auf dem Boden landet oder wie sich eine Billardkugel oder ein Fußball bewegen, wäre dasselbe, mit dem wir bewußt, durch Willenskraft Gegenstände bewegen könnten. In beiden Fällen müßte es sich um die gleiche Wellenform, den gleichen Teilchenstrom oder eine andere unerklärliche Kraft handeln. Und nicht die Frage, ob dieser Effekt nun eher selten oder häufig auftritt, beunruhigt die Wissenschaftler, sondern wie er überhaupt möglich sein kann. Es läuft stets auf das gleiche Grundproblem hinaus: Obwohl bislang keine entsprechende physikalische Kraft nachgewiesen werden konnte, sollen wir glauben, daß der menschliche Geist in der Lage ist, Materie zu beeinflussen - ein Pakt mit dem Teufel, wie ich schon zu Beginn des Kapitels sagte.

Befassen wir uns einmal mit der Physik der Psychokinese, um das Problem zu veranschaulichen. Welche Energien sind beteiligt, und besteht eine Kompatibilität zwischen dem erforderlichen Energieaufwand und jener Energiemenge, die im Gehirn erzeugt werden kann?

Stellen wir uns ein Experiment vor: Eine Versuchsperson, die von sich behauptet, psychokinetische Fähigkeiten zu besitzen, wird aufgefordert, einen auf einem Tisch liegenden Gegenstand zu bewegen. Angenommen, unser Gegenstand wiegt 100 Gramm, so viel wie ein Löffel oder eine Brille. Nehmen wir nun an, der Versuchsteilnehmer müsse diesen Gegenstand auf die bescheidene Geschwindigkeit von 10 Zentimeter pro Sekunde beschleunigen und diese Geschwindigkeit für ein paar Sekunden beibehalten. Wenn wir für den Reibungsverlust einen kleinen Betrag addieren, ergibt sich für diese Aufgabe ein Energiebedarf von 1×10^{-4} Joule (ein Zehntausendstel Joule).

Das ist eine relativ kleine Energiemenge. Sie entspricht etwa derjenigen Energie, die in einem Millionstel Gramm Zucker gespeichert ist. Doch selbst die Erzeugung von so wenig Energie durch eine Kraft, die bislang auf konventionelle Weise nicht gemessen werden konnte, erscheint äußerst zweifelhaft, wenn man die Zahlen berücksichtigt:

Wie wir im letzten Kapitel sahen, erzeugt das Gehirn elektrische und magnetische Felder. Man könnte also annehmen, die bei der Neuronentätigkeit freigesetzten elektrischen Impulse seien verantwortlich für jene psychokinetische Kraft, mit der materielle Gegenstände bewegt werden. Doch die Wirkung dieser Kraft auf die materielle Welt muß extrem schwach sein, denn wir können sie mit herkömmlichen Instrumenten nicht messen. Seien wir aber trotzdem großzügig und nehmen wir an, daß ein Tausendstel der elektrischen Impulse im Gehirn durch den Schädel austritt, den Gegenstand erreicht und ihn für eine kurze Periode von, sagen wir, drei Sekunden auf 10 cm pro Sekunde beschleunigt. Die in den Neuronen erzeugte Spannung beträgt ungefähr 100 Millivolt. Demnach müßte das menschliche Gehirn eine zusätzliche Stromstärke von 0,25 Ampere produzieren, um die nötige Energie zu liefern. Doch schon ein Stromstoß von 0,15 Ampere, also nur etwas mehr als die Hälfte, ist, ins Herz geleitet, für einen Menschen tödlich.

Bei einer weniger spektakulären, aber gleichermaßen faszinierenden Form von PK geht um es eine andere Art der Interaktion zwischen Geist und Materie. Sie ist als Gedanken-Fotografie (engl.: *Thoughtography*) bekannt – die Kunst, ohne Einsatz von Chemikalien Bilder auf Fotopapier oder Film zu erzeugen. In den fünfziger Jahren erforschte der Parapsychologe Jule Eisenbud ein berühmtes Beispiel für dieses Talent. Seine Versuchsperson war ein Mann namens Ted Serios, der auf Filmen spontane Bilder erzeugen konnte, indem er lediglich in die Kamera schaute. Er erlangte damit eine gewisse Berühmtheit und veröffentlichte ein Buch mit dem Titel *The World of Ted Serios.* Auch wenn man ihm nie einen Betrug nachweisen konnte, geriet er später doch in Verdacht, als herauskam, daß er immer, wenn er seinen Trick vorführte, einen kleinen Apparat in der Hand hielt. Er gestattete es nicht, daß jemand diesen Apparat untersuchte, benötigte ihn aber, um Gedanken-Fotografien erzeugen zu können. Er behauptete, daß er mit Hilfe dieses Apparats seine geistigen Energien bündele.

Diese Form von PK ist ein weiteres Beispiel für die Fähigkeit des Geistes, anscheinend die physikalische Welt beeinflussen zu können. In diesem Fall wurde die chemische Struktur des Fotopapiers oder der Filmbeschichtung offenbar durch eine Art von Elektromagnetismus verändert. Unter normalen Umständen würde Licht der geeigneten Wellenlänge über genügend Energie verfügen, um in den Chemikalien des Films die molekularen Bindungen zu lösen und die Formung neuer chemischer Verbindungen zu bewirken, aus denen dann ein Foto entsteht. Wenn Serios, oder jeder andere Gedanken-Fotograf, tatsächlich Bilder erzeugen konnte, dann muß das mit Hilfe eines ähnlichen Mechanismus geschehen sein. Vielleicht lassen sich die sehr schwachen Kraftfelder im Gehirn verstärken und auf einer bestimmten Wellenlänge bündeln, die dann auf Filmmaterial so einwirkt wie das Sonnenlicht.

Bislang habe ich mich in diesem Kapitel auf Phänomene konzentriert, die man als ›periphäre PK-Effekte‹ bezeichnen könnte – Auswirkungen von Mikro-PK. Anfang der siebziger Jahre machte aber ein Beispiel für Psychokinese ganz anderen Ausmaßes Furore, konnte sogar weltweit im Fernsehen bewundert werden. Uri Geller war auf der Bildfläche erschienen.

Gellers Beitrag auf dem Gebiet des Paranormalen ruft ebenso heftige Ablehnung wie Bewunderung hervor. Für manche ist er ein talentiertes Medium, für andere kaum mehr als ein Showtalent, ein Trickkünstler, der sich mit dem Anschein des Mystischen umgibt. Fast 25 Jahre im Licht der Öffentlichkeit, hat er seine Karriere mehrmals in neue Bahnen gelenkt, doch in den letzten Jahren vermied er es weitgehend, noch einmal für eine derartige Publicity und Sensationslust zu sorgen, wie sie 1973 sein erstes Auftreten in England begleiteten.

Damals nahmen eine ganze Reihe Wissenschaftler Uri Geller ernst genug, um seine Behauptungen zu überprüfen und seine Fähigkeiten unter Laborbedingungen zu testen. John Taylor, Mathematikprofessor am King's College der Londoner Universität, trotzte dem Spott einiger seiner Kollegen und setzte bei der College-Leitung durch, Gellers scheinbare Fähigkeiten einer wissenschaftlichen Überprüfung zu unterziehen. Anfangs war Taylor von Gellers Leistungen bei diesen Tests fasziniert. Doch bald fand er heraus, daß er die vorliegenden Beweise nicht mit Hilfe des Elektromagnetismus erklären konnte. Daher sah er sich gezwungen, entweder das Phänomen als Täuschung abzutun oder zu akzeptieren, daß die

Grundannahmen der Wissenschaft falsch waren. Er entschied sich für ersteres.

Wenige Monate nach dem Beginn der Tests am King's College änderte Taylor seine zunächst aufgeschlossene Haltung und erklärte öffentlich, Geller sei lediglich ein Zauberkünstler. In seinem 1976 veröffentlichten Buch *Superminds* schrieb Taylor:

> *»Uri Geller scheint für die Wissenschaftler von heute eine ernstzunehmende Herausforderung zu sein. Wenn es nicht gelingt, dieses Phänomen im Rahmen der anerkannten Wissenschaft befriedigend zu erklären, dann hat sich diese Wissenschaft als äußerst unzulänglich erwiesen. Da einigen eine solche Erklärung weder jetzt noch in Zukunft möglich erscheint, behaupten sie, das Geller-Phänomen sei mit der wissenschaftlichen Wahrheit unvereinbar und der Wert der Vernunft und der wissenschaftliche Standpunkt demnach eine Illusion. Werden sich die Tore der Unvernunft dann auftun und uns einer Welt ausliefern, die von ätherischen Körpern, außerirdischen Besuchern, Gespenstern und dergleichen bewohnt ist? Wird die Vernunft dann endgültig dem Aberglauben weichen?«*

Fairerweise muß gesagt werden, daß einige von Uri Gellers Kunststücken beeindruckend waren. Er ist von einem ganzen Dutzend Forscherteams in verschiedenen Ländern getestet worden, zuerst, noch ehe er eine internationale Berühmtheit wurde, 1972 von einem Team des *Stanford Research Institute* in Kalifornien. Seither hat er die ganze Welt bereist und seine Fähigkeiten in Laboratorien in Japan, Frankreich und mehrfach in England und den Vereinigten Staaten wissenschaftlich analysieren lassen. Es existieren Videoaufzeichnungen, auf denen zu sehen ist, wie er Gegenstände scheinbar aus dem Nichts materialisiert, Geräte zum Stillstand bringt und, natürlich, eine große Zahl von Eßbestecken verbiegt. Solche Kunststücke hat er auch bei Live-Auftritten vor großem Publikum und im Fernsehen vorgeführt.

Geller selbst hinterläßt den Eindruck, daß er nicht völlig versteht, aus welcher Quelle seine Talente stammen. Er scheint fest überzeugt, es handele sich um paranormale Kräfte. Letztendlich wird wohl nur er selbst es je wirklich wissen, denn wenn er ein Betrüger ist, wird er das kaum zugeben.

Der Forscher Arthur Ellison hat über ihn gesagt:

»Aus irgendeinem merkwürdigen Grund hat Geller eine andere Auffassung von der Wahrheit, die sich nicht um die Festigkeit bestimmter Materialien schert, wie sie an der Universität gelehrt wird. Er glaubt, daß sich ein Löffel verbiegt, wenn er ihn, ohne starken Druck auszuüben, sanft zwischen Finger und Daumen reibt. Und manchmal verbiegt er sich tatsächlich.... Ich habe gesehen, wie Geller einen Yale-Schlüssel nahm... sanft darüber strich, und das Ende des Schlüssels bog sich.... In Gellers Bild der Wahrheit sind Yale-Schlüssel nun einmal nicht für immer gerade und starr.«[23]

Bei einem Test wurde ein Gewicht von einem Gramm auf eine elektronische Feinwaage gelegt und mit einer Glasglocke bedeckt. Das Gewicht auf der Waagschale wurde mit einem Kurvenschreiber aufgezeichnet. Geller wurde aufgefordert, die Kurve paranormal zu verändern. Der Test dauerte eine halbe Stunde, und dabei gelang es Geller, die Kurve zweimal für jeweils eine Fünftelsekunde zu beeinflussen. Der erste Ausschlag entsprach einer Erhöhung des Gewichts auf 1,5 Gramm, der zweite auf 2 Gramm.

Bei einer anderen Gelegenheit gelang es ihm, die Anzeige eines Geigerzählers dramatisch zu verändern. Geller nahm das Gerät in die Hand, konzentrierte sich sehr stark, und das ›Pieppiep‹ steigerte sich zu einem schrillen Kreischen, das in dem Moment aufhörte, als Geller das Gerät wieder weglegte.

Auf jeden Fall ist Geller ein großes Show-Talent, und das er-

---

23 John und Anne Spencer: *The Encyclopedia of the World's Greatest Unsolved Mysteries.* Headline, 1995, S. 261.

klärt einen Teil seines Erfolges. Er zeigt nicht nur sehr eindrucksvolle Tricks, sondern macht auch gern von publikumswirksamen Maschen wie dem Löffelverbiegen Gebrauch, das Anfang der siebziger Jahre für viel öffentlichen Wirbel sorgte. Als Geller zum erstenmal im englischen Fernsehen auftrat und vor laufenden Kameras eine Auswahl von Löffeln verbog, wurde er über Nacht zur Sensation. Im ganzen Land rannten nach der Sendung Leute jeden Alters in ihre Küchen zu den Geschirrschubladen.

Selbst heute, zwanzig Jahre nach seinen ersten Auftritten, ist es den Wissenschaftlern noch immer nicht gelungen, zu demonstrieren, wie Geller diesen Effekt erzeugt. Der Zauberkünstler James Randi, ein entschiedener Kritiker Gellers, erklärte öffentlich, Löffelverbiegen sei nichts weiter als ein Varieté-Trick. Er hat Gellers Darbietung recht überzeugend mit Hilfe eines Zaubertricks kopiert. Andere näherten sich dem Problem auf analytischere Weise, indem sie jene Objekte untersuchten, die im Mittelpunkt der Kontroverse standen – die Löffel selbst.

Ein Team in Frankreich machte vor und nach den Biege-Experimenten unter dem Elektronenmikroskop Aufnahmen der Löffel. Sie testeten die kristalline Struktur des Metalls und maßen Gewicht und Größe, bevor sie die Löffel den Versuchspersonen übergaben, und nach dem Versuch. Diese Tests ergaben nicht viel mehr, als daß offenbar an der gebogenen Stelle eine lokale Verhärtung auftritt, wie sie sonst bei einem erheblichen, von außen auf einen sehr kleinen Bereich einwirkenden Druck entsteht. Da eindeutig kein solcher beobachtbarer äußerer Druck auf die Löffel einwirkte, blieb den Experimentatoren nichts anderes übrig, als eine Art ›innere‹ Einwirkung anzunehmen.[24]

Bei anderen Tests zeigte sich, daß das Metall des Löffels beim Verbiegen an der verformten Stelle die Konsistenz von Kaugummi annahm. Interessanterweise läßt sich dieser Effekt

[24] Hans Eysenck und Carl Sargent: *Explaining the Unexplained.* Weidenfeld & Nicolson, 1982, S. 102/103.

durch Aufbringen ätzender Chemikalien erzielen, doch dann tritt stets ein Gewichtsverlust ein sowie eine sichtbare Korrosion der Metalloberfläche. Doch beides konnte bei den während der PK-Tests verbogenen Löffeln nicht festgestellt werden.

Wie funktioniert also das Löffelverbiegen? Wenn es sich nicht um einen Zaubertrick handelt, wie läßt es sich dann bewerkstelligen?

Wie John Taylor sagt, sind die wissenschaftlichen Erklärungsmöglichkeiten begrenzt: Entweder handelt es sich um Elektromagnetismus, oder das Ganze ist ein Reinfall. Wenn Geller und andere Löffelverbieger also imstande sind, elektromagnetische Wellen in den Löffel zu leiten, welche Form von Energie benutzen sie dazu?

Metalle sind Substanzen, bei denen die Atome in einheitlichen Gittern angeordnet sind. Die Form und die Eigenschaften dieses Gitters hängen davon ab, um welche Art von Metall es sich handelt. Wenn wir der Einfachheit halber davon ausgehen, daß der Löffel aus Eisen besteht, müssen wir überlegen, wie die Gitterstruktur des Eisens durch PK oder irgendeine andere Methode verzerrt werden könnte.[25] Dazu müssen wir den Energiebedarf mit jenem vergleichen, den man normalerweise benötigt, um Metall formbar zu machen - indem man es erhitzt.

Eisen schmilzt bei 1808 K (etwa 1500 °C), aber natürlich wollen wir unseren Löffel nicht einschmelzen, sondern ihn nur genug erwärmen, daß er sich biegen läßt. Ein besserer Wert hierfür ist die latente Schmelzwärme des Metalls, also die Energie, die man benötigt, um festes Eisen in flüssiges zu verwandeln - das Metallgitter aufzubrechen. Wenn wir annehmen, daß der Löffel etwa 100 Gramm wiegt, dann sind nur 20 % seiner Masse an der Verformung beteiligt. Wir müssen also lediglich die Energie ermitteln, die man braucht, um 20 Gramm Eisen biegsam zu machen.

Natürlich brauchen wir nicht alle Energie, die nötig wäre,

---

[25] Die meisten Löffel sind allerdings aus rostfreiem Stahl, der noch weitaus härter, hitze- und druckbeständiger ist als reines Eisen.

um Eisen von einer festen Substanz in eine Flüssigkeit zu verwandeln, denn wir streben ja lediglich jene ›kaugummiartige‹ Konsistenz an, wie sie von einigen Experimentatoren beschrieben wurde. Seien wir vorsichtig und nehmen wir an, daß man dafür nur 10 % der Energie benötigt, die man brauchen würde, um den Löffel zu schmelzen. Die benötigte Energie entspricht also 10 % der latenten Schmelzwärme von 20 Gramm Eisen, was einen Wert von 600 Joule ergibt.

Wie wir weiter oben sahen, war die benötigte Energie, um einen 100 Gramm schweren Gegenstand über eine glatte Fläche zu bewegen, ein winziger Bruchteil davon (ein Zehntausendstel Joule). Die elektrische Energie, die Geller erzeugen müßte, um mit Hilfe seiner Neuronen 600 Joule freizusetzen, würde einer Stromspannung von 150 Ampere in seinem Gehirn entsprechen – eine Spannung, wie sie sonst beim Betrieb leistungsstarker elektronischer Geräte üblich ist.

Die empirische Analyse des Löffelverbiegens, ja letztlich aller PK-Aktivitäten, ergibt kein sehr rosiges Bild, aber schließlich sollte man auch nichts anderes erwarten – es ist eben ein Pakt mit dem Teufel. Auf den uns bekannten Wegen kann Materie nicht mit jenen Energien manipuliert werden, die wir mit dem Denken assoziieren, oder jedenfalls mit den äußerlichen, meßbaren Manifestationen des Denkens – den elektrischen Strömen im Gehirn. Also bleiben uns nur Erklärungsansätze, die sich außerhalb des üblichen naturwissenschaftlichen Rahmens bewegen.

An diesem Punkt greifen Parapsychologen oft auf Ideen aus den Randbereichen der Physik zurück, etwa auf die Quantenmechanik, doch diese liefern keine befriedigenden Erklärungen und dienen oft nur als Notbehelf. Und die Quantenmechanik, ein sehr bizarres Gebiet der Physik, ist ihrerseits angreifbar.[26]

Einer der besonders aufschlußreichen Aspekte der PK-For-

---

26 Meiner Ansicht nach hat die Quantenmechanik wenig mit PK oder Telepathie zu tun, könnte aber eine Erklärung für das Phänomen des Weissagens und für Synchronizität liefern, auf die ich im 6. Kapitel näher eingehe.

schung ist es, daß psychokinetische Effekte, genau wie die Telepathie, völlig ungeachtet räumlicher Entfernungen funktionieren. Die an der Universität Princeton von Robert Jahn durchgeführten Versuche, bei denen Testpersonen anscheinend in der Lage waren, Geräteanzeigen zu beeinflussen, ganz gleich ob sie in ein paar Metern Abstand vor den Detektoren saßen oder sich mehrere tausend Kilometer vom Labor entfernt befanden, veranschaulichen das besonders deutlich.

Fast alle bekannten physikalischen Kräfte wirken entsprechend dem Inversions-Quadratgesetz. Mit zunehmender Entfernung verringert sich eine Kraft entsprechend dem Entfernungsquadrat. Zum Beispiel legte Isaac Newton in seinem 1687 veröffentlichten Hauptwerk *Principia Mathematica* dar, daß die Schwerkraft gemäß dem Invers-Quadratgesetz wirkt.

Wenn, wie Newton argumentierte, ein Planet A die Sonne in einem vorgegebenen Abstand umkreist, wird die Anziehungskraft der Sonne mit einer bestimmten Stärke auf ihn einwirken. Würde der Planet B mit identischer Masse die Sonne in doppelter Entfernung wie Planet A umkreisen, würde die Sonnenanziehung auf ihn nur um ein Viertel so stark einwirken wie auf Planet A (der Kehrwert des Quadrats von 2). Ein identischer Planet C, der dreimal so weit von der Sonne entfernt wäre wie Planet A, wäre nur einem Neuntel der auf A einwirkenden Anziehungskraft ausgesetzt (der Kehrwert von 3^2).

Alle bekannten Kräfte operieren gemäß diesem Inversions-Quadratgesetz, doch die Befürworter von PK halten dagegen, daß das auf manche Arten der Energieübermittlung nicht zuträfe. Das beliebteste Argument ist, daß sich die Intensität von Radiosignalen mit zunehmender Distanz kaum verringert. Daraus leiten PK-Enthusiasten eine Analogie zwischen Radiowellen und ›Gedankenwellen‹ ab.

Der erste Teil dieser Aussage trifft zu. Wenn Radiosignale von einem genügend starken Sender ausgestrahlt werden und zur Feinabstimmung ein sogenanntes Signaloptimierungssystem benutzt wird, nimmt ihre Intensität über vernünftige Distanzen hinweg nicht nennenswert ab. Aber das ist auch gar nicht der Punkt. Radiosignale übermitteln Informationen, sie bewegen keine Objekte und ermöglichen es auch nicht, Löffel zu verbiegen. Um solche Dinge zu bewerkstelligen, braucht man eine Kraft, und alle bekannten Kräfte arbeiten nach dem Inversions-Quadratgesetz. Und wenn PK tatsächlich, wie Funk und Radio, auf der Basis elektromagnetischer Strahlung funktioniert, wo ist diese Strahlung dann im elektromagnetischen Spektrum zu finden? Wie bereits im 3. Kapitel erwähnt, könnte sie in extremen Bereichen des elektromagnetischen Spektrums angesiedelt sein. Aber man hat diesen ganzen Bereich gründlich abgesucht, ohne auch nur die geringste Spur einer Psi-Welle zu entdecken.

Wenn PK durch eine eigenständige Form von geistiger Energie hervorgerufen wird oder mittels einer noch unbekannten Kraft funktioniert, dann läßt sich daraus nur der Schluß ziehen, daß diese Kraft nichts mit den anderen Kräften gemeinsam hat, die wir bislang im Universum entdeckt haben. Je nach Standpunkt spricht diese Tatsache sehr stark gegen oder für eine paranormale Erklärung der PK. Der Skeptiker sieht sich in seiner Auffassung bestärkt, daß es sich bei PK, weil keine Erklärung mit Hilfe des Elektromagnetismus möglich ist, nur um Betrug und Taschenspielertricks handeln kann. Für den Psi-Gläubigen bestätigt es nur, daß das Phänomen sich außerhalb der normalen Gesetze der Physik abspielt, mit Hilfe elektronischer Apparaturen nicht gemessen werden kann und über und jenseits von uns liegt. Vielleicht resultiert PK ja aus einem sonderbaren quantenmechanischen Effekt. Wenn das der Fall ist, könnte es noch sehr lange dauern, bis wir eine Erklärung für seine Wirkungsweise finden.

5. Kapitel

Das Feuer im Innern

»Billy, in seiner neuesten Schärpe,
fiel ins Feuer und verbrannte.
Und nun, obgleich es immer kühler wird
hab' ich nicht den Mut, das Feuer zu schüren.«

HARRY GRAHAM

Der erste bekanntgewordene Fall eines Phänomens, das man heute als *Spontaneous Human Combustion*, kurz SHC (Menschliche Selbstentzündung) bezeichnet, wird aus dem frühen 17. Jahrhundert berichtet. Während eines Gewitters kam ein Tischler namens John Hitchen samt Frau und Tochter zu Tode. Als Nachbarn seine Leiche aus den Trümmern seines Hauses bargen, stellten sie erstaunt fest, daß sie von innen brannte, obgleich äußerlich kaum ein Anzeichen dafür sichtbar war. Hitchen brannte noch drei weitere Tage, bis sein gesamter Körper zu Asche geworden war.

Natürlich sind solche alten Berichte schon ihres Sujets wegen zumeist unzuverlässig; auch ist es aufschlußreich, daß bis in unser Jahrhundert alle SHC-Opfer als starke Trinker bezeichnet wurden, selbst wenn dies nicht der Fall war. Was den offiziellen Standpunkt der Schulmedizin betrifft, so hat sich seit jenem ersten Fall wenig geändert – alle Opfer werden in irgendeiner Weise mit Bränden oder Alkoholismus in Verbindung gebracht –, doch deutet eine Fülle von Belegen darauf hin, daß es mit diesem ebenso seltenen wie erschreckenden Phänomen mehr auf sich hat. Allerdings wird SHC in Obduktionsberichten nie als Todesursache angegeben, selbst wenn alles darauf hindeutet und Parallelen zu vielen vergleichbaren Fällen bestehen. Vielleicht liegt es aber auch an ihrem seltenen Auftreten, daß die spontane Entzündung von Menschen noch immer für paranormal gehalten und ins Reich der Phantasie verbannt wird.

Nun ist der berühmteste SHC-Fall tatsächlich der blühenden Vorstellungskraft eines Schriftstellers entsprungen: Charles Dickens befördert eine Figur namens Krook im seinem 1853 erschienenen Detektivroman *Bleak House* (Düsteres Haus) mittels spontaner Entzündung ins Jenseits. In letzter Zeit aber hat es mehrere verblüffende Fälle gegeben, die teilweise von einer großen Menschenmenge beobachtet und deren faszinierende medizinische Details von skeptischen Schulmedizinern wie auch von Experten für paranormale Phänomene analysiert wurden. 1986 soll der Wiener Pfarrer Franz Lueger während einer besonders leidenschaftlichen Predigt vor der gesamten Gemeinde in Flammen ausgebrochen und explodiert sein. Vier Jahre später entzündete sich eine Patientin namens Angela Hernandez auf einem Operationstisch des Krankenhauses der UCLA. Der am besten dokumentierte Fall in den Vereinigten Staaten ist jedoch der einer siebzehnjährigen Studentin am Halton College von Cheshire, die 1985 vor ihren Freunden in Flammen ausbrach und fünfzehn Tage später im Krankenhaus verstarb.

Auf den ersten Blick scheinen viele SHC-Fälle einfach zu erklären. So werden die Opfer in Erklärungen des Phänomens häufig mit offenem Feuer oder entzündlichen Flüssigkeiten in Verbindung gebracht. Ein unverhältnismäßig großer Prozentsatz der Opfer sind Obdachlose, die sich bei näherer Untersuchung als Alkoholiker entpuppen. Doch wie viele als ›paranormal‹ bezeichnete Phänomene verweigert sich ein nicht unwesentlicher Teil der Fälle derartigen Standarderklärungen vollkommen. Außerdem sind einige Aspekte des Phänomens mit allgemein anerkannten medizinischen Fakten nur schwer in Einklang zu bringen. Sie verlangen nach einer Überprüfung liebgewordener Vorstellungen, wozu der menschliche Körpers unter extremen Bedingungen fähig ist.

Betrachten wir nun zuerst die mit SHC verbundenen Anomalien.

Der auffallendste Aspekt der Menschlichen Selbstentzündung ist die Tatsache, daß der Körper des Opfers in fast allen Fällen die Auswirkungen starker Hitze aufweist, obgleich seine Umgebung relativ unbeschadet bleibt. Vielfach hat der Körper vom Rumpf nach außen gebrannt, ohne daß das Feuer die Extremitäten erreichte. Manche Körper verbrennen vollständig zu Asche, während Finger und gelegentlich ganze Glieder kaum Brandspuren aufweisen. Häufig bleiben auch Kleider und Schuhe erhalten; in der Nähe liegende Gegenstände sind in keiner Weise betroffen.

Der zweite erstaunliche Aspekt betrifft die Knochen. Die vom Feuer ergriffenen Körperteile einschließlich der Rippen, des Beckens und des Rückgrats verwandeln sich oft vollständig zu Asche. Das wäre nicht weiter bemerkenswert, wäre die zur Pulverisierung menschlicher Knochen erforderliche Temperatur nicht so hoch: Sie muß über 1000 °C betragen. In Krematorien werden Temperaturen von bis zu 950 °C erreicht, und selbst dann müssen die Knochen nach der Einäscherung noch mechanisch zerkleinert werden. Eine plausible Erklärung für SHC muß also einerseits die für derartige Schäden erforderlichen, extrem hohen Temperaturen in Betracht ziehen und andererseits Möglichkeiten andeuten, wie ein Mensch von einer augenscheinlich inneren Quelle in Brand gesetzt werden kann.

Einer der frühesten Versuche, eine offizielle Erklärung für das Phänomen zu finden, stützt sich auf die fragwürdige Behauptung, die überwältigende Mehrzahl der Fälle sei von einer äußeren Flamme oder Wärmequelle hervorgerufen worden. Es ist auch richtig, daß in vielen Fällen eine lokale Wärmequelle festzustellen ist, aber eben nicht immer. Außerdem befanden sich in der Nähe des Opfers zwar oft Kamine oder Öfen, diese waren aber zum betreffenden Zeitpunkt nicht in Betrieb. Das beste Beispiel hierfür ist der Tod der erwähnten Studentin am Halton College im Jahre 1985. Jacqueline Fitzsimon brach in Flammen aus, während sie nach einem Hauswirtschaftskurs die Treppe hinunterging. Der zuständige Dozent Robert Carson schwor, daß sämtliche Kochstellen eine geschlagene Stunde vor Ende des Unterrichts abgestellt worden waren, und ein Chemiker der Kriminalpolizei war nicht in der Lage, ein glimmendes Exemplar der im Kurs verwendeten Kittel zum Brennen zu bringen.[27]

Das von Skeptikern vertretene Argument, es seien immer Wärmequellen vorhanden, geht davon aus, daß die Opfer entweder in ein Feuer gefallen sind oder bewußtlos wurden und sich an eine dieser Wärmequelle angelehnt hatten. Das Opfer erleide dann den sogenannten *Dochteffekt,* bei dem der menschliche Körper sich wie eine Kerze verhält und langsam von innen nach außen brennt.

Der Brandspezialist Dr. Dougal Drysdale hat diesen Vorgang in einem 1989 von der BBC ausgestrahlten Fernsehbericht über einen Fall Menschlicher Selbstentzündung folgendermaßen beschrieben:

> *»In gewisser Weise ist der menschliche Körper umgekehrt wie eine Kerze aufgebaut. Bei einer Kerze befindet sich im Innern ein Doch, außen Fett. Wenn der Docht brennt, schmilzt die Kerze, wodurch Flüssigkeit vom Doch angezogen wird und verbrennt. Der Körper wiederum besteht aus einer großen Menge Fett, das schmilzt und von der Kleidung aufgesogen wird. Diese dient dann als Docht und hält den Brand in Gang.«*

Drysdale demonstrierte diesen Vorgang mit einem in Stoff gewickelten Klumpen tierischen Fetts. Man hat behauptet, diese

[27] John Fairley und Simon Welfare: *Arthur C. Clarke's Chronicles of the Strange and Mysterious.* Collins 1987, S. 160.

Demonstration sei mittels Zeitraffer gefälscht worden, so daß es aussah, als habe das Fett heftig und mühelos gebrannt. Abgesehen von derartiger Kritik hat Drysdale die wichtigsten SHC betreffenden Fakten ohnehin nicht aufgegriffen. In mancher Hinsicht mag der Mensch tatsächlich ein wenig einer Kerze ähneln, doch auf recht bedeutsame Weise ist er durchaus anders. Dazu kommt, daß man dem Fernsehpublikum einerseits vorenthielt, welche Art Fett bei diesem Experiment verwendet wurde. Und andererseits zog Drysdale nicht in Betracht, daß selbst die fülligsten Menschen aus wesentlich mehr Wasser als Fett bestehen. Zudem hat er elegant die Frage der Temperatur umgangen; denn wie sollte der Dochteffekt auch nur annähernd so hohe Temperaturen hervorrufen, wie sie zur Zerstörung menschlicher Knochen notwendig sind?

Nehmen wir also an, der Dochteffekt biete bei der Mehrzahl der SHC-Fälle - ob von einer lokalen Wärmequelle hervorgerufen oder nicht - kein substantielles Erklärungsmuster und suchen wir nach einleuchtenderen Erklärungen.

Ein produktiverer Ansatz wäre eventuell, sich mit der Art des Feuers zu beschäftigen, das die Zeugen vieler SHC-Fällen beobachtet haben. Trotz eines breiten Spektrums an Erscheinungen läßt sich ein gemeinsamer Faktor feststellen: eine blaue Flamme. Dazu kommt die einigermaßen erstaunliche Tatsache, daß Wasser kaum Wirkung auf das Feuer zeigt und es in manchen Fällen sogar noch verschlimmert.

Das Erscheinen einer blauen Flamme deutet auf das Vorhandensein von Methangas hin, des Hauptbestandteils von Erdgas. Methangas entsteht oft im Verdauungstrakt von Rindern, bläht ihren Bauch auf und macht gelegentlich einen operativen Eingriff erforderlich. Man hat gefolgert, daß beim Menschen ein ähnlicher Prozeß möglich sei: Es könnten Gasblasen entstehen, die sich normalerweise auflösen, in seltenen Fällen aber auf eine starke Wärmequelle treffen - mit explosiven Folgen.

Daß Wasser das Feuer eher zu nähren als auszulöschen scheint, ist noch interessanter. Bei derartigen Bränden sind offenbar die Elemente Magnesium oder Titan beteiligt. Das beste

Beispiel sind Flugzeugbrände, da das Gerippe von zivilen wie militärischen Flugzeugen zu einem beträchtlichen Teil aus diesen beiden Elementen besteht. Magnesium brennt mit ebenso starker wie heißer Flamme; beim Kontakt mit Wasser wird wiederum stark entzündlicher Wasserstoff frei. Magnesium ist auch eines der im menschlichen Körper enthaltenen Spurenelemente.

Diese Faktoren liefern jedoch noch keine Erklärung für das Auftreten von SHC. Magnesium ist zwar im Körper vorhanden, aber nur als Spurenelement. Es könnte immerhin als Katalysator wirken und ein Feuer in Gang setzen, das dann von häufiger im Körper enthaltenen Elementen wie etwa Methan genährt würde. Doch bisher hat noch niemand einen schlüssigen Mechanismus aufgezeigt, wie dieser Prozeß ablaufen könnte.

Die permanent in unserem Körper auftretenden chemischen Reaktionen sind mannigfaltig und unglaublich komplex. Man könnte die Physis des Menschen mit einer kunstvollen Maschine vergleichen, die in Form von Nahrung Energie aufnimmt, eine Vielzahl spezieller wie allgemeiner Funktionen willentlich wie auch automatisch durchführt und, wenn alle brauchbare Energie entnommen wurde, den Abfall ausscheidet. Sei es die Bewegung eines Beins, der Mechanismus hinter der Entstehung von Gedanken oder die die Atmung regierenden Systeme – alle Körperfunktionen lassen sich am Ende auf biochemische Prozesse zurückführen. Und obwohl diese Prozesse ein komplexes biochemisches Instrumentarium beinhalten, bestehen sie aus einer Anzahl einfacher, aufeinander aufbauender Reaktionen.

Man hat im 19. Jahrhundert entdeckt, daß chemische Reaktionen entweder exotherm ablaufen (sie setzen Wärme frei) oder endotherm (sie entziehen ihrer Umgebung Wärme). Nun sind biochemische Prozesse im Grunde einfach chemische Reaktionen, an denen Biomoleküle teilnehmen, also große organische Moleküle, die in Lebewesen vorkommen. Auch diese Reaktionen sind entweder exotherm oder endotherm. Vielleicht werden die betroffenen chemischen Systeme bei SHC in bestimmter Weise gestört, wodurch die produzierte Energie einen unkontrollierten Prozeß hervorruft.

Läßt man einmal die Frage der Initialzündung durch Methangas oder durch einen bizarr gestörten exothermischen Prozeß beiseite, wäre der übliche Einwand gegen die Entstehung irgendeiner Form von Feuer im menschlichen Rumpf das Vorhandensein großer Mengen Wasser: Es macht ungefähr 70 Prozent der Körpermasse aus. Neue Untersuchungen des Chemikers Hugh Stiles haben aber gezeigt, daß die Existenz von Wasser weder eine Entzündung noch das Weiterbrennen von Feuer behindern muß.

Der von Stiles beschriebene Mechanismus geht von einer Wärmequelle aus, die den Kohlenstoff in den Zellen der Eingeweide zu Kohlendioxid oxidiert. Bei dieser exothermen Reaktion entsteht eine große Wärmemenge, die das Wasser in den benachbarten Zellen verdampfen läßt. Berechnungen zeigen, daß der Rumpf eines auf diese Weise brennenden durchschnittlichen Menschen Hitze im Bereich von 200 Megajoule (200 Millionen Joule) produzieren würde – mehr als doppelt so viel, wie zur Verdampfung des gesamten Wassergehalts des Körpers nötig wäre. Daraus ließe sich schließen, daß die überschüssige Energie zu einem intensiven Feuer von innen führen könnte oder zu einer Explosion, die von den im Bauchraum allgegenwärtigen entzündlichen Gasen ausgelöst wird.

Problematisch an dieser These ist, daß eine derartige Reaktion große Mengen Wasserdampf hervorbrächte, die auf sämtlichen Oberflächen in der Nähe des Brandherdes kondensieren würde. Nach den überlieferten Berichten ist dies aber üblicherweise nicht der Fall. Freilich sind die Opfer von SHC in vielen Fällen allein; wenn die Leiche dann lange nach Auftreten des Feuers gefunden wird, könnten sekundäre Brände alles Wasser absorbiert haben. Doch auch wo die Leiche bald nach dem Vorfall gefunden wurde oder wo es Zeugen der Entzündung gab, ist von ungewöhnlicher Kondensation in der Nähe der Leiche nie die Rede.

Ein weiterer chemischer Bestandteil, der als mögliche Nahrung für ein inneres Feuer in Frage kommen könnte, ist

Phosphin (Phosphorwasserstoff). Dieses giftige Gas verpufft in Verbindung mit Luft spontan bei Zimmertemperatur. Man kann es gelegentlich in Sumpfgebieten als leuchtenden Dunst beobachten; früher sprach man von Irrlichtern. Im menschlichen Körper tritt es üblicherweise nicht auf, könnte aber von einer ungewöhnlichen Reaktion natürlich vorkommender Phosphate produziert werden.

Der pensionierte Industriechemiker Cecil Jones ist der Meinung, Phosphin könne für einen Teil der dokumentierten SHC-Fälle verantwortlich sein, darunter für den am Halton College.

»Es wäre möglich, daß das Opfer bei Blähungen Phosphin von sich gegeben hat«, schreibt Jones. »Das aus dem Körper austretende Gasgemisch wäre dann innerhalb der Kleidung am Rücken entlang aufgestiegen. Dort hätte es sich im Kontakt der vorhandenen begrenzten Luftmenge teilweise entzündet und den ersten Wärmestoß ausgelöst, um sodann an den Schultern auszutreten und mit dem von zwei Zeugen beobachteten phosphoreszierenden Leuchten in Flammen auszubrechen. Dies würde die starken Verbrennungen an Rücken und Gesäß bei gleichzeitiger Unversehrtheit der vorderen Körperhälfte und der Beine erklären.«[28]

Dieser Effekt hat sogar einen offiziellen Namen erhalten: der *Phosphin-Furz.* Er mag für einige SHC-Fälle verantwortlich sein, gewiß aber nicht für alle.

Um eine allgemeinere Wärmequelle zu finden, müssen wir uns wieder der Biochemie zuwenden. Diesmal soll es um die in der Zelle ablaufenden Prozesse des Energieaustauschs gehen.

Wenn Nährstoffe in Energie umgewandelt werden, so geschieht dies durch eine Serie biochemischer Prozesse. Ein erster Schritt ist die Verwandlung des Ausgangsmaterials in Glucose. Diese wird dann mittels *Glycolyse* in einen Stoff namens Brenztraubensäure umgewandelt, der sich wiederum in verschiedene Moleküle verwandelt und dabei Energie freisetzt.

---

[28] Jenny Randles und Peter Hough: *Spontaneous Human Combustion.* Bantam 1993, S. 152.

Obwohl das Ganze ein komplexer chemischer Prozeß ist, geht es bei jedem seiner Schritte nur um eine einfache chemische Umwandlung.

Ein Beispiel ist der berühmte Krebs-Zyklus, benannt nach dem Biochemiker Hans Adolf Krebs. Er tritt in einem als Mitochondrium bezeichneten Zellteil auf. Wie sein Name sagt, erinnert der Krebs-Zyklus an eine Schleife. Er ist ein zyklisches System, bei dem Brenztraubensäure in einen Reaktionskreislauf eintritt und dort in eine Reihe anderer Moleküle verwandelt wird. Bei jedem Schritt innerhalb des Zyklus treten wei-

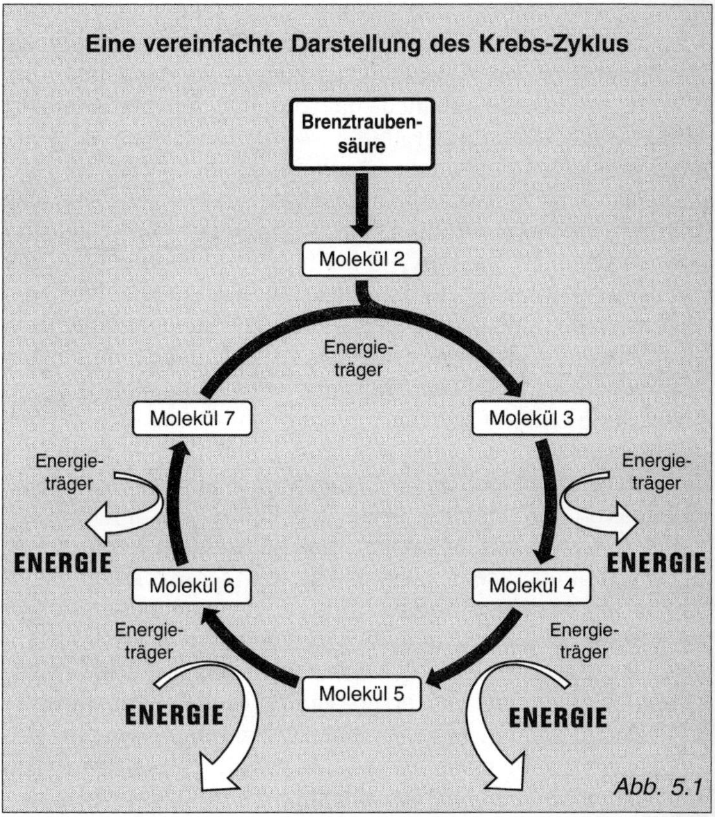

tere Moleküle in das System ein und verlassen es wieder. Dabei entziehen sie ihm Energie, die ständig durch das Eintreten weiterer Brenztraubensäuremoleküle verfügbar wird.

Wichtig ist nun, daß bei diesem und anderen biochemischen Systemen jeder Schritt mit der Produktion einer winzigen Energiemenge zu tun hat, alle Schritte gemeinsam aber die gesamte vom Körper benötigte Energie hervorbringen. Sollten diese Vorgänge zu SHC führen, so müßte die bei jedem Schritt in jeder Zelle erzeugte Energie innerhalb eines kurzen Zeitraums verfügbar werden.

Nun kennt die Schulmedizin keinen Mechanismus, an dem dies demonstriert werden könnte, denn jede Stufe des beschriebenen Prozesses wird von allen anderen durch winzige Membranen in den Mitochondrien jeder Zelle getrennt. Aber es wäre theoretisch möglich, daß diese Membranen zerstört würden und daß eine Art ›Initiator‹ den Vorgang in Gang setzen könnte.

Als Kandidat für die Rolle des Initiators käme die chemische Gattung des freien Radikals in Frage. Freie Radikale sind außergewöhnlich reaktive Atome, in deren Struktur eines der Elektronen kurzzeitig ein unnatürlich hohes Energieniveau annimmt. Weil ein derartiger Zustand für das Elektron untypisch ist, versucht es, auf jede verfügbare Weise zu seinem üblichen Zustand zurückzukehren. Dabei ist meist eine Reaktion mit einem anderen Stoff beteiligt.

Ein Beispiel für diesen Vorgang ist die Auflösung von Ozon in der Erdatmosphäre. Freie Radikale sind hier an einer Reihe von Reaktionen zwischen Ozon und Fluorchlorkohlenwasserstoffen (FCKW) aus Aerosolen und Kühlmitteln beteiligt, die zu einer allmählichen Zerstörung der schützenden Ozonschicht um unseren Planeten führt.

Vermutet wird auch, daß freie Radikale eine Rolle beim Prozeß des Alterns spielen und dabei den Gewebeabbau bewirkende Prozesse in Gang setzen. Die These, sie könnten unter besonderen Bedingungen im Körper operieren, scheint also keineswegs abwegig. Ob sie die Initialzündung zur spontanen Freisetzung von Energie aus metabolischen Prozessen leisten können, muß reine Vermutung bleiben. Wenn ein solcher Prozeß aber tatsächlich in Gang käme, wäre die freigesetzte Energie für die bei SHC beobachtete Hitze und ihre dramatischen Auswirkungen mehr als ausreichend: Ein Gramm Glucose produziert 38 000 Joule Energie.

Wie wahrscheinlich ist es aber, daß ein derartiges System aus dem Ruder läuft? Nun, so etwas geschieht häufiger, als man erwarten könnte. Alle biochemischen Prozesse werden von Enzymen kontrolliert, komplexen chemischen Strukturen. Spezifische Gene wiederum kontrollieren den Vorgang, der das richtige Enzym zur rechten Zeit und in notwendiger Menge entstehen läßt. Gelegentlich ist die Funktion dieser Gene gestört, woraus ein breites Spektrum an Problemen resultiert. Wenn beispielsweise das für die Zellteilung zuständige Gen falsche Signale aussendet und das betreffende Enzym nicht ›abschaltet‹, führt eine unkontrollierte Zellteilung zu Krebs.

Träte eine ähnliche Funktionsstörung bei den Genen auf, die Systeme wie die Glycolyse oder den Krebs-Zyklus regieren, könnten auch diese außer Kontrolle geraten. Statt eines Krebswachstums würden im Körper dann eminent verstärkte metabolische Prozesse stattfinden. Zusammengedrängt auf einen sehr kurzen Zeitraum – Stunden statt Monate oder Jahre – könnte im Extremfall ein Mechanismus entstehen, der die für SHC nötige Energie hervorbringt.

Eine alternativer Mechanismus wiederum könnte sich des im unteren Bauchbereich gespeicherten Fetts bedienen und eine Erklärung dafür liefern, weshalb das Feuer in den meisten SHC-Fällen aus dem Rumpf oder dem Zwerchfell zu kommen scheint.

Überwinternde Tierarten wie die Eichhörnchen legen einen Fettvorrat an, der während des Winterschlafs verbraucht wird. Es handelt sich um ein spezielles Fett, das eine außerordentlich effiziente Energiequelle darstellt: Pro gespeichertes Kilogramm werden ungefähr 500 Watt freigesetzt, genug, um ein kleines elektrisches Feuer in Gang zu bringen.

Über diese Sorte Fett verfügt der Mensch zwar nicht, doch

wenn es dem Körper an Nährstoffen mangelt, wird ›normales‹ Fett aufgespalten. Dies ist ein relativ ineffizienter Prozeß, aber ein fülliges Individuum verfügt über einen großen Fettvorrat. Auch hier könnte eine Initialzündung durch ein freies Radikal eine Kettenreaktion in Gang setzten, die das für SHC erforderliche Energieniveau lieferte.

Wie bereits erwähnt, scheint der Brand in den Eingeweiden zu beginnen, während die Extremitäten der Opfer kaum je betroffen sind. Das wäre mit beiden beschriebenen Mechanismen in Einklang zu bringen; die Frage ist nur, welcher These man mehr Glauben schenkt.

Was den zellulären Mechanismus betrifft, so brauchen die Mitochondrien für ihre Funktionen Sauerstoff. Ist das Opfer tot, setzt der Herzschlag zwar aus, doch Teile des Körpers leben gewissermaßen weiter, bis der Sauerstoffvorrat aufgebraucht ist. Wenn das Feuer die Knie erreicht, wäre das Sauerstoffniveau in den Mitochondrien mit Sicherheit unter ein kritisches Minimum gefallen; die Zellen würden absterben, und die Verbrennung käme zum Stillstand.

Soll dagegen Körperfett den Brand in Gang halten, so würde das Feuer wahrscheinlich nicht über den Rumpf hinaus gelangen, weil auch die Extremitäten sehr gewichtiger Zeitgenossen normalerweise weniger Fett enthalten als ihr Bauchbereich.

Um die Liste möglicher Mechanismen zu komplettieren, wäre noch zu erwähnen, daß manche neueren Studien SHC mit dem Phänomen der kalten Fusion in Verbindung bringen. Im ersten Kapitel war von diesem seltsamen Prozeß als mögliche Energiequelle für interstellare Raumschiffe die Rede. Von der Wissenschaft wird er meist für ein reines Phantasieprodukt gehalten.

Das Forscherteam Fleischmann und Pons hat im Jahre 1989 bei einer Versuchsreihe ein System entwickelt, das durch Kernfusion bei Zimmertemperatur Energie zu generieren scheint. Manche seiner Charakteristiken erinnern an elektrochemische Systeme, bei denen Energie durch entsprechende Reaktionen in spezielle Lösungen getauchter Metalloberflächen entsteht.

So funktioniert auch jede gängige Batterie. Anstelle der wenig spektakulären chemischen Reaktionen elektrochemischer Apparaturen, lautet die These der beiden Forscher, könnten metallische Oberflächen unter entsprechenden Bedingungen die Fusion von Atomkernen ermöglichen.[29]

Professor Fleischmann besteht bis heute auf der Funktionsfähigkeit seines Systems; seine Versuche, aus dem Konzept kalter Fusion eine praktikable Energiequelle zu entwickeln, sind in den vergangenen fünf Jahren von Toyota finanziert worden. Wie ein derartiger Mechanismus SHC auslösen könnte, ist unklar, doch Jenny Randles und Peter Hough zitieren in ihrem Buch über unser Phänomen einen anonym bleibenden Physiker mit den Worten:

> *»Von den im Körper vorkommenden Elementen dürften höchstwahrscheinlich Kalium und Natrium an derartigen Fusionsreaktionen beteiligt sein. Die Gewebe mit dem höchsten Kaliumgehalt befinden sich im Gehirn, dem Rückgrat und der Skelettmuskulatur, woraus hervorginge, daß die Füße und Hände am wenigsten betroffen sein müßten, der Kopf am stärksten.*
>
> *Den Brandherd hätte man sich als sehr heiß, vielleicht weißglühend vorzustellen; angrenzendes Material sei dann im Gegensatz zu einem langsamen Brand kaum betroffen. Das Ganze wäre in einigen Sekunden, höchstens aber wenigen Minuten vorbei. Danach müßte im Normalfall ein Rest Radioaktivität meßbar sein, der aber nicht notwendigerweise sehr auffällig wäre.«*[30]

---

[29] An *chemischen* Reaktionen sind nicht die Atomkerne, sondern die Elektronen beteiligt. Bei *atomaren* Prozessen (Spaltung und Fusion) wiederum geht es ausschließlich um die Atomkerne, nicht um die außerhalb befindlichen Elektronen. Weil wesentlich weniger Energie nötig ist, um Elektronen im Atom zu halten als Neutronen und Protonen im Atomkern, sind chemische Reaktionen wesentlich einfacher herbeizuführen.

[30] Jenny Randles und Peter Hough: *Spontaneous Human Combustion*. Bantam 1993, S. 238.

Dies ist zweifellos eine interessante und überzeugend klingende These. Akzeptieren wir sie aber, rückt eine Lösung in weite Ferne. SHC an sich ist schon ein unbewiesener Vorgang, und die kalte Fusion wird von der Mehrheit der Forscher als eine bloße Hypothese angesehen, die sich in so gut wie allen Fällen als nicht reproduzierbar erwiesen hat.

Wir müssen uns aber gar nicht auf Erklärungsversuche aus exzentrischen Bereichen der Wissenschaft stürzen, um ein mögliches Szenario für SHC zu entdecken. Die Biochemie des Körpers und die Kräfte der Natur um uns weisen genügend potentielle Anomalien auf, um durchaus plausible Mechanismen entstehen zu lassen.

Am Rande bemerkt, hat der SHC-Forscher Larry Arnold eine Hypothese entwickelt, nach der ein imaginäres Partikel auf geheimnisvolle Weise die Verbrennung in Gang setzen könnte. Er hat diesen Partikel *Pyrotron* getauft, was - wie auch etwa *Psitron* - ein hübscher Name ist. Experimentelle oder theoretische Hintergründe für die Existenz eines derartigen Stoffes sind aber nicht zu finden, so daß ich das Ganze für eine recht unnötige Komplikation halte.

Bislang haben wir uns auf die Frage konzentriert, wie der Körper einen Brand nach dessen Beginn in Gang halten könnte. Nun soll es um den Auslöser des Prozesses gehen.

Am naheliegendsten scheint es mir, mit dem Körper selbst zu beginnen. Obgleich es auf den ersten Blick nicht so aussieht, als könnte er die für SHC notwendige Energie liefern, sind entsprechende Überlegungen nicht ganz abwegig. In Kapitel 3 habe ich gezeigt, daß das menschliche Gehirn eine Masse elektrischer Schaltungen darstellt, die komplexer ist als jeder bislang gebaute Computer. Jeder Nervenimpuls operiert bei 100 bis 120 Millivolt. Würde eine bislang unbekannte Entgleisung irgendwo im Hirn einen Energieschwall produzieren, so könnte dieser in ein winziges Gebiet umgeleitet werden und dort eine Entzündung in Gang bringen. Aus dieser entstünden dann zunehmend brisante Prozesse, die mit einer Explosion oder einem inneren ›Feuer‹ enden.

Auch die biochemischen Prozesse in den Zellen haben elektrisches Potential. An der inneren Membran der Mitochondrien entsteht eine Spannung, die höher ist als im Gehirn. Es handelt sich um eine potentielle Differenz von 225 Millivolt, was nach einer Berechnung 45 000 Volt pro Kubikzentimeter ergäbe.[31]

Derartige Zahlenspiele sollten uns freilich nicht allzusehr faszinieren. Die Spannung von Millionen benachbarter Zellen zu addieren, bringt im Grunde nicht sehr viel. Genausogut könnte man ein Szenario entwickeln, bei dem alle Computer eines Bürogebäudes mit ihren jeweils 220 Volt sich durch einen Funktionsfehler vernetzen und einen Energieschwall von Zehntausenden von Volt produzieren. Vorzustellen ist so etwas zwar und damit auch ein ähnlicher Vorgang im menschlichen Körper; es wäre aber eine äußerst ungewöhnliche Anomalie.

Gehen wir über den Körper hinaus, stoßen wir auf mächtige, von der Natur oder vom Menschen geschaffene Kräfte. Schätzungsweise 16 Millionen Gewitterstürme toben jedes Jahr auf unserem Planeten, das wären in jedem beliebigen Moment 1900 Gewitter in verschiedenen Teilen der Welt. Erstaunlicherweise kommt beispielsweise in England nur eine Handvoll Menschen im Jahr durch Blitzschlag zu Tode (in den USA mit ihrer nur viermal größeren Bevölkerung sind es allerdings 100 bis 150 Menschen jährlich).

Blitze entstehen in Gewitterwolken, das heißt aufgewühlten Luftmassen, die eine große Anzahl negativ geladener Ionen enthalten. Diese Ionen stoßen ihre negative Ladung in Objekte ab, über denen die Wolken stehen, und stören so die elektrischen Felder in allen betroffenen Lebewesen. Deshalb spüren Tiere und besonders empfängliche Menschen, wenn sich ein Gewitter nähert. Manche Menschen werden depressiv oder gar physisch krank, wenn sich eine negativ geladene Wolke über ihnen befindet. Wird die negative Ladung abgestoßen, führt das zu einer Störung der Gehirnfunktion und des elektroni-

---

[31] John E. Heymer: *The Entrancing Flame.* Little, Brown 1996, S. 170 f.

schen Gleichgewichts in den Körperzellen. Auf unbekannte Weise kommt es dadurch zu emotionalen und physikalischen Reaktionen.

Nach allem, was wir wissen, ist keine offensichtliche Beziehung zwischen Gewittern und Menschlicher Selbstentzündung festzustellen. Wird ein Mensch vom Blitz getroffen, so bricht er nicht in Flammen aus. Bei den meisten Opfern sind nicht einmal äußere Anzeichen einer Verbrennung sichtbar. Das liegt daran, daß die extreme Hitze eines Blitzschlags (um die 30 000 °C) den Körper nur wenige Mikrosekunden erfaßt – zu kurz, um Verbrennungen zu verursachen. Statt dessen stirbt das Opfer an einer völligen Zerstörung seines Nervensystems: Der elektronische Kreislauf seines Körpers erleidet einen Kurzschluß.

Obgleich demnach keine direkte Beziehung zwischen Gewittern und SHC existiert, könnten ähnliche atmosphärische Erscheinungen für einige der SHC-Fälle verantwortlich sein. Da wäre einmal das *Elmsfeuer*, ein gespenstisches Leuchten, das zuzeiten an Schiffsmasten und Wolkenkratzern zu beobachten ist und das von ionisierter Luft hervorgerufen wird. Ein ähnliches Phänomen ist der Kugelblitz. Er wird häufig als Erklärung für ein ganzes Sammelsurium paranormaler Erscheinungen von UFOs bis zu den geheimnisvollen Kreisen in Feldern herangezogen und ist so selten, daß viele Meteorologen seine Existenz bezweifeln. Handelt es sich tatsächlich um ein Wetterphänomen, so läßt sich aus den spärlichen Berichten schließen, daß der Kugelblitz ein üblicherweise runder Energieball von einem bis zu über 100 Zentimetern Durchmesser ist, der nur wenige Sekunden stabil bleibt. Er bewegt sich horizontal mit einer Geschwindigkeit von einigen Metern pro Sekunde vorwärts, um sich dann spurlos oder auch mit einer kleinen Explosion aufzulösen. Es könnte sich um eine Art kondensierter Energie handeln, vielleicht eine kleine Wolke ionisierter Gase, die aus einer Gewitterwolke entweicht. Man spricht deshalb auch von einem kugelförmigen Blitzstrahl.

Kugelblitze kämen durchaus als SHC-Initiatoren in Frage. Sie sind sehr selten, besitzen große Energiemengen, scheinen nach einigen Berichten in der Lage, physische Objekte zu durchdringen, und sind dazu sehr kurzlebig. Außerdem hinterlassen sie keine eindeutigen Spuren.

Auch die ständig zunehmende Zahl künstlich erzeugter elektromagnetischer Felder käme in Frage. Wir vergessen gern, daß jede elektronische Apparatur in unseren Häusern, Büros und Autos ihr eigenes Magnetfeld besitzt, das bis zu einem gewissen Grad die Felder anderer Geräte stört.

In meiner Kindheit setzte regelmäßig der Fernseher aus, wenn der Nachbar den Rasenmäher oder den Mixer anstellte – was besonders ärgerlich war, weil dann immer gerade *Raumschiff Enterprise* lief. Heutige elektronische Geräte sind besser isoliert, was solche Störungen im allgemeinen verhindert. Doch kann auch die beste Abschirmung ein gewisses Leck nicht verhindern; und da wir unsere Umwelt mit immer mehr hochentwickelten Maschinen überschwemmen, besteht eine realistische Möglichkeit, daß vagabundierende Felder oder Stromstöße das elektromagnetische System unseres Körpers verändern. Es ist viel über mögliche Augenschäden durch Bildschirmarbeit geschrieben worden, Forschungen über die schädliche Wirkung von Computern auf unser Nervensystem aber lassen noch auf sich warten.

Ein ganz alltägliches Phänomen ist schließlich die Elektrostatik, auf die manche Menschen wesentlich empfindlicher reagieren als der Durchschnitt. Vielfach speichern Menschen auch statische Elektrizität und stören unbewußt Elektrogeräte in ihrer Umgebung.

Fassen wir diese Faktoren zusammen, so wäre zu vermuten, daß SHC-Opfer besonders stark auf elektrische Schwankungen in der Umwelt reagieren, besonders wenn diese nicht von Naturerscheinungen wie Gewittern, sondern von den Apparaten in ihrer Umgebung verursacht werden.

Abgesehen von diesen eher prosaischen Erklärungen hat man für den ominösen Funken, der SHC auslösen soll, eine Vielzahl paranormaler Phänomene herangezogen. Ein großer Teil derartiger Hypothesen hat keinerlei theoretische Basis und scheint unnötig mysteriös, doch hat sich eine bemerkenswerte

Tatsache herauskristallisiert: Es sieht so aus, als beträfe diese Art der Selbstentzündung ausschließlich Menschen.

Nun mag SHC ein derart seltenes Phänomen sein, daß es in freier Natur einfach noch nicht beobachtet wurde. Über die Jahrhunderte hinweg wären aber Berichte von Bauern zu erwarten, besonders weil Kühe zur Ansammlung großer Mengen entzündlicher Gase neigen. Und weshalb sollten die beschriebenen Zellmechanismen nur beim Menschen versagen, wenn sie doch bei allen Säugetieren nahezu identisch ablaufen?

Eine Möglichkeit wäre, daß die Stimmung oder der psychische Zustand des jeweiligen Opfers das Eintreten von SHC in irgendeiner Weise beeinflussen kann. Dafür gibt es zwar keine Beweise, aber einige Faktoren könnten an eine Art emotionalen Auslöser denken lassen. Zwei Berichte aus den fünfziger Jahren sprechen von SHC-Opfern, die sich zur Zeit ihrer Entzündung das Leben nehmen wollten.[32] Manche Experten sind auch der Meinung, daß der alkoholisierte Zustand vieler SHC-Opfer weniger biochemische als stimmungsbedingte Folgen hatte.

Aus den seit über drei Jahrhunderten zusammengetragenen Berichten läßt sich kein eindeutiges Muster destillieren, nach dem ein bestimmter menschlicher Typus oder genau definierbare äußere Umstände als Auslöser der Katastrophe fungieren. Menschliche Selbstentzündung ereignet sich nicht zu einer festlegbaren Tageszeit; allerdings sind aus den Wintermonaten mehr Fälle überliefert als aus der warmen Jahreszeit. Skeptiker würden sagen, im Winter seien eben mehr offene Kamine und Elektroöfen in Betrieb, SHC-Gläubige führen saisonal bedingte Gefühlsverwirrung ins Feld. Freilich gibt es dafür keine Beweise.

Was ist nun abschließend über die vermutete Existenz von SHC, die anwendbaren Thesen und die magere Faktensammlung zu sagen?

Zum einen dürfte es wenig Gründe geben, nach übernatür-

---

32 Michael Harrison, *Fire from Heaven*. Scoob Books 1990.

lichen Ursachen zu suchen. Der menschliche Körper ist eine ungemein komplexe und beeindruckend vielseitige Maschinerie, die immer neue Überraschungen für Biologen, Chemiker und Physiker bereithält. Möglicherweise könnte ein Umweltfaktor eine vollständig unbekannte biochemische Störung verursachen, durch die der Körper sich gegen sich selbst wendet oder auf seltsame Weise überladen wird.

Zum anderen könnte es viele Arten von Selbstentzündung geben. Wenn eine Explosion beteiligt war, mag der Vorgang vollständig anders sein als bei langsamen Bränden; vielleicht ist aber auch die Ursache identisch, und die unterschiedlichen Opfer haben auf den Initiator verschieden reagiert. Dies wiederum könnte mit der Menge von Gasen in ihren Eingeweiden oder mit ihren physischen Eigenheiten zu tun haben. Auf jeden Fall dürfte es eine Kategorie geben, bei der es sich gar nicht um SHC handelt, sondern um Aufbau und Ausstoß von Gasen wie Phosphin, die beim Kontakt mit Luft verpuffen.

Eindeutige Erklärungsmuster verbieten sich schon wegen der Seltenheit des Phänomens. Die vorschnellen Antworten der Traditionalisten sind sicherlich unbefriedigend und treffen nur auf eine kleine Zahl von Fällen zu. Wichtige Aspekte anderer Fälle werden einfach ignoriert, weshalb derartige ›wissenschaftliche‹ Erklärungen in Wirklichkeit alles andere als wissenschaftlich sind. Sie kehren unbequeme Fakten einfach unter den Teppich, besonders in Fällen, denen mit konventionellen Mitteln nicht beizukommen ist. Gerade diese ›schwierigen‹ Aspekte bieten aber die beste Gelegenheit, etwas überraschend Neues zu entdecken.

6. Kapitel

Visionen aus der Zukunft

»Denn unser Wissen ist Stückwerk, und unser Weissagen ist Stückwerk.«

1. Korinther 13,9

Unter allen parapsychologischen Phänomenen ist die Präkognition, die Vorahnung zukünftiger Vorgänge, für den Wissenschaftler wohl am schwersten zu akzeptieren. Dabei handelt es sich um eine der ältesten metaphysischen Vorstellungen, die in irgendeiner Form in fast allen Kulturen und Zeitaltern aufscheint, von der ominösen Warnung »Hüte dich vor den Iden des März« in Shakespeares *Julius Cäsar* bis zu banalen Jahrmarktsattraktionen.

Bevor wir uns mit Hilfe recht komplexer Konzepte der modernen Physik damit beschäftigen, wie Präkognition funktionieren könnte, wollen wir zunächst einfachere Erklärungen für bestimmte Arten von Weissagung betrachten.

In seinem Buch *Supernature* führt Lyall Watson mehr als ein Dutzend exotischer Präkognitionsweisen auf – von der Aeromantie (Weissagung mittels Wolkenformen) bis zur Tiromantie, bei der man Käse einbezieht.[33] Es gibt aber durchaus tra-

[33] Lyall Watson: *Supernature*. Sceptre 1974, S. 272 f.

ditionellere und weiter verbreitete Formen von Weissagung und Prophezeiung.

Im alten Ägypten fungierten die Priester des Sonnengottes Ra als Propheten; die Griechen befragten Orakel wie das von Delphi, um den günstigsten Zeitpunkt für einen Kriegszug oder einen Friedensschluß zu erfahren. Und später, als Nostradamus zum berühmtesten Propheten seines Jahrhunderts wurde, waren Tarot, die Visionen beim Blick in Kristallkugeln wie auch das Handlesen längst ein fester Bestandteil unserer Kulturgeschichte. Literatur wie Folklore vieler Länder und Zeitalter zeugen davon.

Der französische Mystiker Michel de Notredame (1503–1566) verfaßte Tausende von Prophezeiungen in Form von Vierzeilern *(Quatrains)*. Manche seiner Verehrer halten seine Schriften für exakte Vorhersagen, doch muß sich sein Werk derselben Kritik stellen wie fast alle traditionellen Formen von Weissagung. Das Ganze ist eine Frage der Interpretation, denn die von Nostradamus vorhergesagten Ereignisse sind durchweg erst *nach* ihrem Eintreten mit seinen Aussagen in Verbindung gebracht worden, was deren Wirkung stark abschwächt. Zudem sind sie wie viele andere Formen der Prophezeiung äußerst vage. So hat man zwar behauptet, Nostradamus habe viele der technologischen Entwicklungen, Kriege, Diktaturen und Katastrophen des 20. Jahrhunderts vorhergesagt, doch seine ursprünglichen Prophezeiungen bieten kaum jemals klare Aussagen. Nehmen wir einmal den folgenden Vierzeiler:

Nachts werden sie glauben, die Sonne gesehen zu haben,
wenn sie das Schwein, halb Mensch, erblicken:
Lärm, Gesang, eine Schlacht am Himmel vor sich.
Und einer wird brutale Bestien sprechen hören.

1. Centurie, Vers 64[34]

---

[34] Kurt Allgeier: *Die Prophezeiungen des Nostradamus.* München, Heyne 1988, S. 63.

Aus diesen Worten hat man die Prophezeiung von Atomwaffen und Kampfflugzeugen abgeleitet, was leicht zu behaupten ist, wenn diese Dinge bereits erfunden worden sind. Ein Interpret des 19. Jahrhunderts wäre womöglich zu ganz anderen Schlüssen gekommen; und was hätten, wäre Nostradamus erst im 22. Jahrhundert entdeckt worden, die Menschen jener Zeit aus seinem Werk gemacht? Denn wie viele okkulten Phänomene wird die Prophezeihung oder Präkognition immer an den Vorstellungen und Perspektiven der jeweiligen Epoche gemessen.

Eine recht unterschiedliche Form der Präkognition ist das Zusammenspiel eines Individuum mit einem System, wie etwa beim chinesischen I Ging oder seinem europäischen Gegenstück Tarot. Nostradamus war ein einsamer Prophet, der in seinem Studierzimmer wähnte, in die Zukunft schauen zu können, während Tarot oder I Ging ein Ritual darstellen, das nach Aussage ihrer Anhänger bestimmte geistige Kräfte bündelt und das bewußte Denken umgeht. Man glaubt, das freie Spiel unseres Unterbewußtseins könne die Fesseln der Zeit abwerfen und uns Zugang zur Zukunft verschaffen. Die Kontrolle über unser Denken aber könne das Unterbewußtsein dann gewinnen, wenn irgendein System, sei es ein Kartensatz oder die Sprüche des I Ging, das alltägliche Geschwätz unseres Bewußtseins herausfiltert.

Ähnlich steht es mit vielen Menschen, die sich der Präkognition für fähig halten. Sie behaupten, ihre Visionen während des Schlafs zu erleben. Wenn tatsächlich etwas hinter dem Phänomen an sich steckt, wäre es auch durchaus logisch, daß die beste Zeit zum Empfang von Botschaften der Schlaf ist. Denn dann übernimmt das Unterbewußtsein die Regie über unseren Geist.

Sei es, daß die prophetischen Bilder durch ein Ritual zustande kamen oder daß sie den Menschen in Zuständen erschienen, in denen Drogen oder der Schlaf das Bewußtsein außer Kraft setzten - erstaunlich viele Menschen behaupten, präkognitive Erfahrungen gemacht zu haben. Von uns anderen mögen solche Bilder vergessen worden sein, bevor wir einen

Interpretationsversuch unternehmen; unser Bewußtsein und das Durcheinander unseres Alltags verdrängen sie. Es heißt jedoch, daß uns manche der Bilder erhalten bleiben und später unvermittelt in unserem Bewußtsein auftauchen, was eine Erklärung für das Gefühl des Déjà-vu wäre.

Manche Menschen haben die Gabe, die im Schlaf empfangenen Bilder zu bewahren und zu konsolidieren; und einige von ihnen sind so kühn, ihre Vorhersagen an die Öffentlichkeit zu bringen. Erstaunlicherweise sind diese ab und an beunruhigend präzis gewesen. Noch unangenehmer für die Wissenschaftsgläubigen unter uns ist, daß manche präkognitiven Bilder mit den üblichen mechanistischen Erklärungsmustern fast nicht zu entkräften sind.

Nach der Katastrophe von Aberfan, als 1966 bei einem Grubenunglück eine ganze Schule zerstört wurde und über hundert Menschen zu Tode kamen, behaupteten viele, sie hätten die Katastrophe konkret vorhergesehen. Ein Psychiater hat diese Fälle untersucht und kam zu dem Ergebnis, daß um die sechzig Vorhersagen echt waren. So erklärte eines der betroffenen Kinder seiner Mutter zwei Wochen vor seinem gewaltsamen Tod:

> *»Nein, Mutti, du* mußt *mir zuhören. Ich träumte, daß ich zur Schule ging, doch es war keine Schule mehr da! Etwas Schwarzes hatte sich über sie gelegt.«*[35]

Auch der Untergang der *Titanic* schickte seine Boten voraus. Ein Mann namens William Klein sagte die Katastrophe vorher und war so beeindruckt von seiner Vision, daß er einen Freund überreden wollte, nicht an Bord zu gehen. Der Freund schlug seine Warnung in den Wind und fand den Tod. Auch W. T. Stead, ein bekannter Psi-Spezialist seiner Zeit, wurde von zwei Medien davor gewarnt, auf der *Titanic* zu reisen, ignorierte aber beide und ertrank.

---

35 Nach: Hans Eysenck und Carl Sargent: *Der übersinnliche Mensch. Report der Psi-Forschung.* München, Kösel 1984, S. 14.

Natürlich könnten diese Beispiele reiner Zufall sein. Es ist für Kinder nicht ungewöhnlich, mit der Schule verbundene Angstträume zu haben; eine schwarze, das Schulhaus verschlingende Masse wäre ein plausibles Traumbild dafür. Die *Titanic* wiederum war nach einem revolutionären Konzept gebaut, so daß die Jungfernfahrt des angeblich unsinkbaren Dampfers ein Medienereignis ersten Ranges darstellte. Es ist also nicht überraschend, wenn viele Menschen das Schlimmste erwarteten. Als dies dann tatsächlich eintrat, sah es so aus, als hätten sie das Ereignis auf mysteriöse Weise vorhergesehen.

Unter den Anhängern der Präkognition kursiert allerdings die Meinung, so etwas wie ›Zufall‹ gäbe es nicht. Sie meinen vielmehr, der Mensch habe die angeborene Fähigkeit, die Korridore der Zeit zu durchstreifen, weil die Schranken zu Vergangenheit und Zukunft elastisch sind.

C. G. Jung hat den Begriff *Synchronizität* geprägt und sich mit diesem Phänomen in seinem Buch *Synchronizität, Akausalität und Okkultismus* befaßt.[36] Aus einer weitergehenden Zusammenarbeit mit dem Physiker Wolfgang Pauli entstand die sogenannte Pauli-Jung-Theorie. Sie beschwört die nicht beweisbare, aber interessante Vorstellung, das kollektive Unbewußte könne den Lauf der Welt beeinflussen. Pauli und Jung entwerfen ein System, das das Zufallsprinzip in der Natur durch das Konzept einer einheitlichen Welt *(unus mundus)* ersetzt, unbewußt regiert von einer universalen Intelligenz – der des Menschengeschlechts und der anderen Lebewesen. Die in Kapitel 3 beschriebenen Archetypen sind eine Manifestation dieser umfassenden Kraft und einer der Kanäle, durch die sie über unser Unterbewußtsein in unsere materiell bestimmte Realität dringt.

So faszinierend das Jungsche Konzept ist, so überzeugend es unseren banalen Alltag mit humanistischem Impetus zu transzendieren vermag – wir müssen es doch überprüfen. Wie

---

[36] C. G. Jung: *Synchronizität, Akausalität und Okkultismus.* München, dtv 1990.

ist ein derart alldurchdringendes Bewußtsein mit wissenschaftlichen Vorstellungen zu vereinen?

Bleiben wir bei unserem engeren Thema, der Vorhersage zukünftiger Ereignisse, so kommen zwei Mechanismen in Frage. Beide beziehen sich auf Konzepte vom äußersten Randbereich der modernen Physik, sind aber nicht unlogisch und - zumindest theoretisch - nicht jenseits der Grenzen anerkannter Wissenschaft. Der erste bedient sich jenes nützlichen theoretischen Konstrukts namens Wurmloch.

Im zweiten Kapitel haben wir gesehen, wie man Wurmlöcher benutzen könnte, um gewaltige Entfernungen innerhalb unserer Galaxie und darüber hinaus zu überwinden, ohne den Abstand zwischen zwei weit auseinanderliegenden Punkten durchfahren zu müssen. Ein derartiger Vorgang wirft freilich immense praktische Probleme auf, weshalb ich gezeigt habe, wie das Ganze zumindest eine begrenzte Form der Kommunikation zwischen zwei Fixpunkten ermöglichen könnte. Können Wurmlöcher aber eine Passage zwischen zwei physikalischen Punkten innerhalb desselben Raum-Zeit-Gefüges herstellen, so bieten sie vielleicht auch eine Gelegenheit, Zugang zu Informationen aus der Zukunft zu erhalten.

Das Wurmloch in Abb. 2.4 b verbindet zwei Punkte im Raum. Stellt man sich jedoch vor, ein Ende des Wurmlochs bewege sich mit annähernder Lichtgeschwindigkeit, erhält das ganze System plötzlich die Eigenschaften einer Zeitmaschine (Abb. 6.1).
Nach Einsteins Relativitätstheorie hängt die Zeitempfindung mit der Geschwindigkeit des Beobachters zusammen. Bewegt sich also ein Ende des Wurmloches annähernd mit Lichtgeschwindigkeit, das andere aber wesentlich langsamer, so würden zwei Beobachter an den jeweiligen Enden die Empfindung haben, relativ zueinander in unterschiedlichen Zeiten zu sein.

Um dieses Modell auf die Präkognition anzuwenden, müssen wir die entfernte Öffnung des Wurmloches im Raum unweit von unserer Position an der anderen Öffnung plazieren. Soll sich das Zeitempfinden an beiden Seiten erkennbar unterscheiden, muß sich unser Ende des Wurmloches ferner mit

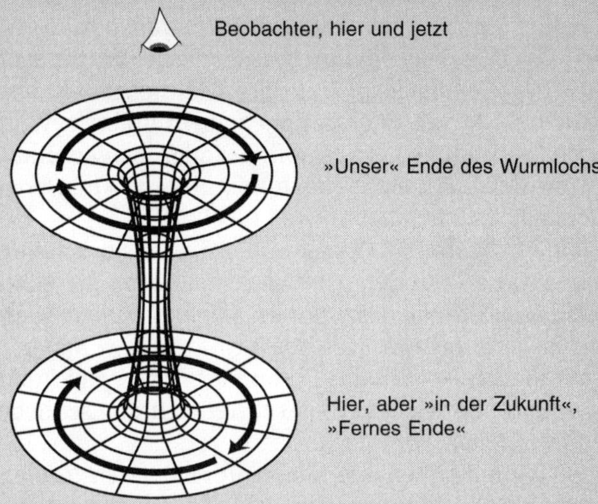

Abb. 6.1

annähernder Lichtgeschwindigkeit bewegen. Von praktischen Nutzen für uns ist das aber nur, wenn unser Ende eine relativ kurze Strecke zurücklegt, also etwa einen Kreis beschreibt. Dann nämlich entfernt es sich nicht weit von unserer Position im Raum.

Ist nun die andere, entfernte Öffnung des Wurmloches verglichen mit der unseren relativ stationär, so vermindert sich der Zeitraum, den sie für einen wiederum kreisförmigen Pfad braucht, aus unserer Perspektive ganz erheblich - sagen wir von einer Woche auf einen Tag. Und dann hätten wir tatsächlich eine Zeitmaschine, denn das entfernte Ende läge in unserer Zukunft. Erblicken wir nämlich durch das Wurmloch hindurch unseren Gegenpart am entfernten Ende, so fällt uns auf, daß sein Datum sechs Tage in seiner Zukunft liegt, während wir selbst uns in seiner Vergangenheit befinden.

Wie kann dieses Konzept nun präkognitive Erfahrungen möglich machen?

Prophezeiungen basieren auf der Übermittlung von Informationen aus der Zukunft in unsere Zeit. Ein solcher Vorgang wirft keines der Probleme auf, die der Transport von Raumschiffen oder Menschen durch trügerische Wurmlöcher mit ihren Gravitationsfeldern und ihren immensen Kräften mit sich brächte. Können Informationen aber durch ein Wurmloch gelangen und von einem empfindsamen Individuum aufgefangen werden, liegt die Präkognition durchaus im Bereich der Möglichkeit.

In seinem Buch *Die Physik von Star Trek* beschäftigt sich Lawrence Krauss mit den Aussichten, einen an die Schiffe der Kultserie angelehnten Transporter zu entwickeln.[37] Der Autor kommt zu dem Schluß, daß der Transport von Materie praktisch unmöglich ist, daß das System aber eventuell funktionieren könnte, wenn wir dem Transporter statt menschlicher Körper *Informationen* anvertrauen.

Selbst dann können die sich aufdrängenden Zahlenspiele eine gewaltige Migräne verursachen. So scheint die in einem Menschen enthaltene Information - also alle zur Reproduktion eines einzelnen Menschen erforderlichen Daten - zehnmilliardenfach umfangreicher zu sein als sämtliche Fakten aller bis dato verfaßten Bücher. Wogegen sich freilich einwenden ließe, daß die uns durch ein Wurmloch übermittelte Information über ein zukünftiges Ereignis nicht ganz so detailliert zu sein brauchte.

Tatsächlich zeigen präkognitive Erlebnisse ein gemeinsames Merkmal: Die Bilder aus der Zukunft sind nahezu immer nebulös und unklar. Oft erhält der Beobachter nur eine umrißhafte Beschreibung des Ereignisses, was ein weniger komplexes System der Informationsübertragung erforderlich macht. Medien, die sehen, wie »der Umriß eines Schiffes aus dem Wasser ragt«, und die später behaupten, den Untergang der *Titanic* miterlebt zu haben, können entsprechende Informationen über ein Zukunft und Vergangenheit verbindendes Wurmloch empfangen haben. Diese Informationen hätten sie

---

[37] Lawrence Krauss: *Die Physik von Star Trek*, München 1996.

dann verarbeitet und die Katastrophe ›gesehen‹, noch bevor sie eintrat.

Auf den begrenzten Nutzen von Wurmlöchern für den interstellaren Verkehr habe ich bereits hingewiesen, und ähnliches gilt auch für unser momentanes Thema. So müßte sich das entfernte Ende des Wurmloches genau zum richtigen Zeitpunkt an genau dem richtigen Ort befinden, wenn Informationen über ein zukünftiges Ereignis zurück zum Empfänger gelangen sollten. Und das allein scheint schon hochgradig unwahrscheinlich.

Nun vermuten die Anhänger besagter Thesen, daß um uns ständig winzige Wurmlöcher existieren, die unerklärlicherweise durch Katastrophen zu Informationskanälen werden. Das menschliche Bewußtsein, meint man, könnte irgendwie mit diesen mysteriösen theoretischen Objekten interagieren. Stehe der menschliche Geist vor einer Katastrophe oder gar dem Tod, so könnten entsprechende Informationen durch ein mit seiner Gegenwart verbundenes Wurmloch gelangen.

Bis wir besser Bescheid wissen, sind derartige Konzepte im Grunde kaum das Papier wert, auf dem sie stehen; sie bleiben bloße Hypothesen, deren einziger Zweck ist, anderen Vermutungen mehr Gewicht zu verleihen. Nicht ohne Grund beginnen viele Anhänger der Präkognition deshalb Interesse an der Vorstellung zu zeigen, Prophezeiungen könnten mit dem vielgescholtenen physikalischen Konzept der Quantenmechanik zu tun haben.

Die Quantenmechanik entstand Anfang dieses Jahrhunderts als eine absolut revolutionäre Theorie, die die vorherrschenden (klassischen) Vorstellungen der gründerzeitlichen Physik auf den Kopf stellte.

Das klassische Atommodell beruhte auf einer Atomstruktur, die an eine Miniatur unseres Sonnensystems erinnert: Elektronen kreisen um einen Kern. Außerdem war bekannt, daß Elektronen ungefähr zwei Tausendstel der Masse eines Protons (eines der Kernbestandteile) haben und negativ geladen sind, um die positive Ladung des Protons abzustoßen.

In den ersten Jahrzehnten des 20. Jahrhunderts erkannte

man, daß dieses Modell nicht funktioniert. Als erstes bewiesen Mathematiker, daß Elektronen nicht wie kleine Planeten in ihren Umlaufbahnen bleiben können. Die Bahnen würden zusammenbrechen und zu einer Vermischung mit den Protonen im Zellkern führen. Da so etwas in unserem Universum aber nicht geschieht, schloß man folgerichtig auf die Unstimmigkeit des Modells. Mit der Zeit entwickelte sich ein wesentlich komplexeres Modell des inneratomaren Bereichs, aber auch eine Anzahl wenig erkenntnisfördernder Konsequenzen, die den Nichtphysiker seither beständig verwirren. Von Niels Bohr, einem der Pioniere der Quantenmechanik, stammt die süffisante Bemerkung: »Wer von der Quantentheorie nicht schockiert ist, hat sie nicht verstanden.«

Wirklich problematisch wurde es, als die Teilchenphysik feststellte, daß Elektronen gar keine negativ geladene, kugelförmige Materie darstellen. Sie existieren vielmehr nur als Wahrscheinlichkeit. Anders gesagt, besteht eine hohe Wahrscheinlichkeit, daß ein Elektron sich in einer bestimmten Entfernung vom Kern befindet, und eine geringe Wahrscheinlichkeit, daß sein Aufenthaltsort wesentlich näher oder weiter liegt.

Mit diesem Konzept verbunden ist die 1927 von Werner Heisenberg entwickelte Unschärferelation. Sie weist auf die Grenzen der Genauigkeit hin, mit der Paare physikalischer Einheiten gemessen werden können. Versuchen wir beispielsweise, den Ort *und* den Impuls eines subatomaren Teilchens zu messen, stört die Messung an sich das Teilchen so stark, daß wir nur eine *unscharfes* Ergebnis erhalten. Diese Unschärfe wird auch als Wellen*funktion* bezeichnet und meint eine Beschreibung, die vollständig auf Wahrscheinlichkeiten basiert.

Auf den ersten Blick scheint all dies wenig bedeutsam – was macht es aus, wenn der Ort subatomarer Teilchen nicht ganz exakt bestimmt werden kann? Tatsächlich stoßen wir hier jedoch auf den Kern der Quantenmechanik und damit auf die Wurzel aller Probleme, die sie dem Nichtphysiker bereiten muß, aber auch auf den Grund für ihren Nutzen bei der Erklärung präkognitiver Erlebnisse.

Wenn wir das Universum nämlich auf seinem fundamentalsten Niveau nicht genau definieren können, müssen wir daraus schließen, daß die gesamte Welt auf Wahrscheinlichkeiten gründet. Es gibt keine Gewißheit, keine präzisen Definitionen, kein reines Ja und kein reines Nein. Woraus sich einige sehr merkwürdige quantenmechanische Konzepte entwickeln lassen.

Die erste dieser Vorstellungen ist, die Welt könne nur auf statistischer Basis untersucht werden; wenn wir zu tief vordringen oder versuchen, individuelle Teilchenbewegüngen zu isolieren, erhalten wir unsinnige Ergebnisse. Aus anderer Perspektive ließe sich sagen, das Universum zeige sich im Grunde nur dann als augenscheinlich logisches Muster, wenn man es ganzheitlich betrachtet.

Das können wir wohl intuitiv noch akzeptieren, doch die moderne Quantenmechanik geht viel weiter. Heisenberg selbst hat gefolgert, die Unschärfe in der Quantenwelt könne den Zusammenbruch der traditionellen Vorstellung bewirken, daß auf jede *Ursache* eine *Wirkung* folgt. Noch fataler wäre es, wenn der Forscher oder Beobachter in der Lage wäre, das Experiment zu beeinflussen, wenn das menschliche Bewußtsein also die im Universum ablaufenden Prozesse irgendwie kontrollieren könnte.

Um uns diese Vorstellung zu verdeutlichen, wollen wir uns kurz mit einem berühmten gedanklichen Experiment befassen, das einer der Väter der Quantenmechanik, der Physiker Erwin Schrödinger, in den zwanziger Jahren entwickelt hat. Schrödinger stellte sich eine Schachtel mit einer Katze und eine Quelle radioaktiver Strahlung vor. Zerfällt der radioaktive Stoff, so entwickelt er ein Gift, das zum Tod der Katze führt. Weil radioaktive Stoffe aber willkürlich zerfallen, besteht eine fünfzigprozentige Chance, daß der Prozeß tatsächlich einsetzt und die Katze tötet, und eine ebensolche Chance, daß genau dies nicht geschieht. Will der Beobachter nun erfahren, was geschehen ist, so muß er die Schachtel öffnen, um festzustellen, ob die Katze noch lebt. Bis zu dieser Handlung ist die Katze für ihn gleichermaßen tot wie lebendig. Die Wahrscheinlichkeit wird erst zur Gewißheit, wenn der Beobachter die Schachtel öffnet. Demnach kontrolliert er das Ergebnis oder zerstört, um den Fachbegriff zu verwenden, die Wellenfunktion.

Obgleich diese Vorstellung nichts Unlogisches oder mathematisch Falsches enthält, ist einem nicht wohl dabei; und tatsächlich führt sie zu einer ganzen Reihe paradoxer Argumente. Was wäre beispielsweise, wenn wir die Katze durch einen Menschen ersetzen? Man müßte annehmen, daß dieser die Wellenfunktion ebensogut zerstören kann wie der Beobachter. Was erlebt er im Innern der Schachtel? Wäre er etwa in der Lage, die Wirkung des Beobachters aufzuheben?

Stellen wir uns weiter vor, das Experiment sei zu einem Medienereignis geworden. Was würde geschehen, wenn der Experimentator das Behältnis geöffnet hat? Er mag einen lebenden Menschen oder eine Leiche gefunden haben, doch die vor dem Labor wartenden Kameras und Journalisten wüßten noch nichts davon. Ist das menschliche Versuchskaninchen dann lebendig oder tot? Ebenso verstörend ist die Frage, was geschähe, wenn man die Katze, die Versuchsperson oder gar den Experimentator durch einen Computer ersetzt. Wie würden diese Veränderungen das Ergebnis beeinflussen?

Wie verwirrend Schrödingers Katzenexperiment auch sein mag, es basiert auf erprobter Theorie und auf einer jahrzehntelangen Beschäftigung mit den Aspekten der Quantenmechanik. Wir fühlen uns unwohl dabei, weil es den logischen Prozessen zu widersprechen scheint, deren Wertschätzung uns teilweise anerzogen ist und denen, die wohl zu den Instinkten des Menschengeschlechts gehören. Dennoch könnten diese Konzepte richtig sein und unsere Intuition falsch.

Derart extreme Vorstellungen sind natürlich auf verschiedene Weise interpretiert worden. Der konservativste Ansatz ist die 1927 entwickelte Interpretation von Kopenhagen. Sie schlägt vor, die Unschärfe individueller Vorgänge in der subatomaren Welt könne nicht auf die makroskopische Welt übertragen werden; diese Welt alltäglicher Erfahrungen sei nur auf einem breiten statistischen Niveau erklärbar. Kritiker meinen, dies gehe an der eigentlichen Frage vorbei, die unorthodoxe Perspektiven erfordere.

So haben etwa Hugh Everett und John Wheeler gefolgert, alle möglichen Ergebnisse eines Prozesses (im Falle von Schrödingers Katze zwei, nämlich ein totes und ein lebendes Tier) würden an irgendeinem Ort beobachtet. In unserem Universum sieht man zwar nur ein Ergebnis, zum Beispiel das Überleben der Katze, doch in einem parallelen Universum ist das Gegenteil zu sehen: die Katze ist tot.

Das würde bedeuten, daß es bei jedem Ereignis mindestens zwei Alternativen gibt, die von Beobachtern in zwei vollständig getrennten, nie zusammenfallenden Welten erfaßt werden. Außerdem hätte die Zahl möglicher ›Zukunften‹ seit Beginn der Zeit mit jeder Sekunde zugenommen und würde weiterhin bis zu einer nahezu unbegrenzten Vielfalt von Ergebnissen anwachsen.

Die Wissenschaft nimmt dieses Konzept durchaus ernst. Verschiedene Aufsätze haben sich damit befaßt, andere nutzen es für weitere, komplexere Hypothesen. Dennoch verweigert es sich der Überprüfung und wird deshalb wahrscheinlich nie bestätigt werden. Interessanterweise hat einer seiner Väter, der brillante Physiker John Wheeler die Parapsychologen attackiert und erklärt, man solle solche »Irren aus der Werkstatt der Wissenschaft werfen«.[38]

Freunde des Paranormalen halten so etwas für einen Gipfel der Heuchelei und behaupten, die Vorstellungen Wheelers und vieler anderer Physiker seien wesentlich extremer als die kreativsten Konzepte der Parapsychologen und Okkultisten. Die Quantenphysiker begegnen diesem Vorwurf mit dem Argument, ihre Theorien basierten auf der Mathematik und einem seit beinahe einem Jahrhundert folgerichtig aufgebauten Fundus an Wissen. Zudem verweisen sie darauf, daß viele Aspekte der Quantenmechanik tatsächlich funktionieren und daß ihre Disziplin technologische Entwicklungen in Gang gebracht habe.

---

[38] Nach: Hans Eysenck und Carl Sargent: *Explaining the Unexplained.* Weidenfeld and Nicolson 1982, S. 139.

Dieses Argument trifft. Die Quantenmechanik ist die Basis für die Entwicklung von Lasern, moderner Elektronik und Telekommunikation. Ohne ein Verständnis dieser exotischen physikalischen Disziplin gäbe es kein Fernsehen, keine komplexen Computer, keine Weltraumfahrt, keine CD-Spieler, keine globale Telekommunikation, kein Internet, keine Laserchirurgie. Dagegen ist die Parapsychologie immer noch einer der am schwersten faßbaren Aspekte menschlichen Forscherdranges.

Ein drittes, wesentlich weniger umstrittenes Konzept als das von Everett und Wheeler, das sich jedoch ebenso der wissenschaftlichen Verifikation entzieht, geht von einer direkten Interaktion des menschlichen Bewußtseins mit der Wellenfunktion aus. Es war der amerikanische Physiker Eugene Wigner, der die Idee hatte, der menschliche Geist könne das Universum unbewußt auf einem elementaren Niveau manipulieren.

Wigners These spiegelt mehrere der in früheren Kapiteln behandelten Konzepte wieder. Offensichtliche Parallelen bestehen etwa zu C. G. Jungs *einheitlicher Welt* und Rupert Sheldrakes *morphischer Resonanz.* Hat Wigner recht, so könnte er ein Erklärungsmuster für Psychokinese und bestimmte Formen der Telepathie liefern, vor allem aber für die Funktionsweise von Präkognition.

Im Zentrum der These steht die Vorstellung, die Interaktion zwischen dem Bewußtsein und Elementarprozessen beschränke sich nicht aufs Hier und Jetzt. Anders gesagt, das menschliche Bewußtsein besitzt die Fähigkeit, Raum und Zeit auf dieselbe Weise zu überwinden, auf die es das Universum manipuliert. Im Fachjargon heißt das, es ist *räumlich* und *zeitlich invariant.*

Überraschend ist nun, daß es sich hier keineswegs um irgendwelche exzentrischen Phantasievorstellungen handelt. Wigners These wird von einer einleuchtenden Versuchsanordnung gestützt, die auf einem von dem amerikanischen Physiker John Bell entwickelten Gedankenexperiment beruht. Dabei werden zwei Teilchen aus einer gemeinsamen Quelle auf ein Vehikel geschossen, das sie mit Lichtgeschwindigkeit in gegenläufige Richtungen sendet.

Anschließend wird eines dieser Teilchen ›verändert‹. Das ist freilich nur auf sehr begrenzte Weise möglich. Beispielsweise kann man seinen *Spin* (Drall) ändern oder ein Elektron aus dem Zustand der Hochenergie zu seinem Basiszustand zurückkehren lassen. Daraus ergibt sich eine wirklich hochinteressante Konsequenz: das zweite Teilchen, das mit Lichtgeschwindigkeit in die entgegengesetzte Richtung gereist ist, wird durch die dem ersten Teilchen zugefügte Veränderung *gleichzeitig* verändert.

Für den Quantenphysiker ist dies ein ebenso interessantes wie beunruhigendes Paradox. Die Lichtgeschwindigkeit ist ein endlicher Wert, eine unbestreitbare universelle Konstante, die nicht negiert werden kann. Wie kann also ein Teilchen den Zustand eines anderen ändern, wenn jede Kommunikation zwischen ihnen scheinbar unmöglich ist?

Es ist kein Wunder, daß diese Frage die Physiker seit der Entwicklung des Tests in den sechziger Jahren geplagt hat. An Erklärungen fehlt es nicht; am populärsten ist wohl die Vorstellung, zwei subatomare Teilchen, die einmal vereinigt waren, behielten eine permanente ›Affinität‹, die irgendwie die physikalischen Grenzen sprengt. In seinem Bestseller *Auf der Suche nach Schrödingers Katze* schreibt John Gribbin über dieses Paradox:

> *»Nach den Ergebnissen dieser [auf dem Bell-Test basierenden] Versuche bleiben Teilchen, die irgendwann einmal in einer Wechselwirkung zusammen waren, in einem gewissen Sinne Teile eines einzigen Systems, das insgesamt auf weitere Wechselwirkungen reagiert. Praktisch alles, was wir sehen und anfassen können, besteht aus Anhäufungen von Teilchen, die mit anderen Teilchen irgendwann einmal in Wechselwirkung standen, bis zurück zum Urknall […].«*[39]

---

[39] John Gribbin: *Auf der Suche nach Schrödingers Katze.* München, Piper 1987, S. 244 f.

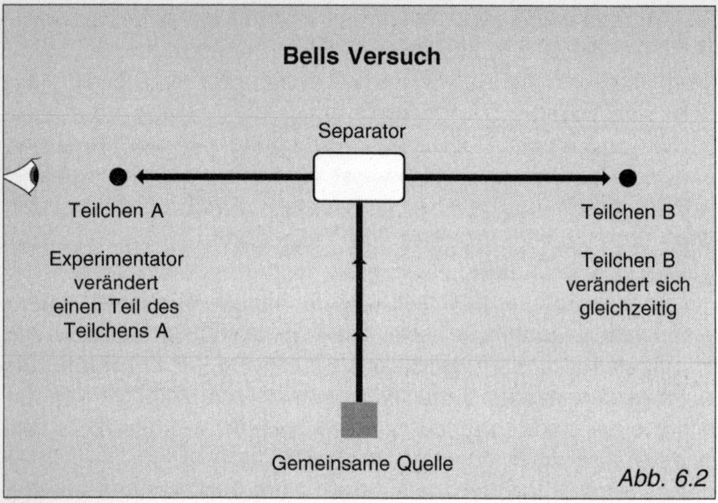

Abb. 6.2

Wäre das also eine Erklärung für Präkognition und vielleicht eine Art universeller Telepathie?

Der Bell-Test hat nachweislich in einer Reihe echter Experimente funktioniert, die seit seiner Entwicklung vor über dreißig Jahren durchgeführt wurden. Das Problem, ihn mit dem Paranormalen in Verbindung zu bringen, liegt darin, daß bei der Verbindung der beiden Teilchen A und B keine Information übertragen wird. Wenn Teilchen A einen bestimmten Spin hat und vom Experimentator in einen anderen Zustand ›gestoßen‹ wird, verändert sich Teilchen B auf dieselbe Weise, doch dazu muß keine Information übertragen werden. Die Veränderung ist lediglich ein Wechsel von einem Spin zu einem anderen, wobei jeder Zustand von einer Reihe *zufälliger Quantenfluktuationen* abhängt. Um von einem zufälligen Muster in ein anderes zu wechseln, bedarf es keiner Information. Außerdem hat sich folgendes herausgestellt: Versucht der Experimentator, den Test zu wiederholen, indem er einen eine Informationsübertragung erfordernden Parameter ändert, hat dies keinen Simultaneffekt auf Teilchen B.

Psi-Experten meinen, das sei kein Problem, weil psychische

Vorgänge sich uns nicht bekannter Formen von Information bedienten. Belegen können sie diese Behauptung freilich nicht, und so gehört sie zu eben jenen Kommentaren, die Physiker wie John Wheeler berechtigterweise in Weißglut versetzen.

Was also können wir aus dieser Sammlung von Konzepten und Theorien herausdestillieren? Nun, eine Anzahl herausragender Wissenschaftler war überzeugt, die Quantenmechanik könne die esoterische Welt des Übersinnlichen bis zu einem gewissen Grad erklären. Männer wie Jung und Pauli waren von einem möglichen Zusammenhang zwischen den beiden Bereichen fasziniert und entwarfen komplexe Erklärungsmuster, um Quantenmechanik und Psi zu vereinen. Heute führen viele Wissenschaftler auf der ganzen Welt ihre Tradition fort. Henry Stapp bedient sich an der Universität von Berkeley der Thesen Eugene Wigners, um zu einer mathematischen Interpretation der Frage zu kommen, inwieweit die Quantenmechanik hinter Psi-Phänomenen stecken könnte; der Nobelpreisträger Brian Josephson hat geäußert, wenn man solche Phänomene bislang auch nicht beobachtet hätte, seien sie von der Quantenmechanik dennoch vorhergesagt worden.

Unbeeindruckt von augenscheinlichen Hürden wie der begrenzten Möglichkeit eines Informationstransfers feilen die Parapsychologen derweil an einem Mechanismus, der die Verbindung von Quantenmechanik und Präkognition erklären soll. Sie meinen, das menschliche Bewußtsein sei in der Lage, Vergangenheit, Gegenwart und Zukunft zu beeinflussen, weil das Kausalprinzip an seiner Basis manipuliert werden könne. Das Universum sei eine Einheit und jeder menschliche Geist ein Teil des gewaltigen Netzwerks. Das menschliche Bewußtsein könne noch nicht eingetretene Ereignisse ›sehen‹, weil wir alle eins sind, schon immer waren und immer sein werden. Ihre Gegner erwidern, so etwas möge auf der Basis von Experimenten wie dem Bell-Test schon denkbar sein, doch widersetze es sich glattweg der Interpretation von Kopenhagen und ignoriere das kleine Einmaleins, während es sich nach Belieben des Kerns überprüfbarer Wissenschaft bediene. Außerdem habe noch nie jemand auch nur ansatzweise angedeutet, wie dieses vage, wenn auch faszinierende Konzept tatsächlich funktionieren könnte.

In gewisser Hinsicht kann man die Skeptiker verstehen, wenn sie die Interpreten des Übersinnlichen als unwissenschaftlich operierende Ignoranten bezeichnen, die etwas ihnen Unverständliches nach Belieben zu manipulieren suchen. Viele Physiker empfinden die Vorstellungen der Parapsychologen geradezu als Beleidigung und als einen Affront gegen die jahrzehntelange Forschung, die sie ihrem Thema gewidmet haben. Wobei sie zugeben müssen, daß sich die Quantenmechanik als Opferlamm geradezu anbietet.

Um wissenschaftlich akzeptiert zu werden, müssen selbst extrem unorthodoxe Hypothesen mit genauen Berechnungen untermauert werden und mit einem Datenschatz vereinbar sein, der bis ins 17. Jahrhundert zurückreicht. Trotzdem bleiben viele Aspekte der modernen Physik unbeweisbar. So ist es zum Beispiel nie gelungen, einen absoluten Beweis für die Existenz eines Schwarzen Loches zu erbringen, und viele fortgeschrittene Theoreme der Teilchenphysik bleiben unüberprüfbar, weil die erforderliche Versuchsanordnung jenseits unserer technologischen Fähigkeiten liegt.

Liebhaber des Paranormalen empfinden eine in die Grenzbereiche vorstoßende Wissenschaft gelegentlich als genauso esoterisch und abgehoben wie ihre eigenen Ideen. Der Unterschied liegt im Ansatz: Wissenschaft basiert auf mathematischer Integrität und – wo immer möglich – auf experimenteller Verifikation. Ohne diese Faktoren wird keine Theorie akzeptiert. Die Parapsychologie, sagen die Physiker, läßt sich hingegen allzu rasch zu Vermutungen und hübschen Konzepten verleiten, die ohne jeden Beweis, ohne mathematische Strenge oder das notwendige Maß Selbstkritik mit den Fakten in Einklang zu sein scheinen.

Einer der größten Wissenschaftler aller Zeiten verabscheute die Quantenmechanik, obwohl er an ihrer Entstehung nicht unschuldig war. Albert Einstein sah die Richtung, die sie nahm, als eine Reise ins Absurde, und tat den berühmten Ausspruch: »Gott würfelt nicht.« Womit er meinte, das Universum sei nicht nur ein Sammelsurium von Wahrscheinlichkeiten. Bei anderer Gelegenheit sagte Einstein: »Die Quantentheorie erinnert mich ein wenig an die Wahnvorstellungen eines außerordentlich intelligenten Paranoikers, gesponnen aus unzusammenhängenden Gedankenfetzen.«

Erwin Schrödinger hat die moderne Quantenmechanik nicht weniger kritisch gesehen: »Ich mag sie nicht, und es tut mir leid, daß ich jemals damit zu tun hatte.« Sein berühmtes Gedankenexperiment hat er ausgerechnet zu dem Zweck entwickelt, die augenscheinliche Absurdität vieler quantenmechanischer Folgerungen zu demonstrieren.

Dennoch hat man viele Elemente der Quantenmechanik erfolgreich überprüft. Viele ihrer fortgeschritteneren Konzepte entstammen derselben Quelle, die uns zu einem beträchtlichen Teil unserer modernen Technologie verholfen hat. Wie einfach können wir es uns also machen, die spekulativeren theoretischen Ableger zu akzeptieren oder zu leugnen? Denn wenn wir gewisse Aspekte der Quantenmechanik aussondern, schütten wir womöglich das Kind mit dem Bade aus.

Es ist gut möglich, daß die moderne Physik sich in eine Richtung bewegt hat, die zu lächerlichen und vollständig falschen theoretischen Erklärungen für konkrete und funktionierende Phänomene führt. Sollte so etwas jemals nachgewiesen werden, haben die Parapsychologen einen Sieg errungen. Ich fürchte aber, die Antwort auf diese Fragen liegt irgendwo in unserer Zukunft, und um sie zu vernehmen, werden wir wohl einfach warten müssen.

7. Kapitel

Agonie und Ekstase

»Willst du Schuhe kaufen, messe deine Füße.«

Chinesisches Sprichwort

Schmerz ist ein vollkommen natürlicher und sogar notwendiger physikalischer Vorgang. Und doch mehren sich die Hinweise, daß der menschliche Geist den Körper dazu bringen kann, Schmerz zu negieren und ein breites Spektrum weiterer Körperfunktionen zu kontrollieren. Die Physis muß sich dabei der Kraft des Willens unterwerfen.

Von alters her wird über schier unglaubliche Fähigkeiten bestimmter Menschen berichtet. In Indien nennt man sie Fakire oder Yogis; auch in der Bibel, den Mythen der alten Griechen und orientalischen Überlieferungen ist die Rede von Menschen, die übers Feuer gehen, sich selbst verstümmeln oder andere erstaunliche Gaben besitzen. Heute können Touristen in vielen Ländern der Welt solche Talente als Spektakel bestaunen.

Ich selbst habe eine derartige Vorführung an unerwarteter Stelle ganz aus der Nähe erlebt, nämlich auf der Strandpromenade im kalifornischen Venice Beach. Zwischen den Breakdancern, Limbokünstlern, Straßenmusikanten und Jongleuren sah ich, daß sich eine kleine Menschenmenge um einen erschreckend dürren weißen Amerikaner versammelt hatte, der aus einer Flaschensammlung ein Glasbett fabrizierte. Er scherzte mit seinen Zuschauern, während er die Flaschen zerschmetterte und die Splitter auf einer Plane verteilte. Als er mich mit meiner Kamera entdeckte, rief er mich herbei und bat mich, ihm bei seinem Kunststück zu helfen.

Fünf Minuten später war das Glasbett fertig. Fingerlange Scherben ragten empor. Unser Artist, der sich als Larry vorgestellt hatte, ließ mich einen Stuhl festhalten, den er nun bestieg. Dann sprang er mit bloßen Füßen auf den Glashaufen. Die Menge verstummte, aber Larry war vollkommen unversehrt. Er sprang auf den Scherben auf und ab und rieb seine Sohlen an den messerscharfen Kanten, als wate er durch einen Fluß. Als er fertig war, zeigte er seine Füße – da war keine Spur von Blut, nicht einmal ein einziger Kratzer.

Viele Kulturen werten solche Mutproben, die eine erstaunliche Kontrolle demonstrieren, als religiöses Ritual und als Reinigungsprozeß. In alter Zeit dienten sie auch als Gottesgericht. So soll im Jahre 1062 ein frommer Mann namens Peter Aldobrandini den Bischof von Florenz der Unredlichkeit beschuldigt haben. Wenn der hohe Herr seine Unschuld beweisen wolle, meinte sein Ankläger, solle er mit ihm gemeinsam durch ein Feuer gehen. Man legte ein Bett glühender Kohlen aus, an dessen Enden lodernde Feuer entfacht wurden. Peter Aldobrandini trat durch die Flammen, marschierte über die Kohlenglut und tauchte am anderen Ende vollkommen unversehrt aus dem Feuer wieder auf. Als nun der Bischof an die Reihe kam, verzichtete er klugerweise auf die Probe wie auch auf sein geistliches Amt.

Solche Berichte haben schon immer den Eindruck erweckt, so wundersame Taten könnten nur von Menschen mit einem reinen Herzen vollbracht werden oder bedürften der Vorbereitung durch intensive Meditation und strenges Fasten. Noch heute denken die Fakire und ihre sprachlosen Zuschauer ähnlich. Die Forschung hat jedoch gezeigt, daß religiöse Exerzitien nur dann ihre Wirkung zeigen, wenn sie das Selbstvertrauen stärken. Die Fähigkeit, über Feuer zu laufen, den Körper mit Haken zu durchbohren oder sich unversehrt auf ein Nagelbett zu legen, resultiert aus angewandter Wissenschaft, Übung und dem Glauben an sich selbst.

Eines der dramatischsten Beispiele menschlicher Willenskraft ist die Kunst des Feuerlaufs. Sie taucht in einer sehr lebendigen Episode des Alten Testaments auf, die von den drei Männern im Feuerofen handelt. Als Nebukadnezar die Juden Sadrach, Mesach und Abed-Nego hinrichten lassen wollte, war das Feuer so heiß, daß es die Henker vernichtete, die die drei in die Flammen führten. Die vermeintlichen Opfer aber entstiegen dem Feuer vollkommen unversehrt: »Und die Fürsten, Herrn, Vögte und Räte des Königs kamen zusammen und sahen, daß das Feuer keine Macht am Leibe dieser Männer bewiesen hatte und ihr Haupthaar nicht versenget und ihre Mäntel nicht versehret waren; ja man konnte keinen Brand an ihnen riechen.« (Daniel 3,27)

Die blühende Phantasie des Alten Testaments beiseite, sind auf scheinbar übernatürlichen Kräften beruhende Vorstellungen dieser Art heute fast alltäglich geworden. In letzter Zeit hat man sich mit dem Phänomen nun auch von wissenschaftlicher Seite aus gewidmet.

1980 reiste eine Forschergruppe der Universität Tübingen ins nordgriechische Langadhas, um das jährliche Fest zu Ehren des heiligen Konstantin zu beobachten. Als die Feier kurz vor ihrem Höhepunkt stand und die Feuerläufer sich mit Gesängen und rituellen Tänzen auf ihren Lauf einstimmten, traten die Forscher in Aktion. An den Füßen der Teilnehmer wurden Thermoelemente befestigt, an ihrer Kopfhaut mit einem EEG verbundene Elektroden, letztere zur Messung der Spannungsschwankungen im Gehirn. Die Feuergrube selbst hatte eine Länge von vier Metern und war fünf Zentimeter hoch mit glühenden Kohlen gefüllt, die Oberflächentemperatur betrug 495 °C.

Wenn die griechischen Yogis die Glut überschritten hatten, maß man die Temperatur an ihren Fußsohlen. Sie betrug

180 °C, obgleich keinerlei Zeichen von Brandblasen oder Versengung zu entdecken waren. Das EEG wiederum hatte während des Laufs eine signifikante Steigerung der Theta-Wellen im Gehirn der Teilnehmer festgestellt.

Eine andere Form der Zeremonie hat der Psi-Forscher Carlo Fonseka in Sri Lanka studiert. Fonseka besuchte mehrere hundert Feuerläufe und untersuchte die Feuergruben ebenso wie die Teilnehmer. Die Gruben selbst waren gewöhnlich 3 bis 6 Meter lang und 8 bis 15 Zentimeter tief, ihre Temperatur lag zwischen 300 und 450 °C. Um festzustellen, wie die Läufer derart hohe Temperaturen aushalten konnten, hatte Fonseka eine Testanordnung entwickelt.

Es handelte sich um einen recht simplen Apparat, nämlich um eine 40-Watt-Birne in einem Metallzylinder. Eine Anzahl Freiwilliger wurde aufgefordert, ihre Fußsohlen so lange wie möglich auf diesen Zylinder zu legen. Eine Kontrollgruppe aus im Feuerlauf unerfahrenen Menschen spürte nach 6 bis 10 Sekunden etwas Wärme, nach 30 bis 40 Sekunden starke Schmerzen. Die Feuerläufer dagegen hatten durchschnittlich 29 Sekunden lang keinerlei Wärmeempfindung und waren in der Lage, ihre Füße bis zu 75 Sekunden auf dem Zylinder zu lassen.

Als Resultat seiner Untersuchungen kam Fonseka zu zwei Schlußfolgerungen. Zum einen besaßen alle Feuerläufer eine wesentlich dickere Hornhaut an den Füßen als die Kontrollgruppe. Diese Schutzschicht, die eine sehr effiziente Wärmeisolierung darstellte, hatten sie erworben, weil sie nur selten Schuhe oder Sandalen trugen.

Zum anderen hatte der Erfolg der Läufer mit ihrer Geschwindigkeit zu tun. Fonseka zeichnete über hundert Läufe auf und stellte fest, daß die Fakire während des gesamten Laufs durchschnittlich nur 3 Sekunden in Kontakt mit der Glut waren, wobei jeder Schritt 0,3 Sekunden dauerte.

Nun sind drei Sekunden mehr als genug, um schwere Verbrennungen zu erleiden. Nach Fonsekas Meinung liegt das Geheimnis der ceylonesischen Feuerläufer jedoch in der Kombination speziell konditionierter Fußsohlen und hoher Geschwindigkeit. Gestützt wird dieser Schluß durch die traurigen Fälle schlecht vorbereiteter Teilnehmer, die auf einem spontanen Versuch bestehen und mit Verbrennungen dritten Grades im Krankenhaus landen.

Das kann jedoch nicht die ganze Wahrheit sein. Die Kunst der Feuerlaufs muß weitere Faktoren beinhalten, denn auch Europäer mit weichen Füßen und sehr wenig Vorbereitung haben sie erfolgreich demonstriert. Dicke Fußsohlen und minimale Berührung sind zweifellos hilfreich, von gleicher Bedeutung dürften aber gewisse physiochemische Aspekte sein.

Jearl Walker, Physikprofessor in Cleveland, hat beispielsweise sein Konzept des *Leidenfrost-Effekts* entwickelt, benannt nach dem Entdecker der Tatsache, daß plötzlich starker Hitze ausgesetzte Flüssigkeiten ein isolierendes Dampfkissen bilden. Walker meint, die von der Zeremonie erregten Teilnehmer produzierten Schweiß an ihren Fußsohlen, der bei der Berührung mit der Glut sofort verdampft. So entstünde eine schützende Dampfschicht an den Füßen der Läufer, die die Hitze lange genug abzuschirmen vermag.

Eine weitere, rein empirische Theorie stammt von dem an der kalifornischen UCLA lehrenden Physiker Bernard J. Leikind. Sie sucht eine partielle Erklärung im Unterschied zwischen Temperatur, Wärme und innerer Energie.

Die Begriffe *Temperatur* und *Wärme* werden oft nicht ganz korrekt verwendet: Man vergißt leicht, daß es sich bei der Temperatur lediglich um eine Maßeinheit des Wärmegehalts handelt, während Wärme selbst auf einer molekularen Vibration im Innern eines Objektes basiert. So bestehen die glühenden Kohlen der Feuergrube etwa zum großen Teil aus Kohlenstoff, der eine sehr regelmäßige chemische Struktur aufweist. Befindet sich eine Substanz jedoch nicht am absoluten Nullpunkt (–273 °C oder 0 ° Kelvin), so sind ihre Moleküle in einem Zustand beständiger Schwingung. Je mehr innere Energie sie besitzen, desto schneller vibrieren sie. Erwärmt ein Objekt nun ein anderes, so geschieht dies deshalb, weil ein Teil der Energie des wärmeren Objekts auf das kühlere übergreift und dessen Moleküle in eine schnellere Schwingung versetzt.

Etwas komplizierter wird die Sache, weil verschiedene Stoffe bei gleicher Temperatur unterschiedliche Energiemengen aufweisen. Diese scheinbar unlogische Tatsache liegt daran, daß jeder Stoff eine *spezifische Wärmekapazität* besitzt, das heißt ein ihm eigenes Vermögen, Wärme zu speichern. Noch wichtiger ist womöglich die Fähigkeit eines Stoffes, seine thermale Energie zu übertragen, also sein *spezifisches Wärmeleitvermögen.* Im Falle der Kohlen einer Feuergrube ist es erstaunlich gering. Obwohl die Glut um die 500 °C erreicht, wird diese Energie nicht wirksam auf die Feuerläufer übertragen.

Bauen wir uns hierzu eine Eselsbrücke und stellen uns vor, wir gingen an einem heißen Sommertag über eine Reihe verschiedener Oberflächen. Sand und Metall würden sich wesentlich heißer anfühlen als beispielsweise eine Strohmatte oder ein Holzboden, weil Sand und Metall bessere Wärmeleiter sind und ihre thermale Energie wirksamer auf die Füße übertragen. Die Fakire haben also einen guten Grund, ihre Vorführung nicht zu modernisieren, indem sie die Kohlenglut durch heißes Metall ersetzen.

Zusammengenommen erklären diese Faktoren bis zu einem gewissen Grad, wieso Feuerläufe ohne Verbrennungen ausgehen können und wieso gut vorbereitete Läufer eher reüssieren als spontane Teilnehmer. Es bleibt jedoch noch ein Element, das in vielen Fällen einen enormen Unterschied machen kann.

Ich spreche von der Kraft, die positives Denken und Selbstvertrauen ausstrahlen können. Es sind dies keine übernatürlichen Faktoren, sondern einfach eine Anwendung instinktiv vorhandener Fähigkeiten. Wenn das Tübinger Forscherteam stark angestiegene Theta-Wellen feststellen konnte, so stützt dies die These, daß Feuerläufer den Schmerz durch Versenkung in einen außergewöhnlichen mentalen Zustand überwinden. Theta-Wellen werden gewöhnlich mit Meditation oder Tiefenentspannung in Verbindung gebracht, woraus sich schließen läßt, daß der Yogi bei der Vorbereitung auf einen Feuerlauf oder eine vergleichbar extreme Leistung seine mentalen Muster kanalisieren sowie Körper und Geist beruhigen muß.

Leikind und sein Kollege William J. McCarthy haben sich bei ihren Experimenten selbst ins Feuer gewagt und dies unbeschadet überstanden. Sie besaßen keine dicken Fußsohlen und hatten sich vor ihrem Lauf nicht speziell vorbereitet, sind jedoch der Meinung, ihre Leistung lasse sich zumindest teilweise auf ihre mentale Vorbereitung zurückführen. Ihren Feuerlauf absolvierten die beiden im Zentrum des kalifornischen Selbsthilfe-Propheten Tony Robbins, der Kurse veranstaltet, in denen man lernen kann, eine Dominanz von Theta-Wellen im Gehirn zu erzeugen.

Robbins hat hierzu nach Beobachtung der Forscher verschiedene Techniken entwickelt. Ein erster Kunstgriff ist, den Feuerlauf in die frühen Morgenstunden zu legen, wenn die Teilnehmer normalerweise schlafen. Bleibt man so lange auf, so wird die Empfindlichkeit unterdrückt. Außerdem ist man offener für Suggestionen und eher in der Lage, Theta-Wellen zu kanalisieren. Weitere den Schmerz blockierende Faktoren sind spezielle Atemtechniken und Rezitation. Die Teilnehmer wiederholen beständig Worte wie »kühles Moos, kühles Moos«, was ihnen zu helfen scheint, ihre Gedanken zu bündeln, sich auf ihr Ziel zu konzentrieren und den Schmerz abzublocken.

Nun haben manche Teilnehmer möglicherweise eine größere Begabung zur Kontrolle ihres Körpers als andere. Auf jeden Fall ist es möglich, daß Fakire, die ihr Leben der Übung ihrer Praktiken widmen und von deren religiösem Aspekt überzeugt sind, einige der biochemischen Prozesse in ihrem Körper manipulieren können. Man spricht hier von Biofeedback. Diverse Labortests haben ergeben, daß begabte oder geübte Personen Funktionen wie den Herzschlag, die Empfindlichkeit ihrer Haut oder ihre Muskelspannung kontrollieren können. Bei der Mehrzahl der ›Amateure‹ aber, denen ein Feuerlauf nach nur wenigen Stunden Vorbereitung gelingt, mag ein starkes Selbstvertrauen zwar eine relativ schmerzfreie Überquerung gefördert haben, die wichtigste Rolle haben aber wohl der Leidenfrost-Effekt, das Leitvermögen und die Geschwindigkeit gespielt.

Die Fähigkeit, durch Rezitation und Atemtechniken in einen tranceähnlichen Zustand zu geraten, ist im Grunde nur eine zivilisierte Version einer natürlichen Überlebenstechnik. So verfällt das Beutetier häufig in Starre, wenn es von einem Räuber zwar gefangen, aber nicht getötet wird. Weißschwanzgnus etwa stehen oft mit glasigen Augen bewegungslos da, während ein Löwenrudel sich in ihre Beine verbeißt; und manche Taranteln ergeben sich bereitwillig dem Angriff von Tarantelwespen.

Für dieses Verhalten gibt es zwei Gründe. So paradox es scheinen mag, bietet es einerseits eine Möglichkeit zum Überleben, da der Räuber einer wehrlosen Beute weniger rasch den Gnadenstoß versetzt. Noch wichtiger ist, daß ein Tier andererseits in einem tranceähnlichen, die Alpha-Wellen fördernden Zustand, weniger Schmerz empfindet.

Erstaunlich häufig hört man auch Berichte über Menschen, die unwillentlich in einen entspannten Zustand gleiten und Taten vollbringen, die sie selbst für unvorstellbar gehalten hätten. Eine meiner Bekannten stürzte mit ihrem Wagen einen Abhang hinunter und schaffte es, aus dem Wrack zu kriechen, das ihr gerade einen Quadratmeter Raum gelassen hatte. Trotz eines gebrochenen Arms, einer schweren Gehirnerschütterung und Schnitten im Gesicht gelang es ihr, fast einen Kilometer bis zum nächsten Telefon zu marschieren, wo sie gefaßt ihren Vater anrief und auf die Ankunft des Notarztwagens wartete. Mittlerweile hat sie fast keine Erinnerung mehr an die Zeit zwischen dem Verlassen des Wracks und ihrer Einlieferung im Krankenhaus.

Teilweise leiten sich derartige Fähigkeiten von einer veränderten chemischen Zusammensetzung des Blutkreislaufs ab. So bewirkt Adrenalin eine Verengung der Blutgefäße, steigert die Leistung des Herzens und den Stoffwechsel und aktiviert letzte Reserven; ein als *extrinsischer Mechanismus* bezeichneter Vorgang unterstützt in Extremsituationen die Blutgerinnung. Von überragender Bedeutung dürfte aber eine angeborene Fähigkeit sein, die Gehirnwellen zu regulieren und in einem extremen Notfall einen Zustand herzustellen, der uns die notwendigen Maßnahmen zu unserer Rettung ergreifen läßt.

Ende der siebziger Jahre führte Wolfgang Larbig von der Universität Tübingen eine Versuchsreihe durch, bei der ein indischer Yogi mit diversen Monitoren verbunden wurde. Seine Gehirnfunktion wurde konstant mit der einer Gruppe von Kontrollpersonen verglichen.

Die Forscher setzten den Fakir wie die Kontrollgruppe schmerzhaften Stromstößen aus und überwachten bei allen Personen den Puls, das Leitvermögen der Haut und die Gehirnwellen. Es stellte sich heraus, daß die Kontrollpersonen die Elektroschocks schon nach kurzer Zeit nicht mehr ertragen konnten und einen erschöpften Eindruck machten, während der Fakir die ganze Zeit ungerührt geblieben war. Das Leitvermögen seiner Haut unterschied sich am Ende der Tests stark von dem sämtlicher anderer Versuchsobjekte, sein Puls ging wesentlich langsamer, und während des gesamten Experiments hatte er starke Theta-Wellen produziert.

Um dies zu erreichen, praktizierte der Yogi offenbar eine Art Selbsthypnose. Eben diese Technik beginnen manche Psychologen anzuwenden, um ihren Patienten bei der Überwindung physischer Probleme wie chronischer Schmerzen oder psychosomatischer Störungen zu helfen. Einer von ihnen, der Hypnotiseur Leslie LeCron, meint: »Im Grunde ist jede Hypnose Selbsthypnose. Der Hypnotiseur wirkt nur als Führer; das Resultat wird vom Objekt bewirkt.«[40]

LeCron ist der Ansicht, die Grundlagen der Selbsthypnose könnten problemlos vermittelt werden; die Fähigkeit, sich in einen hypnotischen Zustand zu versetzten, sei jedoch individuell verschieden. Die Technik an sich basiert auf der Konzentration auf ein einfaches fixes Bild – beliebt ist etwa das einer Kerze –, das dem Praktizierenden erlaubt, seinen Geist zu konzentrieren und seine Gehirnwellen in einen langsameren

---

[40] Leslie LeCron: *Self-Hypnosis.* New York: NAL 1964, S. 19 (dt. Ausg.: *Selbsthypnose. Ihre Technik und Anwendung im täglichen Leben.* Genf, Ariston 1994).

Rhythmus zu versetzen. Dabei entstehen üblicherweise entweder die auch im Schlaf auftretenden Alpha-Wellen (mit 8 bis 14 Hertz) oder die berühmten Theta-Wellen mit ihren 4 bis 7 Hertz.

Auf einer verwandten Technik basiert die Transzendentale Meditation (TM), die Ende der sechziger Jahre durch das vorübergehende Interesse der Beatles an ihr bekannt wurde. Ihre niederste Stufe wird vielfach zur Entspannung oder als Mittel gegen Schlaflosigkeit angewandt, doch ihre engagiertesten Anhänger sehen in ihr einen Königsweg zu manchen der fortgeschritteneren Praktiken der Yogis und Heiligen. Im Zentrum der Methode steht ein einfaches Wort, das konstant leise rezitiert wird. So entsteht ein Mechanismus, der das Gehirn entspannt und einen einzigen einfachen Rhythmus verstärkt. Dieser ersetzt die Kerze oder das einfache Bild, das Hypnotiseure wie Dr. LeCron verwenden.

Im Westen war TM im Grunde schon lange bekannt, bevor Englands berühmteste Popgruppe sie popularisierte. Ein leidenschaftlicher Anhänger war etwa der englische Dichter Alfred Lord Tennyson (1809–1892), der schrieb:

> *»Wenn ich ganz allein war, geriet ich schon seit meiner Kindheit häufig in eine Art wacher Trance – so muß ich es mangels eines besseren Ausdrucks nennen. Sie kam über mich, wenn ich für mich leise meinen Namen wiederholte, bis ganz plötzlich [...] meine Individualität selbst sich aufzulösen und in ein grenzenloses Sein zu entschwinden schien. Dieses aber war kein Zustand der Verwirrung, sondern der klarste, der sicherste der sicheren, absolut jenseits aller Worte.«*[41]

Der Feuerlauf ist nicht die einzige Praxis, Resistenz gegen körperliche Schmerzen zu demonstrieren. So ist es eine Spezialität der Yogis von Sri Lanka, sich ein halbes Dutzend Haken

---

41 Nach: George Constable u. a. (Hrsg.): *Mind over Matter.* Time-Life Books 1988, S. 118.

durch die Haut des Rückens zu treiben, um sich anschließend daran aufhängen zu lassen.

Die Motivation ist vielfach religiöser Natur. Die Yogis sehen ihre Praxis als Mittel, ihre Verfehlungen wiedergutzumachen, wie etwa Katholiken den Rosenkranz beten oder Buße tun. Für den Unerfahrenen ist sie extrem gefährlich, und selbst geübte Fakire ziehen sich dabei gelegentlich Infektionen zu.

Wie das Feuerlaufen beruht auch das Hängen an Haken auf einer Kombination mentaler Kontrolle und physikalischer Gegebenheiten. Wieder resultiert die Schmerzunterdrückung auf einer Kontrolle der Gehirnwellen mit Hilfe von Atemtechnik, verstärkt durch den Glauben an den Sinn der Praxis. Physik kommt insofern ins Spiel, als die Haken so angeordnet werden müssen, daß sich das Körpergewicht gleichmäßig verteilt.

Als westliche Forscher diese Praxis zum ersten Mal beobachteten, waren sie überrascht, daß die Yogis nur selten aus ihren Wunden bluteten. Um dies zu erklären, müssen wir auf den extrinsischen Mechanismus und den Adrenalinstoß zurückgreifen, auf zwei Faktoren also, die jeder von uns in einer Extremsituation erlebt. Wie meine Bekannte nach ihrem Autounfall reagiert der Körper des Fakirs auf die von ihm selbst herbeigeführte Krise. Bei einem Unfall tritt die Reaktion allerdings automatisch und unbewußt ein, während der Fakir dieselben Körpervorgänge willentlich an- und abschalten kann.

Berühmt geworden ist auch das Bild eines auf einem Nagelbett liegenden Yogis. Und wieder liegt die Erklärung in der Kombination von mentaler Vorbereitung, körperlicher Übung und empirischen Faktoren. Wie seine Kollegen im Feuer und am Haken ist der Yogi religiös motiviert, was ihn dazu treibt, zu üben, sich vom Ritual gefangennehmen und positives Denken die Überhand gewinnen zu lassen. Dies alles fördert eine verstärkte Aktivität von Theta-Wellen, die zur Kontrolle eines Spektrums physikalischer Faktoren genutzt werden können. Außerdem hat der Fakir geübt, auf Nägeln zu liegen, sich auf sie niederzulassen und wieder von ihnen zu erheben, ohne dabei eine Verletzung der Haut herbeizuführen. Und natürlich müssen die Nägel so angeordnet sein, daß keiner zuviel Gewicht trägt, was das Verletzungsrisiko erhöhen würde.

Andere Yogis zeigen eine Begabung für das Durchbohren ihres Körpers mit Nägeln, Drähten und sogar Dolchen. Obgleich sie dabei Blutgefäße verletzen und Gewebe zerreißen, bluten sie kaum. Sie haben geübt, sich an spezifischen Stellen zu durchbohren, um inneren Organen, wichtigen Arterien und Muskeln auszuweichen. Oft haben sie sich auch ein ungewöhnlich stark vernarbtes Gewebe zugefügt, was die erneute Öffnung einer Wunde erleichtert. Abgesehen von dieser Vorbereitung aber basiert die Tatsache, daß der Fakir Blutungen verhindern kann, wohl auf einer hochentwickelten Fähigkeit zur Beobachtung und Manipulation einer Anzahl an sich automatischer Körperfunktionen.

Nun lebt der weitaus größte Teil der Fakire und Yogis in Indien und im Fernen Osten, doch haben auch Menschen europäischer Abstammung viele der Fähigkeiten der heiligen Männer erworben. Das wohl berühmteste Beispiel ist Harry Houdini, der sein Publikum von der Jahrhundertwende bis zu seinem Tod im Jahre 1926 mit sensationellen Tricks in Staunen versetzte.

Houdini schaffte es spielend, in wenigen Sekunden aus einer Zwangsjacke zu schlüpfen; doch überlebte er es auch, an Händen und Füßen gefesselt in eiskalte Flüsse getaucht zu werden. Er behauptete, dem Tod auf diese Weise über zweitausend Mal ein Schnippchen geschlagen zu haben. Bei anderer Gelegenheit ließ er sich in einen versiegelten Sarg einschließen und eineinhalb Stunden in ein Schwimmbecken versenken, um den von einem ägyptischen Fakir gehaltenen Rekord zu schlagen. Houdini pflegte zu sagen, er könne einen an beliebiger Stelle seines Körpers angebrachten Schlag hinnehmen, wenn er nur die Gelegenheit hätte, sich darauf vorzubereiten. Tragischerweise starb er an einem Blinddarmriß, weil ihn ein Bewunderer in den Magen geschlagen hatte, bevor er seine Bauchmuskeln anspannen konnte.

Welche Schlüsse kann eine neuen Ideen offene Wissenschaft nun aus diesen Praktiken der Selbstverstümmelung und der Unempfindlichkeit gegen Schmerz ziehen? Augenscheinlich kann der Geist bis zu einem gewissen Grad gemeinhin unbewußt ablaufende Körperprozesse kontrollieren. Wie weit derartige Fähigkeiten reichen können, ist jedoch schwer zu beurteilen. Manche religiöse Sekten treiben die Entwicklung solcher Kräfte ins Extrem; ihre Anhänger widmen das ganze Leben der Perfektionierung ihrer Fähigkeiten. Man liest von Heiligen, die zwanzig Jahre fasteten, während sie reglos im Lotossitz saßen. Solche Berichte sind aber nie bewiesen worden und widersprechen allen bekannten Naturgesetzen. Weniger sagenhafte Leistungen sind jedoch häufig zu beobachten. Sie könnten mit dem Sieg des Geistes über die Materie ebenso zu tun haben wie mit einer geschickten Anwendung von Techniken und empirischen Fakten. Die Forschung wie unsere tägliche Erfahrung lehrt uns, daß wir alle die Fähigkeit haben, unbewußt die extremsten Situationen zu meistern. Dies zeigt, wie anpassungsfähig und empfänglich unser Körper ist. Eben diese natürliche Begabung nutzen die Yogis mit dramatischen und oft verblüffenden Resultaten.

8. Kapitel

Gibt es Gespenster?

»Vor Geistern, Gespenstern und langbein'gen Biestern
Und vor Dingen, die nachts auf dem Dachboden poltern
Möge bewahren uns der Allmächtige Gott.«

Volksmund

Nach einer neueren Umfrage glaubt einer von sechs Engländern an Geister und einer von vierzehn behauptet, schon einen Geist gesehen zu haben.[42] Das Problem dabei ist: Was meinen wir mit diesem Begriff? Mehr als jedes andere übersinnliche Phänomen ruft dieses Thema ein Gefühlsspektrum hervor, das von purem Schrecken bis zu bissigem Spott reicht. Für viele Menschen befindet sich die mögliche Existenz von Geistern an der äußersten Grenze eventuell akzeptierbarer übernatürlicher Kuriositäten. Der Hauptgrund der verbreiteten Skepsis liegt an dem gängigen Glauben, was sich da bemerkbar mache, seien die Geister der Toten. Um das akzeptieren zu können, müssen wir erst einmal konzedieren, daß der Mensch eine Seele hat und daß diese den Tod überlebt. Außerdem müssen wir akzeptieren, daß ein individueller Geist aus gutem Grund in die Welt der Lebenden zurückkehrt, was eine enge

---

[42] Nach G. Gorer: *Explaining English Character.* London, Cresset 1955.

Verbindung zwischen unserer Welt und der der Toten voraussetzt. Denn wieso sollte eine tote Seele sich sonst darum kümmern, was hier und jetzt passiert?

Wenn wir all diese Prämissen akzeptieren und Geister nicht für Halluzinationen, Hirngespinste oder puren Schwindel halten, müssen wir konsequenterweise jedes in den vergangenen dreihundert Jahren geschriebene wissenschaftliche Werk in den Papierkorb werfen. Gleichzeitig gewinnen wir als Individuum eine Bedeutung, die über unsere alltägliche Erfahrung hinausreicht: Wir hätten dann Persönlichkeiten, die den physischen Tod überleben und anschließend an den Dramen irdischer Existenz teilnehmen.

Trotz aller Einwände ist der Glaube an Geister das vielleicht älteste und stärkste okkulte Konzept. Er tritt in nahezu allen Kulturen und Epochen auf. Folgt man ihren Mythen, so wirken die Schamanen der Stammeskulturen als Kanäle, über die Lebende und Tote kommunizieren können. Die alten Ägypter zeichneten den Weg des Individuums nach seinem Tod in ihrem Totenbuch auf, und die Bibel ist voller Erscheinungen, Geister und Heimsuchungen. Allerdings steht der Beweis, daß Geister übernatürliche Wesen sind, noch aus, ebenso eine befriedigende Theorie, wie Erscheinungen mit den Geistern der Verstorbenen zusammenhängen.

Wir müssen uns also wieder der Wissenschaft zuwenden, um eine vernünftige und logische Analyse des Phänomens zu erhalten und zu erfahren, weshalb Geister eine so wichtige Rolle im Bewußtsein unserer Art spielen.

Der Sammelbegriff *Geister* umfaßt zwei verschiedene Phänomene, nämlich Erscheinungen und Gespenster. Obgleich ihnen dasselbe psychologische Muster zugrunde liegen mag, lassen sie sich folgendermaßen unterscheiden: Erscheinungen sind im allgemeinen *passiv,* Gespenster *aktiv.* Erscheinungen werden üblicherweise als Bilder wahrgenommen, die nur selten Mitteilungen machen oder mit lebenden Wesen interagieren, während Gespenster häufig auf Lebende einwirken und oft für bösartig und sogar für mörderisch gehalten werden.

Es war gegen Ende des 19. Jahrhunderts, als ein engagierter Zirkel von Psi-Forschern, der sich Gesellschaft für die Erforschung des Übersinnlichen (*Society for Psychical Research*, SPR) nannte, erste analytische Studien des Phänomens veröffentlichte. Im Zentrum der Gruppe standen drei am Trinity College von Cambridge lehrende Wissenschaftler, die versuchten, das zu ihrer Zeit blühende Interesse an Spiritismus mit rein wissenschaftlichen Methoden zu erforschen. Besonders aktiv waren Frederic Myers und Eleanor Sidgwick. Sie schrieben mehrere wissenschaftliche Werke über paranormale Phänomene und führten Tausende von Tests und Untersuchungen durch, mit denen Betrügereien und Schwindel aufgedeckt wurden. Bis zur Jahrhundertwende hatten sie ein 11 000 Seiten umfassendes Korpus aus Berichten gesammelt, das sie später in zwei bedeutende Werke einbrachten.[43]

Schon früh stellte sich heraus, daß Erscheinungen drei Kategorien zugeordnet werden können. Beim ersten Typus erscheint der Geist einem einzelnen Menschen und wird von diesem für das Bild eines Toten, etwa eines Verwandten oder guten Freundes gehalten. Der zweite Typus erscheint mehreren Menschen gleichzeitig, und beim dritten - der sich mit dem zweiten vermischen kann - handelt es sich um Visionen, bei denen noch lebende Menschen auftreten. Die letzte Form nennt man Krisenerscheinungen.

Die Mehrzahl der Geister erscheint einzelnen Menschen, immer des Nachts oder in der Dunkelheit und ohne oder nur sehr wenig mit ihrer Umgebung zu interagieren. Solche *einfachen Erscheinungen* treten sehr häufig auf, doch fehlt jeder Beweis, das sie von Toten geschaffen werden, die mit den Lebenden zu kommunizieren versuchen. Fotos von Geistern wiederum stellen sich immer als Fälschung heraus, wenn sie nicht ohnehin wenig spektakuläre Lichtreflexe oder fotografische Unregelmäßigkeiten zeigen.

---

[43] Edmund Gurney, Frederick Myers und Frank Podmore: *Phantasms of the Living.* Kegan, Paul, Trench, Trubner and Co. 1918; Frederick Myers, *Human Personality and its Survival of Bodily Death.* Longmans, Green and Co. 1927.

Frederick Myers hat Geister als »eine Manifestation anhaltender personaler Energie« bezeichnet, als »Hinweis auf eine nach dem Tode ausgeübte Kraft, die auf bestimmte Weise mit einem zuvor auf Erden lebenden Individuum verbunden ist.«[44]

Dies ist eine rein empirische Definition, die für alle, die glauben, Geister seien auf Erden erscheinende Tote, wenig befriedigend klingt. Im Grunde meint Myers, es könne einen Mechanismus geben, durch den die Energie eines Ereignisses oder eines Individuums gewissermaßen von der Umwelt gespeichert wird. Interessanterweise zeigen manche Erscheinungen dieselben Merkmale, was Myers' Definition stützen würde, ohne daß man nach übernatürlichen Ursachen suchen müßte.

Was einem bei Geistererscheinungen zuerst ins Auge fällt, ist ihr bemerkenswert schlichtes Gemüt. »Ihre Tendenz, sich an Orten aufzuhalten, die sie aus ihrem körperlichen Leben kennen«, hat Colin Wilson ironisch bemerkt, »scheint auf eine Geistesschwäche in der Geisterwelt hinzuweisen. Man möchte meinen, sie hätten etwas Besseres zu tun.«[45]

Einfache Erscheinungen zeigen normalerweise ein begrenztes Reservoir von Bewegungen (manchmal auch Lauten), und dies innerhalb eines ebenso begrenzten Koordinatensystems. Sie scheinen an ein bestimmtes Gebäude oder sogar ein bestimmtes Zimmer gebunden und folgen sich wiederholenden identischen Bewegungsmustern. So gehen sie beispielsweise einen Flur entlang oder durch ein Zimmer. Ferner erscheinen viele nur zu bestimmten Zeiten und unter bestimmten Umständen.

Ein Beispiel für die Unmenge solcher Fälle ist die ›Silvesternonne‹. Ihr Geist tauchte erstmals in den dreißiger Jahren in einer Mädchenschule in Cheltenham auf: Eine Krankenschwester und der Schulrektor erblickten am Silvesterabend eine am Rand des Pausenhofs sitzende Nonne. Ein Stuhl war nicht zu

---

[44] Myers, *Human Personality* (s. Anm. 43).
[45] Colin Wilson: *Das Okkulte.* München, Heyne 1986.

sehen. Am folgenden Silvesterabend sahen die beiden dieselbe weibliche Gestalt in derselben Position.

Zyniker haben bemerkt, das Datum sei wohl nur identisch, weil das Schulpersonal am Jahresende ein wenig zu tief ins Glas zu blicken pflegte. Wie dem auch sei, weist diese Erscheinung wie die Mehrzahl ähnlicher Fälle interessante Aspekte auf, die mit Frederick Myers' Definition im Einklang stehen. Das Bild der Nonne stand in keinem Zusammenhang mit seiner modernen Umgebung und schien die Gegenwart seiner Beobachter nicht zu bemerken. Es war daher wohl so, daß die Nonne in ihrer eigenen Epoche auf einem Stuhl gesessen hatte, wahrscheinlich in einem Zimmer, das es nicht mehr gab. Nun erschien sie als eine Art wieder abgespieltes Bild, ein winziger, isolierter Teil eines längst vergangenen Ereignisses.

In gewisser Weise sehen wir jeden Tag Geister. Schauen wir uns einen Film wie *Die 39 Stufen* an, der 1935, also vor über sechzig Jahren gedreht wurde, so dürften sämtliche erwachsenen Darsteller inzwischen tot sein (in unserem Fall starb Robert Donat 1958, Peggy Ashcroft 1991). Dennoch sehen wir sie umhergehen und sprechen; sie spielen weiterhin ihre Rolle. Regelrecht verstörend kann es sein, Interviews mit verstorbenen Berühmtheiten zu sehen, die über ihre Pläne und Wünsche sprechen und dabei vergnügt mit ihrem Gesprächspartner scherzen.

Stellen wir uns nun eine Versuchsperson vor, die noch nie von Film oder Video gehört hat und der man eine Aufnahme von einem kurz zuvor verstorbenen Freund zeigt. Es wäre kein Wunder, wenn sie einen Geist zu sehen glaubte und das Ganze erst nach ausgiebiger Erklärung der technischen Fakten als ein mechanisch reproduziertes Bild akzeptieren könnte.

Leider kennen wir keinen plausiblen Mechanismus, wie Bilder ohne die Verwendung einer Fernseh- oder Videokamera aufgenommen und abgespielt werden könnten. Darüber nachgedacht hat man aber in der einen oder anderen Form seit der Gründung jener ersten britischen Forschergruppe.

Um die Jahrhundertwende meinte man beispielsweise, eine Art Fotografie einer Szene oder einer Person könne aufgenommen und in die Zukunft projiziert werden. Als das Kino in Mode kam, paßte man die Technologie entsprechend an und hielt es für möglich, daß eine Art Film aufgenommen und abgespielt wird. Heute ist das Video an der Reihe, aber wie soll ein derartiger Prozeß ablaufen?

Jede Aufzeichnung beruht darauf, daß etwas auf ein spezifisches Medium geprägt wird. Ein Foto entsteht, wenn Licht bestimmte Chemikalien zu einer photochemischen Reaktion bringt. Dadurch überträgt sich das Muster des Originals aufs Negativ und wird später auf speziell beschichtetem Papier reproduziert. Eine traditionelle Musikaufnahme wiederum entsteht durch Prägung einer Reihe sehr spezifischer Muster auf eine Kunststoffscheibe. Wenn die Nadel an diesen Mustern oder Rillen entlangfährt, reproduziert sie den ursprünglichen Klang. Der technische Fortschritt führt zu einer Veränderung der Art des Informationstransfers, doch das Grundprinzip bleibt gleich. Ein CD-Spieler liest mittels eines hochempfindlichen Lasers Muster auf einer Scheibe, ein Videorecorder bedient sich eines Bandes, dem ständig variierende elektromagnetische Informationen eingeprägt sind. Und die Parapsychologie möchte dieses Transferprinzip auch auf Geistererscheinungen angewendet wissen.

Dabei ergeben sich freilich zwei Probleme. Einerseits scheint es kein Medium zu geben, das derartiges leisten könnte. Und andererseits scheint die gespeicherte Energie an menschliche Emotionen gebunden zu sein.

An Ideen, wie das erforderliche Medium von der Umwelt selbst geschaffen werden könnte, mangelt es den Parapsychologen nicht. So spricht man etwa davon, daß Gebäude (oder vielmehr das Baumaterial) Stoffe enthält, die die für eine Geistererscheinung notwendigen Informationen empfangen und speichern können. Momentan beschäftigt man sich mit der Fähigkeit verschiedener Materialien, Bilder zu speichern. Dabei ist man darauf gekommen, außergewöhnlich viel Quarz enthaltende Gebäude könnten häufiger als Ort von Geistererscheinungen dienen als andere.[46]

Abgesehen von der Art des zur Speicherung und Wiedergabe dienenden Materials ist auch der Energiebedarf des ganzen System von Interesse. Eine Fotografie unterscheidet sich insofern von einem Film, als sie lediglich ein statisches Bild darstellt. Geister aber bewegen sich - zumindest innerhalb eines sehr engen Rahmens - eigentlich immer, weshalb das System in der Lage sein muß, eine mechanische Wirkung zu reproduzieren. Benutzt man einen Videorecorder oder auch nur einen handbetriebenen Kinematographen, so steckt in der Erschaffung des beweglichen Bildes Energie. Wände und Mauern dagegen bewegen sich normalerweise nicht, weshalb wir nach einer alternativen Methode zur Reproduktion eines aktiven Bildes Ausschau halten müssen.

Eine Möglichkeit wäre, daß der Beobachter der Erscheinung die Energie liefert. Auch ungewöhnliche atmosphärische Bedingungen könnten ein gespeichertes Bild freisetzen. Ein häufig auftretendes Merkmal von Geistererscheinungen ist ein plötzlicher Temperatursturz direkt vor ihrem Auftreten, weshalb man vermutet hat, die Energie zur Verarbeitung und Projektion der gespeicherten Informationen entstamme der Umwelt. Eine andere Alternative wäre, daß mehrere Wände an der Projektion beteiligt sind, wie etwa eine Holographie aus mehreren zweidimensionalen Datenschichten besteht, die übereinander liegen.

Der zweite interessante Aspekt des Systems ist dessen Bindung an die menschliche Gefühlswelt. Ein Argument für die Behauptung, Geister seien Widerspiegelungen von Handlungen, beruht auf der Annahme, das ursprüngliche Bild sei während eines Moments intensiver emotionaler Aktivität innerhalb eines spezifischen Raum-Zeit-Gefüges entstanden.

Gestützt wird diese Ansicht durch die Tatsache, daß Erscheinungen sich oft auf ein ungemein dramatisches Ereignis

---

46 Jenny Randles und Peter Hough: *Encyclopedia of the Unexplained.* Michael O'Mara 1995, S. 141.

oder eine traumatische Erfahrung beziehen. In einem solchen Fall bezog eine Dame namens Elizabeth Dempster eine Londoner Wohnung und verspürte sofort eine trübe, unglückselige Stimmung. Um die morbide Atmosphäre zu vertreiben, dekorierte sie die Zimmer in hellen Farben, worauf sie im Schlafzimmer das Bild einer viktorianische Trauergewänder tragenden Frau zu sehen begann. Sie erkundigte sich nach der Geschichte des Hauses und erfuhr, daß es bald nach seiner Entstehung von einer Italienerin und ihrem Gatten bewohnt worden war. Als jene Frau erfuhr, daß ihr Mann unvermittelt zu Tode gekommen war, schloß sie sich im Schlafzimmer ein und blieb dort, bis sie an Hunger starb.

Als weiteres Beispiel für mit starken Gefühlen verbundene Erscheinungen werden geisterhafte Schlachtszenen ins Feld geführt. Sie erscheinen an bestimmten Tagen, möglicherweise wenn die Umweltbedingungen günstig sind. Solche Geisterschlachten werden oft von mehreren Menschen gleichzeitig beobachtet und können Laute und sogar Gerüche projizieren.

Ein berühmter Fall geht etwa ins 17. Jahrhundert zurück, als eine Schar von Schäfern berichtete, sie habe die Schlacht von Edgehill nacherlebt. Bei diesem Schlüsselereignis des englischen Bürgerkriegs waren im Jahre 1643 innerhalb weniger Stunden fünfhundert Männer auf grausame Weise zu Tode gekommen.

Wie aber können Gefühle von einem Gebäude oder – im Falle einer Schlacht – von nichts als dünner Luft gespeichert werden?

Hier hat man die These entwickelt, die vom Gehirn produzierte Energie sei einerseits übertragbar, andererseits produziere das menschliche Gehirn während besonders traumatischer Ereignisse ungewöhnliche Wellenmuster und sei in der Lage, diese Energie zu projizieren.

Nun weist das Gehirn in traumatischen Situationen oder emotionalen Extremzuständen tatsächlich ungewöhnliche Wellenmuster auf, doch selbst dann ist die mit solchen Störungen verbundene Energie viele Grade zu schwach, um irgendeine Wirkung auf die umgebende Materie zu haben. Es wäre jedoch eventuell möglich, daß die vereinte Energie Hunderter oder Tausender gleichzeitiger Tode oder Angstzustände tatsächlich eine *Gestalt* schaffen könnte, die sich der Umgebung einprägt.

In Hongkong treten Geistererscheinungen zum großen Teil in schon während des Zweiten Weltkriegs genutzten Gebäuden auf, vor allem, wenn dort chinesische Gefangene zu Tode gefoltert wurden. Die zweithöchste Geisterpopulation der Stadt findet sich in den Krankenhäusern. Wenn Menschen aber in der Lage sind, ihrer Umwelt Emotionen einzuprägen, warum werden Hiroshima und Nagasaki dann nicht von machtvollen Spiegelungen der dort zu gleicher Zeit verstorbenen Atombombenopfer heimgesucht? Und warum sind im Umfeld der Lager von Bergen-Belsen und Dachau nicht täglich intensive Projektionen sichtbar? Wäre es etwa möglich, daß die zur Zeit des Schreckens herrschenden Umweltbedingungen für eine Prägung ungünstig waren oder daß die heutigen Bedingungen keine Wiedergabe zulassen? Im Falle der Atombombenangriffe wäre es ja denkbar, daß die von der Explosion freigesetzte Energie nicht nur den sofortigen Tod Zehntausender von Menschen bewirkte, sondern auch den mechanischen Prozeß der Speicherung von Bildern außer Kraft setzte.

Eine Reihe heutiger Psi-Experten vertritt ein anderes Erklärungsmuster. Unter ihnen ist der ›Geisterjäger‹ Andrew Green, dessen Name 1996 in die Schlagzeilen kam, als er zur Suche nach einem Geist herbeigerufen wurde, der sich mehrfach in der Londoner Royal Albert Hall gezeigt hatte. Green ist der Meinung, Geister seien vom Beobachter selbst geschaffene Projektionen.

Laut Green sind Geister »Formen elektromagnetischer Energie, die sich bei 380 bis 440 Millimikrometer im infraroten Teil des Spektrums befindet. [...] Nehmen wir einmal an, man würde mir den plötzlichen Tod meiner Frau mitteilen. Ich wäre im Innersten erschüttert und würde im Geist ihr Bild schaffen. Und genau dieses Bild wird dorthin übertragen, wo ich sie zum letzten Mal gesehen habe. Ob das fünfzig Meilen entfernt ist oder oben im Schlafzimmer, spielt keine Rolle. Das Bild ist dort in der Schwebe, bis jemand es aufnimmt.«[47]

Wenn Geister aber telepathische Projektionen sind, so stoßen wir wieder auf das Problem, mit Hilfe welcher Energie ein derartiges Bild geschaffen oder einem anderen Individuum (dem Beobachter) übermittelt wird. Die solcherart entstandenen Geister wären überdies nur sichtbar, wenn jemand, der die betreffende Person gekannt hat, seinerseits noch am Leben ist und die Projektion initiieren kann.

Verweigern wir uns der Vorstellung, Geister seien Aufzeichnungen oder Projektionen, so bleibt eine begrenzte Anzahl weiterer Optionen. Einige davon sind recht naheliegend. So hat Eleanor Sidgwick bei ihrer Pionierarbeit eine Liste höchst irdischer Erklärungen für Geistererscheinungen zusammengestellt, auf die man vor der Erwägung unerklärlicher Muster stets zurückgreifen sollte:

1. Schwindel,
2. Übertreibung oder inadäquate Darstellung,
3. Trugbilder,
4. Verwechslung,
5. Halluzination.

Als Sidgwick und ihre SPR um die Jahrhundertwende mit ihrer Arbeit begannen, war platter Schwindel nicht gerade selten. Spiritismus war schon einige Jahrzehnte zuvor in Mode gekommen und hatte sich zu einer blühenden Kleinindustrie mit einer wachsenden Zahl von Medien und Spiritisten entwickelt, die auf die vollen Taschen leichtgläubiger Zeitgenossen schielte. Es war eine Mode, die alle sozialen Schranken überwand und auch das flüchtige Interesse von Künstlern, Schriftstellern und neugierigen Wissenschaftlern weckte. Charles Darwin etwa hat einmal gemeinsam mit Kollegen und dem Autor George Eliot an einer Séance teilgenommen, war danach aber noch skeptischer als vorher.

---

[47] Andrew Davidson: *The Spectre Inspector,* in: *The Sunday Telegraph,* 5. Mai 1996, S. 3.

Auch in späteren Jahren hat man eine Anzahl groß angelegter Schwindel aufgedeckt. Das Pfarrhaus von Borley in Essex, das 1939 bis auf die Grundmauern niederbrannte, war als spukträchtigstes Haus Englands bekannt: Über einen Zeitraum von wenigen Jahren wurden in ihm angeblich um die 5000 paranormale Erscheinungen beobachtet. Zu seinem Ruhm kam das Haus, als der Psi-Forscher Harry Price es untersuchte und einen 1940 erschienenen Bestseller darüber schrieb. In den fünfziger Jahren überprüfte die SPR Price' Behauptungen und mußte feststellen, daß sie samt und sonders erfunden waren.

Ein weiteres Beispiel ist das Spukhaus von Amityville im amerikanischen Bundesstaat New York, das zum Thema eines auflagenstarken Buches und eines Horrorfilms wurde. Hier hatten sich die ehemaligen Besitzer George und Kathy Lutz und der Anwalt William Weber die ganze Geschichte aus rein kommerziellen Gründen ausgedacht.

Konnte man im 19. Jahrhundert mit Spiritismus und Séancen viel Geld verdienen, so tut man dies heute mit der erfolgreichen Vortäuschung sensationeller übersinnlicher Erfahrungen. Der Mensch will an etwas glauben, er will mit seinen verstorbenen Angehörigen sprechen, und in der Zeit vor der Einführung des Fernsehens und des Konzepts virtueller Realität war die Masse leichter zu beeindrucken und bezahlte für dieses Privileg. Eines der Ziele der akademisch ausgerichteten SPR war es, Betrügereien aufzudecken; und Untersuchungen durch Initiativen wie dieser führten im 19. Jahrhundert sogar zu mit Haftstrafen endenden Prozessen.

Heutzutage beruht nur ein kleiner Teil der bekannt werdenden Geistererscheinungen auf reinem Schwindel, da dieser mit Hilfe hochentwickelter Verfahren meist rasch entdeckt werden kann. Dagegen sind Übertreibung und inadäquate Darstellung weiterhin ein wichtiger Faktor. Oft ist der Zeuge durchaus ehrenhaft, hat eine Erfahrung aber unwillentlich falsch interpretiert oder war das Opfer einer optischen Täuschung. So können Angstzustände zu verzerrter Wahrnehmung führen; wie es auch bei Streß erstaunlich oft zu Sinnestäuschungen kommt. Und wenn ein einsamer Zeuge bei schlechter Beleuchtung oder unter ungewöhnlichen Umständen einen Geist vor sich zu haben meint, mag man ihm nachsehen, daß er die seinem Gehirn übermittelte Information falsch interpretiert hat.

Die interessanteste aller sogenannten *trivialen* Erklärungen für Geistererscheinungen ist die Halluzination. Viele mit dem Thema beschäftigte Forscher, seien sie leidenschaftliche Okkultisten oder empirisch gesonnene Skeptiker, akzeptieren die Tatsache, daß der allergrößte Teil der Erscheinungen hier seine Lösung findet.

Bei Halluzinationen handelt es sich um einen gut erforschten psychischen Zustand, der erstaunlich weit verbreitet ist. Eine der nützlichsten Leistungen der ursprünglichen SPR war eine auf 17 000 Informanten basierende Umfrage, die die Häufigkeit von Halluzinationen bestimmen sollte. Es stellte sich heraus, daß 2300 der Befragten bereits einen solchen Zustand erlebt hatten. Eine neuere, an amerikanischen Colleges durchgeführte Studie hat gezeigt, daß 70 Prozent der befragten Studenten im Wachzustand schon einmal Stimmen halluziniert hatten.[48]

In seinem Buch *Fire in the Brain* schreibt der Psychologe Ronald K. Siegel über dieses Phänomen: »In der Vergangenheit hat man Halluzinationen oft als das Reich der Wahnsinnigen angesehen. Betrachtet man jedoch die hier aufgeführten Fallgeschichten, so bildet sich allmählich das Verständnis, jeder könne sie haben. Sie entstehen aus den allen Menschen eigenen Strukturen im Gehirn und im Nervensystem, auf gemeinsamen biologischen Erfahrungen und auf Reaktionen des Gehirns auf Stimulation oder Deprivation. Die Bilder mögen bizarr sein, doch sind sie nicht notwendigerweise verrückt. Sie basieren einfach auf in unserem Hirn gespeicherten Bildern. Wie eine Luftspiegelung, die in der weiten Leere des Ozeans oder der Wüste eine phantastische Stadt entstehen läßt, sind

---

48 H. Sidgwick, E. Sidgwick und A. Johnson: *A Report on the Census of Hallucinations,* in: *Proceedings of the Society of Psychical Research,* Bd. 10 (1894), S. 25–422; Terence Hines: *Pseudoscience and the Paranormal.* New York, Prometheus 1988, S. 61.

halluzinatorische Wahrnehmungen nichts als die Reflexion realer, anderswo befindlicher Objekte.«[49]

Der häufigste Zeitpunkt, zu dem Geister erscheinen, sind die späten Nachtstunden, normalerweise kurz vor dem Einschlafen des beobachtenden Subjekts. Der legendäre Geist am anderen Ende des Betts ist ein gängiges Requisit vieler Horrorfilme, doch beruht er auf einem guten Grund. Wenn der Körper das Nervensystem vom willentlich operierenden Wach- zum unwillentlichen Schlafzustand umschaltet, erleben wir regelmäßig sogenannte *hypnagogische Halluzinationen.* Es ist wie ein Kurzschluß, bei dem das Gehirn vorübergehend durch den Übergang von einem Zustand in den andern in Verwirrung gerät, wodurch Bilder aus einer tiefliegenden Schicht der bewußten Erinnerung oder aus dem Unterbewußten auftauchen. Eben dieser Vorgang ist wohl für die meisten Erscheinungen verantwortlich.

Solche Visionen oder Halluzinationen können sehr real scheinen und von Lauten oder gar Gerüchen begleitet sein. Ein ähnlicher Zustand ist übrigens das Schlafwandeln. Nicht wenige Menschen haben zum einen oder anderen Zeitpunkt die merkwürdige Erfahrung gemacht, plötzlich ins Badezimmer zu treten oder im Wohnzimmer vor dem ausgeschalteten Fernseher zu sitzen. Oft erscheinen solche Erfahrungen im Augenblick sehr real, sind am nächsten Morgen jedoch fast vollständig in Vergessenheit geraten.

Mit dem Schlaf zu tun hat auch die häufig auftretende *hypnopompische Halluzination,* die beim Aufwachen einsetzt. Auch sie gründet sich auf ein Umschalten des Nervensystems, diesmal in umgekehrter Richtung; und auch sie dürfte für viele Erscheinungen verantwortlich sein.

Beide Halluzinationsformen können herangezogen werden, um die sogenannten ›Anhalterhalluzinationen‹ zu erklären. Seit dem Beginn unserer Autogesellschaft ist dieses zunehmend häufige Phänomen ein fester Bestandteil der Geistermytholo-

---

[49] Ronald K. Siegel: *Fire in the Brain: Clinical Tales of Hallucination.* New York, Plume 1993, S. 11.

gie. Es geht dabei um Autofahrer, die geisterhafte Figuren am Straßenrand erblicken. Solche Erscheinungen treten oft an für besonders schauderhafte Unfälle bekannten Wegstrecken auf oder dort, wo nach Auskunft der Einheimischen erhöhte spektrale Aktivität herrscht. Gelegentlich haben Autofahrer sogar gemeint, sie hätten Menschen überfahren, und dabei das Holpern der Räder über die Leiche verspürt. Wenn sie dann anhielten, um dem Opfer zu helfen, starrten sie verblüfft auf leeren Asphalt.

Noch dramatischere Berichte stammen von Fahrern, die tatsächlich eine Decke über ein vermeintliches Unfallopfer breiteten, nur um beim Eintreffen der Polizei festzustellen, daß die Leiche verschwunden war. Im Jahre 1979 berichtete ein englischer Autofahrer namens Roy Fulton, er habe an einer Landstraße spät nachts einen Anhalter aufgelesen. Der junge Mann öffnete die Tür und saß schweigend auf dem Rücksitz, ohne auf Fultons Kommunikationsversuche zu reagieren. Erst als dieser sich umwandte, um dem Anhalter eine Zigarette anzubieten, bemerkte er, daß sein Fahrgast verschwunden war.

Derartige Berichte werden gern mit beißendem Spott bedacht oder als bewußter Schwindel bezeichnet. Letzteres mag in vielen Fällen zutreffen, gelegentlich könnte es sich aber auch um hypnagogische oder hypnopompische Halluzinationen handeln, die beim momentanen Schwinden des Bewußtseins oder beim plötzlichen Erwachen aus dem berühmten Sekundenschlaf auftreten. Die vom Gehirn erzeugten Visionen werden dann von Umweltfaktoren und individuellen Umständen vergrößert. Ohnehin kann eine Fahrt über eine dunkle Landstraße suggestive geistige Bilder erzeugen; rast man in der Ebene über eine gerade, scheinbar endlose Autobahn, so entsteht oft ein beinahe hypnotisches Gefühl.

Ein verwandtes Phänomen ist das der Krisenerscheinung, bei der man die Gegenwart eines Menschen spürt, den man dem Tode nahe weiß. In einer Vielzahl dokumentierter Fälle haben Menschen offenbar Projektionen naher Verwandter oder Freunde gesehen, die sich zu diesem Zeitpunkt in einer kritischen Lage oder kurz vor dem Moment ihres Todes befanden. Edmund Gurney, Frederick Myers und Frank Podmore haben in ihrem bereits erwähnten Buch *Phantasms of the Living* ganze 701 Fälle solcher Projektionen gesammelt und mußten gestehen, daß ihnen zu vielen keine Erklärung einfiel.

Einer der faszinierendsten Berichte dieser Form von Erscheinungen stammt aus den dreißiger Jahren. In einer stürmischen, eiskalten Nacht versuchten ein einäugiger englischer Pilot namens Hinchliffe und seine Kopilotin die erste Ost-West-Überquerung des Atlantiks. Sie befanden sich mitten über dem Ozean, als ihr Doppeldecker unvermittelt in schlechtes Wetter geriet. Starke Böen warfen ihn hin und her, magnetische Interferenzen störten den Kompaß, und ohne jeden sichtbaren geographischen Anhaltspunkt waren die Flieger bald rettungslos verloren. Mit aufheulendem Motor schmierte das Flugzeug ab und verschwand in den Wogen. Beide Piloten waren auf der Stelle tot.

In derselben Nacht befanden sich zwei von Hinchliffes Freunden, die Offiziere Rivers Oldmeadow und Henderson, an Bord eines Dampfers, der mehrere hundert Meilen von der Absturzstelle entfernt dem Hafen von New York zustrebte. Beide hatten den Piloten geraume Zeit nicht gesehen und wußten in keiner Weise, daß er mit seiner Kollegin den Rekordversuch in Angriff genommen hatte. Inmitten der Nacht und nach späterer Überprüfung genau zu dem Zeitpunkt, in dem Hinchliffes Flugzeug in den Sturm geraten war, platzte Oberst Henderson im Pyjama in die Kabine seines Freundes und rief:

> *»Mein Gott, Rivers, es ist etwas Schauderhaftes geschehen. Gerade war Hinch in meiner Kabine. Ich hab' deutlich seine Augenklappe gesehen. Es war furchtbar. Wieder und wieder hat er gesagt: ›Hendy, was soll ich bloß tun? Was soll ich bloß tun? Da hab' ich die Frau bei mir und bin verloren. Ich bin verloren.‹ Dann ist er vor meinen Augen verschwunden. Einfach verschwunden.«*

Wer nach übersinnlichen Erklärungen für Geister und Erscheinungen sucht, wird behaupten, dieser und ähnliche Vorfälle ließen sich auf eine Art Notfall- oder Krisentelepathie zurückführen: Im Augenblick des Todes, sagt man, sei das menschliche Gehirn fähig, ein Bild oder eine Nachricht seiner Lage auszusenden, vielleicht als einen letzten Versuch, zu überleben. Allerdings kann man derartige Vorfälle auch in wesentlich prosaischerem Licht betrachten.

Da wäre zum einen die sehr plausible Möglichkeit einer Halluzination. Besagter Oberst Henderson mag einen angenehmen Abend in der Messe verbracht haben, bevor er sich schlafen legte und dann eine vom Alkohol geförderte hypnagogische Halluzination hatte.

Mag sein, sagt der Psi-Forscher, aber wie erklärt das, daß Henderson keine Ahnung von dem riskanten Flug seines Freundes hatte?

Nun, im Unterbewußtsein wußte er vielleicht davon. Möglicherweise hatte er beim Zeitunglesen unbewußt einen Artikel über den Rekordversuch entdeckt, ohne ihn zu lesen oder auch nur bewußt zu erkennen, daß er ihn gesehen hatte. Dies könnte dann seine Halluzination angeregt und das unbewußte Bild geliefert haben, um das er seine Vision schuf.

Zum anderen kann man diese und viele andere Krisenerscheinungen damit erklären, daß Menschen unterbewußt Kenntnis von einem Ereignis haben, aber eine Halluzination erschaffen müssen, damit diese Information in ihr Bewußtsein dringt. Die üblichsten Gründe für derartige Blockaden sind Angst und Schuldgefühle, also Emotionen, die das Bewußtsein an der Analyse einer bestimmten Situation hindern. In solchen Fällen muß das Gehirn versuchen, die Information durch ein alternatives System zu filtrieren, in dem es auf keine Widerstände stößt.

Eine letzte Erklärung für halluzinatorische Krisenerscheinungen sind Wunschdenken und das Bedürfnis nach Trost. Die meisten Menschen erhoffen die Existenz eines Lebens nach dem Tod, und viele von uns, die sich unsicher oder ängstlich fühlen, verspüren dieses Bedürfnis möglicherweise so stark, daß sie ›Beweise‹ produzieren, um es zu stützen. Sie halten Geister für den Beweis eines spirituellen Weiterlebens, weshalb ihr Unterbewußtsein entsprechende Bilder heraufbeschwört. Auf ähnliche Weise kann man sich vorstellen, von einer tröstenden, hilfreichen Figur aufgesucht zu werden, die entweder vor drohenden Gefahren warnt oder Ermutigungen überbringt, eine schwierige Aufgabe zu meistern. So behauptete der Rekordfahrer Donald Campbell, ihm sei in vielen Situationen sein Vater erschienen, um ihn vor drohenden Gefahren zu warnen.

Eine ganz andere Art von Erscheinung ist das Phänomen des Spuks, besonders die Aktivität von Poltergeistern. Spuk wird gemeinhin von mehreren Menschen beobachtet und umfaßt ein breites Spektrum scheinbar übernatürlicher Vorgänge: das Auftauchen und Verschwinden von Gegenständen, Geräusche, Gerüche und ganz selten gewaltsame, sogar lebensbedrohliche Vorfälle.

Wenn eine Gruppe von Menschen gemeinsam dieselbe Erfahrung macht, kann man diese nicht leicht als Halluzination oder Schwindel abtun. Vielfach kommt man aber doch auf recht banale Ursachen, wenn man nur genau genug nachforscht.

Bei der Untersuchung von Spukphänomenen müssen zuerst einmal natürliche Geräusche und Gerüche ausgeschlossen werden. Das kann sehr umständlich sein, weshalb Liebhaber okkulter Erklärungen mit großem Vergnügen Fälle auflisten, in denen monatelange Untersuchungen bestimmter Vorfälle keinerlei Verbindungen zu Naturphänomenen zu Tage bringen konnten. So etwas ist jedoch selten und auch kein Beweis für übernatürliche Vorgänge. Vielmehr zeigt es, daß die Untersuchungen nicht gründlich genug waren.

Können Schwindel, natürliche Ursachen und Sinnestäuschungen ausgeschlossen werden, kommt wieder die Halluzination ins Spiel. So überraschend es klingen mag, kann eine Gruppe von Individuen dieselben Bilder heraufbeschwören. Man spricht dann von einer Massenhalluzination. Sie entsteht, wenn ein Mitglied der Gruppe eine stärkere Persönlichkeit besitzt als die anderen und eine überzeugende Suggestion schafft, die jene übernehmen. So erklären sich viele von Eltern und Kindern gemeinsam beobachteten Spukfälle, bei denen ein Erwachsener (seltener ein Kind) unabsichtlich eine Vorstellung in den Raum setzt, worauf alle von Furcht und Schrecken ergriffen werden.

Die Okkultisten haben dieses Konzept unter Zugabe eines übernatürlichen Elementes zur *Infektiösen Halluzinationstheorie* aufgebläht. Sie beruht auf der Annahme, ein Mitglied der Gruppe erfahre eine Halluzination, die es den anderen auf telepathischem Wege mitteilt. Psychologische Experimente haben jedoch gezeigt, daß ein solcher Mechanismus im Grunde nicht nötig ist. Kommt die richtige Mischung von Individuen in einer von Gefahr und Angst beherrschten Atmosphäre zusammen, so sind die von einer der stärkeren Persönlichkeiten geschaffenen Halluzinationen infektiös genug, um sich ohne Telepathie auf die anderen zu übertragen.

Eine letzte, von manchen Psi-Liebhabern vorgebrachte Erklärung für Poltergeister ist die Vorstellung, emotionale Störungen im Menschen könnten auf dramatische physikalische Ereignisse projiziert werden. Sie geht davon aus, Menschen mit der Fähigkeit zur Projektion telepathischer Bilder könnten in emotional kritischen Situationen genug psychische Energie produzieren, um Möbel zu verrücken oder Dinge durchs Zimmer fliegen zu lassen.

Wie wir in Kapitel 4 gesehen haben, ist die für solche Kunststücke nötige Energie von ganz anderer Art als die vom menschlichen Gehirn produzierte. Nach den bekannten physikalischen Gesetzen ist so etwas also absolut unmöglich. Weniger problematisch mag die Erklärung sein, eine menschliche Halluzinationsquelle sende Bilder ins Gehirn von Zeugen. Auch hier bedarf es keiner Telepathie. Hat der Schöpfer des Bildes einen entsprechend starken Charakter, so kann er eventuell in der Lage sein, auch bei den anderen Anwesenden Halluzinationen hervorzurufen. Dabei kann es sogar dazu kommen, daß die Empfänger eines gewaltsamen Vorgangs davon überzeugt sind, Schmerz zu empfinden oder Schnitte, Verbrennungen und Blutergüsse zu spüren.

Die Aktivität von Poltergeistern konzentriert sich nachweislich eher auf Kinder und Jugendliche als auf Erwachsene, wobei sich pubertierende Mädchen besonders empfindlich zeigen. Die Okkultisten sind daher der Meinung, das in dieser Lebensphase auftretende hormonelle und seelische Ungleichgewicht fördere die psychokinetischen Fähigkeiten der jungen Damen. Eine logischere Erklärung wäre, daß die Betroffenen in einer Zeit, in der die stoffliche Struktur von Körper und Gehirn durcheinandergerät, eher dazu in der Lage sind, in ihrem Umfeld mittels Suggestion und emotionaler Manipulation Halluzinationen zu fördern. Besonders Mütter, die wegen der zunehmenden Probleme ihrer pubertierenden Töchter in großer Unruhe sind, könnten dafür empfänglich sein, besonders wenn die Vorstellung, in ihrem Haus spuke es, bereits Zugang zu ihrem Bewußtsein gefunden hat.

Seit mehr als hundert Jahren versuchen die Anhänger einer paranormalen Erklärung für Geister und Erscheinungen nun bereits, klare Beweise für ihre Behauptungen zu erbringen. Im 19. Jahrhundert ließ sich die von Medien und Spiritismus faszinierte Masse unschwer von einem übernatürlichen Charakter der Geister überzeugen; erst als Skeptiker viele der Leitfiguren als Schwindler entlarvten, schwand die Popularität der Séancen.

Die fotografischen Hinweise jedenfalls sind äußerst mager. Die meisten an die Öffentlichkeit gelangten Beispiele erinnern an Theatergespenster mit Laken über dem spektralen Haupt. Falls keine Kavaliere im vollen Ornat oder dämonische Gestalten mit vorstehenden Augen zu sehen sind, erinnern die Aufnahmen an mißlungene Negative mit Lichtflecken oder optischen Abweichungen. Wenn Geister Besucher aus dem Jenseits sind und so häufig erscheinen, wie viele glauben, ist so etwas einigermaßen überraschend.

Ein verblüffender Faktor, der neuerdings als Hinweis auf den übernatürlichen Charakter von Geistern herangezogen wird, ist das *Phänomen elektronischer Stimmen.* Es bezieht sich auf den Prozeß, bei dem Aufnahmen von Hintergrundgeräuschen scheinbar den Klang der Stimmen von Toten wiedergeben.

Das Phänomen erregte erstmals im Jahre 1920 Interesse, als die Oktoberausgabe des *Scientific American* einen ausführlichen Artikel über den berühmten Erfinder Thomas Alva Edison brachte. Edison berichtete darin über die Arbeit an einem Apparat, mit dessen Hilfe man mit den Toten kommunizieren könne. Die meisten seiner Zeitgenossen waren der Ansicht, hier handle es sich um einen Fall fortgeschrittener Senilität, und auch das wissenschaftliche Establishment kümmerte sich nicht um Edisons Ideen. Es war keine Überraschung, daß es dem Erfinder bis zu seinem Tod im Jahre 1931 nicht gelang, die versprochene Maschine zu konstruieren. Im selben Jahr behauptete jedoch der medial veranlagte Amerikaner Attila von Szalay, er habe die Stimme seines verstorbenen Sohnes gehört. Später ›fing‹ er diese Stimmen mit Hilfe eines Schallplattenschneidegeräts bei 78 Umdrehungen pro Minute. Drei Jahrzehnte später, 1959, hörte sich der schwedische Opernsänger Fredrich Jurgenson Bandaufnahmen von Vogelstimmen an, als er im Hintergrund norwegisch sprechende menschliche Stimmen zu hören meinte.

Bald folgten andere der von Edison, Szalay und Jurgenson gelegten Spur. Diverse Bücher über das Phänomen wurden verfaßt; das bekannteste erschien 1971 *(Breakthrough)* und dokumentierte über 70 000 Aufnahmen, von denen viele das zwischen einzelnen Radiostationen zu hörende Rauschen wiedergaben.

Die Wissenschaft tut sich schwer mit der Annahme, solche Aufnahmen enthielten Botschaften aus der Geisterwelt. Ein erster und sehr naheliegender Kritikpunkt ist die völlige Subjektivität bei der Interpretation der Aufnahmen. Verschiedene Menschen hören auf den Bändern verschiedene Dinge. Nur wenn eine starke Persönlichkeit darauf besteht, eine bestimmte Stimme spreche in einer bestimmten Sprache, und wenn sie wiedergibt, was sie für eine sinnvolle Botschaft hält, hören auch andere dieselben Sätze.

Des weiteren haben Menschen offenbar die angeborene, oft

zu einem Bedürfnis werdende Neigung, im Chaos nach Ordnung zu suchen. Man hält dies für eine tief verwurzelte Überlebenstechnik, für eine Fähigkeit, scheinbar zufällige Ereignisse analysieren zu können und in ihnen Muster zu entdecken. Wer sie beherrscht, ist psychologisch gesehen besser auf unvorhersehbare Resultate vorbereitet. Zudem wird hier ein instinktives Sicherheitsbedürfnis erkennbar: Ordnung ist gleichbedeutend mit Stabilität, diese garantiert Sicherheit. Wer also aus zufälligen Signalen und Bandaufnahmen erkennbare Stimmen zu hören meint, unterliegt einer tiefenpsychologisch motivierten Selbsttäuschung.

Eine letzte Erklärung für den beschriebenen Effekt hat nichts mit dem Menschen an sich zu tun, sondern bezieht sich auf ein fundamentales Universalgesetz – die Chaostheorie.

Ein chaotisches System wird definiert als eines, das ›Sensitivität gegenüber Ursprungsbedingungen‹ aufweist. Das bedeutet, daß eine minimale Veränderung am Ausgangszustand identischer Prozesse zu sehr unterschiedlichen Endergebnissen führen kann. Plaziert man beispielsweise zwei Staubflocken auf die vibrierende Oberfläche zweier Whirlpools, so zeigen sie ein chaotisches Verhalten. Ihre jeweiligen Bewegungsmuster erscheinen zufällig und sind natürlich zunehmend schwerer vorauszuberechnen, unterscheiden sich aber je nach Anfangsbedingung sehr stark.

Das Chaos ist ein Teil unseres Alltags. So ist das irdische Wetter chaotisch, was Vorhersagen bekannterweise schwierig macht. Ein tropfender Wasserhahn verhält sich chaotisch, und man vermutet sogar, das globale Finanzsystem weise ein chaotisches Muster auf, was langfristige Spekulationen riskanter macht, als vielen Anlegern bewußt ist.

Wie Chaos funktioniert, kann man sich mit Hilfe eines hübschen Bildes verdeutlichen, das als *Schmetterlingseffekt* bekannt wurde. Es postuliert, das Flügelflattern eines englischen Schmetterlings könne in Australien ein Gewitter heraufbeschwören. Das klingt absurd, ist aber durchaus plausibel, weil die winzige Störung, die der Schmetterling verursacht, ein Beispiel für eine Veränderung der Ursprungsbedingungen darstellt. Weil Wettersysteme aber empfindlich auf diese Bedingungen reagieren, könnte sich der ursprünglich winzige Effekt verstärken, bis man ihn mittels einer langen und komplexen Serie von Ereignissen auf der anderen Seite des Globus ein Gewitter hervorrufen sieht.

Was hat das nun mit den per Tonband eingefangenen ›Geisterstimmen‹ zu tun?

Ein verblüffendes Merkmal chaotischer Systeme ist die Tatsache, daß im Chaos auch Ordnung liegt. Die Wissenschaft vermutet, hier liege der Mechanismus, mit dem ein scheinbar chaotisches Universum ›Inseln‹ der Ordnung hervorbringt. Unsere Erde, unsere Zivilisation, ja wir als Individuen könnten samt und sonders lokale Anomalien relativer Ordnung in einem Ozean zufallsbedingt umherwandernder Partikel sein, den wir als Universum kennen. In seinem Bestseller *Chaos* schreibt James Gleick: »Zunehmend setzt sich die Ansicht durch, daß hinsichtlich der Vorhersagbarkeit selbst einfachste Systeme schwierigste theoretische Probleme aufgeben. Und dennoch entsteht auch in solchen Systemen plötzlich Ordnung: Ordnung und Chaos existieren in einem.«[50]

Das Rauschen eines entsprechend eingestellten Radios oder Hintergrundgeräusche einer Aufnahme von Vogelstimmen können ein solches chaotisches System darstellen. Innerhalb dieses Chaos mögen sich nun Ordnungselemente finden lassen, das heißt unbeständige, flüchtige Organisationsfragmente. Lauscht jemand, der an einen übernatürlichen Ursprung von Geistern glaubt, eben diesen Mustern, so kann er wohl momentan geordnete Kombinationen entdecken und sie zu zusammenhängenden, aber dennoch imaginären Wortfolgen intensivieren.

An der Existenz von Geistern ist nicht zu zweifeln, doch schlüssige Hinweise darauf, daß ein Aspekt unserer Persönlichkeit oder eine Seele den Hirntod überlebt, wird man ver-

---

50 James Gleick: *Chaos. Die Ordnung des Universums.* München, Droemer Knaur 1988, S. 18.

geblich suchen. Geister scheinen also anderen, ungemein vielfältigen Quellen zu entstammen, von bewußtem Schwindel bis zur Massenhalluzination. Möglich scheint es auch, daß eine ungewöhnliche Konstellation von Umweltbedingungen Energien einfängt, die die physikalischen Merkmale einer bestimmten Person aufweisen. Allerdings halte ich es für unnötig, diese Vorstellung dahingehend zu erweitern, daß es sich gelegentlich um Formen psychischer Energie handelt, die aus extremen Gefühlen resultieren. Viele nicht einfach als Schwindel, Sinnestäuschung, Halluzination oder außergewöhnliche atmosphärische Bedingungen erklärbare Geister scheinen in ihrem Bewegungsradius begrenzt und begnügen sich mit der endlosen Wiederholung einer bestimmten Handlung. Gelegentlich ruft eine Erscheinung beim Beobachter Depressionen hervor oder ist selbst für gedrückte Stimmungen empfänglich. Dies ist aber mit hoher Gewißheit ein von der Psyche des Beobachters, nicht vom Geist verursachter Effekt. Wenn tatsächlich ein System von Aufnahme und Wiedergabe solcher Bilder existiert, so ist es ein rein physikalisches, eventuell tatsächlich von extremen Gefühlen ausgelöstes Phänomen, das mit wissenschaftlichen Methoden noch nicht erfaßbar ist.

Sollten Erscheinungen also in der Gegenwart ›abgespielte‹ Bilder aus der Vergangenheit sein, so müssen wir auf die Entdeckung entsprechender physikalischer und biologischer Untersuchungsmuster warten. Bis dahin bleibt nur die Annahme, daß Geister der Psyche jener Menschen entspringen, die sie sehen. Sie wären dann Projektionen unserer eigenen Wünsche und Ängste und hätten keine greifbare Form in der physikalischen Welt.

9. Kapitel

Die Verlorenen und die Einsamen

»Von Leben trunken, ein Vampir,
Erheb dich, Leichnam, voll Begier.
Dann geist're nachts durch Land und Haus
Und saug das Blut der Menschen aus.«

LORD BYRON

Bei jedem von uns geistern dunkle Kreaturen, blutsaugende Vampire und Meeresungeheuer durchs Unterbewußtsein. Diese Wesen schleichen sich in unsere Alpträume, regen unsere Phantasie an: sie sind universelle, der ganzen Menschheit vertraute Urbilder, Archetypen im Sinne C. G. Jungs. Einige von ihnen lassen sich aber vielleicht auch mit wissenschaftlichen Methoden erklären.

Der allgemeine Ausdruck *mythische Ungeheuer* wurde benutzt, um eine große Anzahl von Kreaturen aus allen Teilen der Welt zu benennen, die in den Geschichtsbüchern fast aller Kulturen auftauchen und Eingang fanden in Literatur und Kunst. Aber neuere Untersuchungen deuten an, daß der Ausdruck *mythisch* vielleicht nicht so zutreffend ist, wie manche Skeptiker gern glauben. Gewiß, diese Tiere sind äußerst scheu, doch insgesamt zeigen die beobachteten Fälle, Fotografien und Filmdokumente, daß unsere Welt mit an Sicherheit grenzender Wahrscheinlichkeit eine Unmenge von Geschöpfen beherbergt, über die wir gerade erst zu spekulieren begonnen haben. Zu ihnen gehören vereinzelte Relikte prähistorischer Lebewesen genauso wie seltene Exemplare mit mehr oder minder starken genetischen Abweichungen.

Offenbar gibt es zwei verschiedene Gruppen von Kreaturen, die sich bisher nicht in eine von der Wissenschaft akzeptierte Gattung einordnen ließen. Ich bezeichne sie als *menschliche Varianten (human variants)* und *evolutionäre Sackgassen (evolutionary cul-de-sacs)*. Die ersteren sind dem Menschen ähnlich, besitzen darüber hinaus aber außergewöhnliche Eigenschaften; dazu zählen Vampire, Meerjungfrauen, Werwölfe. Die letzteren sind Geschöpfe, die sich abseits der von der modernen Biologie erforschten Gebiete entwickelt haben – beispielsweise die Meeresungeheuer, das ›Monster‹ von Loch Ness, der Yeti und der sogenannte ›Bigfoot‹.

Unter den menschlichen Varianten ist der Vampir die faszinierendste und furchterregendste Erscheinung. Der Theologe Heinrich Zopfius schrieb zu Beginn des 18. Jahrhunderts: »Vampire entsteigen des Nachts ihren Gräbern, fallen über Menschen her, die friedlich im Bett schlafen, saugen alles Blut aus ihren Körpern und richten sie zugrunde. Sie suchen gleichermaßen Männer, Frauen und Kinder heim, machen nicht halt vor dem Alter noch vor dem Geschlecht. Wer unter ihrem bösen Einfluß steht, klagt über Atemnot und einen völligen Mangel an Lebenskraft, so daß er bald seinen Geist aushaucht.«

In Europa sind Vampire etwa seit dem frühen Mittelalter bekannt; in den neuzeitlichen Phantasievorstellungen existieren sie gerade auch deshalb weiter, weil sie auf Schriftsteller eine unwiderstehliche Anziehungskraft ausübten. Der berühmteste Vampir ist jener legendäre Antiheld aus Bram Stokers 1897 veröffentlichtem Roman *Dracula,* dessen Name inzwischen zu einer Art Gattungsbezeichnung geworden ist. Obwohl er das Bild des Vampirs entscheidend prägte, war dieses unheimliche Wesen damals bereits fester Bestandteil und beliebtes Genre der Horrorliteratur, die sich seit dem 18. Jahrhundert ausbreitete. 1796 hatte Matthew Lewis mit *The Monk* (Der Mönch) einen der ersten Vampirromane verfaßt, und um 1840 erschien ein umfangreiches, mehr als tausend Seiten starkes Werk mit dem Titel *Varney the Vampire* (Varney der Vampir).

Alle diese Bücher stellen Vampire als bluttrinkende, menschenähnliche Kreaturen dar, die das Sonnenlicht fliehen und ihre Opfer aussaugen, um weiterzuleben. Sie haben durchweg etwas Verletzliches an sich und erwecken heftige erotische Gefühle. Seit jener Zeit, da solche Geschichten erstmals populär wurden, ist die Gestalt des Vampirs praktisch unverändert geblieben und erscheint so als ein fast zeitloses Symbol der Verdorbenheit, der Macht – aber auch der Trauer.

Überraschenderweise behaupten heute immer mehr Menschen, Vampire zu sein. Die Filme *Interview mit einem Vampir*, das Remake von *Dracula* aus dem Jahre 1990 und Quentin Tarantinos *From Dusk Till Dawn* haben allesamt jene neogruftige Subkultur gefördert, die einige labile Naturen dazu anregte, sich Särge zu kaufen und das Sonnenlicht (speziell die Gluthitze von Los Angeles) zu meiden.

Das Internet versammelt in zunehmendem Maße eine erstaunlich gesunde Gruppe von Vampiren; daneben erschienen die Bekenntnisse dieser Blutbesessenen in mehreren neueren Büchern, so etwa in *Chaos International* (1992) und in Rosemary Ellen Guilys *Vampires Among Us* (Vampire unter uns). Wahre Lebensgeschichten heutiger Vampire sind innerhalb bestimmter Kreise fast schon an der Tagesordnung. Jack Dean, der nach eigener Aussage menschliches Blut trinkt, fand Geschmack an diesem ›ganz besonderen Saft‹, nachdem er bei einem Autounfall verletzt worden war, und Philip Hine entwickelte seine fetischistische Neigung, als er mit Blut bespritzt wurde, weil sich ein Freund eine schlimme Schnittwunde zugefügt hatte.

Einem Bericht zufolge gibt es in Los Angeles gegenwärtig 36 registrierte Personen, die menschliches Blut trinken, und bei einer letzten Umfrage bezeichneten sich 700 Amerikaner als Vampire. Diese Manie bleibt besorgniserregend, auch wenn wahrscheinlich nicht alle von ihnen authentische Blutsauger, sondern lediglich Opfer einer Obsession oder einer fixen Idee sind.

Die dritte Folge der Fernsehserie *Akte X* tauchte ein in diese frostige Unterwelt und kam der Realität näher als jede andere Episode, die bisher ausgestrahlt wurde. In einer Zeit jedenfalls, da Aids immer weiter um sich greift, gibt jene Randszene, in der ›Liebesbisse‹ ausgetauscht werden wie Küsse, deutlich zu erkennen, wie weit die psychischen Störungen bei manchen Leuten inzwischen fortgeschritten sind – zumal wenn sie im kranken Herzen der Megastädte des ausgehenden zwanzigsten Jahrhunderts leben.

Doch trotz aller Hysterie und Sensationsgier, die sich mit der Vorstellung vom Vampir verbinden, ist man heute der Auffassung, daß einige ›vampiristische‹ Eigenschaften tief medizinische Gründe haben und daß die Legende auf einer Reihe genetischer Anomalien beruht.

Der geheimnisumwitterte Vampir trat wohl erstmals in Böhmen auf, zur Zeit des finsteren Mittelalters. In jenen Tagen waren die kleinen Gemeinden oft völlig voneinander isoliert, und ganze Einwohnerschaften fristeten ihr Dasein, ohne auch nur das Tal zu verlassen, in dem ihr Dorf oder ihre Stadt lag. Da sie zur Welt jenseits der heimischen Gebirge fast überhaupt keinen Kontakt hatten, waren sie zur Inzucht gleichsam gezwungen, wodurch dann jene Degenerationen entstanden, die Biologen auf einen Mangel an *genetischer Vielfalt* zurückführen.

Evolutionsbiologen sind der Überzeugung, daß die Fortpflanzung nicht nur den Zweck hat, die Vermehrung der Spezies zu gewährleisten, sondern auch eine gesunde Mischung ihres Erbmaterials zu ermöglichen. Eben deshalb war in primitiven Gesellschaften der Inzest mit einem Tabu belegt; schon sehr früh hat man erkannt, daß die Verbindung zwischen nahen Verwandten eine hohe Zahl von Fehlgeburten oder Mißbildungen zur Folge hat. Generell wird eine Spezies durch die Einschränkung der genetischen Vielfalt geschwächt; zumindest ergeben sich Fehler in der genetischen Information, die zum Teil gravierend sind. Wenn von Zeit zu Zeit nicht neues Erbmaterial hinzukommt, nehmen diese Defekte überhand und werden mit jeder weiteren Generation um so bedrohlicher.

Nach der Theorie, die David Dolphin 1985 aufstellte, könnte sich in einigen einsamen böhmischen Ortschaften eine bestimmte, neben vielen anderen Defekten auftauchende Erbkrankheit mit der Bezeichnung *Porphyria* aufgrund eines Mangels an genetischer Vielfalt entwickelt haben. Diese Krankheit verhindert die Erzeugung eines Proteins, das eine Substanz im Blutfarbstoff – den sogenannten Porphyrin-Ring des Eisens – bindet.

Dies hat weitreichende Konsequenzen und trägt vielleicht dazu bei, manche Eigenart der Vampire zu erklären. Erstens sehen diejenigen, die unter Porphyria leiden, äußerst anämisch aus, weil der Farbstoff ihrer roten Blutkörperchen nicht richtig umgesetzt und ihr Blut nicht hinreichend mit Sauerstoff versorgt wird. Zweitens lagern sich die Porphyrin-Ringe, die ihre eigentliche Aufgabe nicht erfüllen können, im Fettgewebe unter der Haut ab. Sie sind lichtempfindlich und setzen bei Sonneneinstrahlung Elektronen frei, die die Haut schädigen und unter Umständen schlimme Brandblasen hervorrufen. Das würde verständlich machen, warum der Vampir das Sonnenlicht fürchtet.

Die Legende berichtet, daß der Vampir Knoblauch verabscheut, und auch dafür gibt es vielleicht einen triftigen biochemischen Grund. Knoblauch enthält nämlich Enzyme, die bei einem Porphyriakranken unter bestimmten Bedingungen die Funktion des fehlenden Proteins übernehmen können. Wenn er Knoblauch ißt, erhält er plötzlich eine ›Überdosis‹ der benötigten Substanz, die für ihn lebensgefährlich ist.

Die Funktionsstörung der Porphyrin-Ringe verursacht noch eine weitere Komplikation: das Zahnfleisch bildet sich zurück. Dadurch wirken die Zähne überlang, was wiederum das Bild des Vampirs mit den enormen Eckzähnen geprägt haben könnte. Außerdem hat die genetisch bedingte Unfähigkeit, die Porphyrin-Ringe zu binden, möglicherweise den Effekt, daß die davon betroffene Person ein starkes Verlangen nach Blut verspürt, und genau diese Eigenschaft kennzeichnet ja den Vampir.

Die Vergleiche und Verbindungen zwischen Wirklichkeit und Mythos reichen aber noch weiter. Wie man weiß, werden in den Erzählungen der volkstümlichen Literatur Vampire häufig mit Aristokraten oder Adligen identifiziert. Das mag seltsamerweise damit zu tun haben, daß der Proteinmangel, der für die Störung im Blutkreislauf verantwortlich ist, meistens erst dann eintritt, wenn der Mensch die Geschlechtsreife, also das 16. oder 17. Lebensjahr erreicht hat. Gerade in diesem Alter aber wurden die weiblichen Mitglieder der Dorfgemeinschaft verheiratet. Nun geschah es des öfteren, daß in jenen böhmischen Bezirken, wo die Vampirlegende vermutlich ihren Ursprung hat, der Lehnsherr oder das Oberhaupt der Gemeinde ein junges Mädchen, vorzugsweise eine Jungfrau zur Braut nahm, die dann kurz nach ihrem Einzug in die Burg vielleicht immer blässer wurde, eben weil sie unter den Auswirkungen der Porphyria litt. Die einfältigen Dorfbewohner sahen darin den klaren Beweis, daß der Adlige eine blutsaugende Kreatur ist. Dieses Ammenmärchen wurde dann, als eine Generation es der nächsten weitererzählte, durch erfundene, immer phantastischere Begebenheiten noch ausgeschmückt. Tatsächlich jedoch handelte es sich lediglich um eine Vermischung von Faktum und Fiktion.

Ähnliche genetische Anomalien erklären womöglich auch andere Arten menschlicher Varianten. Auf einigen pazifischen Inseln besteht die Ernährung größtenteils aus Haifisch und Dugong (ein pflanzenfressendes Meerestier, das man auch als ›Seekuh‹ bezeichnet). Die Leber beider Tiere weist einen sehr hohen Vitamin-A-Gehalt auf. Dieses Vitamin existiert zumeist in Form von Retinol, das nach neueren Erkenntnissen bestimmte, selten auftretende Geburtsfehler verursacht. Es kann also durchaus sein, daß auf diesen Inseln früher einmal Kinder mit Schwimmhäuten zur Welt kamen. Wenn hier einige wirklich schwere Fälle auftraten, könnten sie Eingang gefunden haben in die Volkssagen, dann den ersten Forschungsreisenden mündlich überliefert worden sein, so daß sich daraus schließlich in der westlichen Mythologie die Figur der Meerjungfrau entwickelte.

Genetische Abweichungen erhellen vielleicht auch die Legende vom Werwolf. Ein Junge namens Jean Grenier, der im frühen 17. Jahrhundert lebte, wurde mit einem mißgestalteten Kiefer geboren, wodurch er hundeähnliche Züge hatte. Offensichtlich war er geistig zurückgeblieben; einmal erwischte man ihn dabei, wie er eine Schäferin anfiel. Später gestand er, mehrere Morde begangen zu haben; den Berichten zufolge hielt er sich für eine Art menschliches Ungeheuer, für einen Werwolf.

Im 17. und 18. Jahrhundert kursierten viele Geschichten von menschlichen Bestien, die teilweise Wolf oder Bär waren; häufig schienen diese körperlichen Deformationen mit geistigen Krankheiten einherzugehen. Interessant ist, daß die Legende vom Werwolf vor allem auf der Vorstellung basiert, daß seine Verwandlung gewöhnlich bei Vollmond stattfindet. Seit Urzeiten wird der Mond mit Stimmungsumschwüngen beim Menschen in Zusammenhang gebracht, und obwohl die Verbindung zwischen Mondbewegung und menschlichem Geisteszustand nie empirisch nachgewiesen werden konnte, behauptet doch eine ganze Reihe von Leuten, sie existiere tatsächlich. Man nimmt an, daß das Gravitationsfeld des Erdtrabanten auf irgendeine Weise interferiert mit den elektrischen Strömen im Gehirn und die Stimmung ähnlich beeinflußt wie ein Gewitter, das bei einigen sensiblen Naturen bekanntlich Depressionen auslöst.

Mit Hilfe einer ›alternativen‹ Theorie weisen wissenschaftlich geschulte Okkultisten auf die Tatsache hin, daß der Mond eine große, mechanisch wirksame Anziehungskraft auf die Erde ausübt, die sich in den Gezeiten niederschlägt. Deshalb, so vermuten sie, kann der Mond ebenso die Flüssigkeiten in unserem Körper beeinflussen. Dies würde dann zu biochemischen Reaktionen führen, die die Gehirnfunktion und damit auch unsere Gefühle und Stimmungen verändern.

Die jeweilige Position des Mondes wirkt sich jedenfalls auf

das Gravitationsfeld der Erde aus und könnte gewisse physiologische Prozesse im Gehirn durchaus ein wenig variieren. Infolge der Veränderungen des Wassergehalts oder der inneren Anordnung der Gehirnzellen würden dann jene elementaren biochemischen Reaktionen anders ablaufen, die die Gemütsverfassung mit bestimmen. Wenn also ein Mensch aufgrund einer latenten geistigen Abweichung oder Schwäche für derartige Vorgänge besonders disponiert ist, könnte dies seine Psyche beeinflussen, ihn in die Psychose treiben oder gar zum Mörder machen. Wenn er dann wie Jean Grenier auch noch körperlich mißgestaltet ist, sehen engstirnige Leute in ihm schnell eine gefährliche Mißgeburt, eine Mischung aus Mensch und Ungeheuer.

Ein berühmter Fall ist der von Peter Stubb, der im 16. Jahrhundert in Deutschland lebte. Er hatte angeblich einen Pakt mit dem Teufel geschlossen, der ihm einen besonderen Gürtel aus Wolfsfell gab; durch diesen konnte er sich in einen Werwolf verwandeln. Im Laufe von zehn Jahren brachte er mehrere Menschen um, darunter auch kleine Kinder und schwangere Frauen. Nachdem er auf bestialische Weise seinen eigenen Sohn getötet hatte, kam man ihm auf die Schliche und nahm ihn fest. Er wurde aufs Rad gespannt und gefoltert, schließlich enthauptet und verbrannt. Vorher hatte er noch eine Vielzahl weiterer Verbrechen gestanden.

Nüchterner betrachtet, könnte sich die Legende vom Werwolf ganz einfach aus Ängsten und Übertreibungen ›zusammengebraut‹ haben. Alle Urvölker hatten Angst vor wilden Kreaturen, und der Wolf galt wahrscheinlich im mittelalterlichen Europa als das gefährlichste Tier. Kein Wunder, daß sich Legenden und Mythen um ihn rankten.

Ferner vertrat man die Auffassung, daß Werwölfe ebensowenig paranormale Erscheinungen seien wie tollwutkranke Menschen. Die Tollwut war bis zu diesem Jahrhundert eine weit verbreitete Krankheit, die vielen Unglücklichen einen qualvollen Tod bereitete. Der Bakteriologe und Chemiker Louis Pasteur war Zeuge dieser Leiden und befürwortete deshalb die Sterbehilfe. Die Vorstellung, daß Menschen zu wilden Bestien werden, könnte also darin begründet liegen, daß man oft unmittelbar und erschreckt mit ansehen mußte, wie ein Mensch, den ein tollwütiger Hund gebissen hatte, von heftigen Krämpfen geschüttelt wurde und in Agonie fiel.

Während des 20. Jahrhunderts verschwanden die menschlichen Varianten mehr und mehr aus dem öffentlichen Leben und verlagerten sich auf die Buchseiten der Schauerromane beziehungsweise auf das Zelluloid der Horrorfilme. Dagegen haben sich die Zeugnisse für die Existenz jener Kreaturen, die unter die Rubrik ›evolutionäre Sackgassen‹ fallen, eher noch vermehrt.

Ob es um Meeresungeheuer geht oder um den Yeti, den Schneemenschen, überall in der Welt werden diese ECS *(evolutionary cul-de-sacs)* gesichtet. Folglich verfügen wir heute anhand von Fotos und Videoaufnahmen auch über ein immer umfangreicheres Beweismaterial.

Das wohl berühmteste Exemplar dieser ›Gattung‹ ist das Ungeheuer von Loch Ness, liebevoll ›Nessie‹ genannt.

Loch Ness ist der größte und tiefste Süßwassersee in Großbritannien mit einer Länge von etwa 37 km und einer Tiefe von bis zu 230 m. Er bildete sich vor ungefähr 250 Millionen Jahren, aber infolge der letzten Eiszeit wurde er erst in der jüngsten Erdgeschichte - vor etwas weniger als 7500 Jahren - vom Meer abgetrennt. Der am Grund abgelagerte Torf läßt das Wasser ungewöhnlich dunkel erscheinen, und angesichts der bisweilen drei Meter hohen Wellen sprechen viele Leute eher von einem kleinen Binnenmeer als von einem See.

Die Legende vom Ungeheuer entstand im 6. Jahrhundert, als der heilige Columba, ein irischer Missionar in Schottland, ein solches zu sehen glaubte, und seither soll es immer wieder gesichtet worden sein. Nessie kam erstmals 1934 in die Schlagzeilen, als ein Gynäkologe namens Robert Wilson behauptete, vor seinen Augen habe ein großes Meerestier Kopf und Hals aus dem Wasser gereckt, und eine Aufnahme machte, die bald auf den Titelseiten der Zeitungen in aller Welt erschien. Seitdem strömen jedes Jahr Zehntausende von Besuchern zum Loch Ness in der Hoffnung, einen Blick von dem

Ungeheuer zu erhaschen. Viele sind überzeugt, in dem trüben Wasser eine seltsame Erscheinung gesehen zu haben.

Robert Wilsons Foto, das sogenannte ›Bild des Chirurgen‹, erwies sich schließlich als Fälschung, als er und seine Helfer zugeben mußten, daß das ›Monster‹ nur dazu diente, den Leuten einen ausgeklügelten Streich zu spielen. Offenbar wurde das Ungeheuer auf dem Foto aus einem aufziehbaren Spielzeug-U-Boot und einigen Bahnen Segeltuch zusammengebastelt. Dennoch taten solche Enthüllungen den immer raffinierteren Suchaktionen im Loch Ness keinen Abbruch.

Während der 70er Jahre wurden zweimal – nämlich 1972 und 1975 – größere Nachforschungen angestellt, die die *Bostoner Academy of Applied Science* finanzierte. Dabei machte man Unterwasseraufnahmen und suchte mit Sonargeräten den Grund des Sees ab. Eine der Fotografien zeigte angeblich den oberen Teil des Rumpfes und den ›nach Art eines Wasserspeiers geformten‹ Kopf eines Ungeheuers. Leider ergaben spätere Analysen, daß das Forscherteam nur ein riesiges Plastikmodell fotografiert hatte, das 1969 bei den Dreharbeiten zu dem Film *Das Privatleben von Sherlock Holmes* von Billy Wilder benutzt worden war.

Dadurch keineswegs entmutigt, reiste 1987 eine andere Gruppe zum Loch Ness, um die ›Operation Deepscan‹ durchzuführen. An diesem ehrgeizigen Projekt waren 22 Boote beteiligt, die mit ihren Sonargeräten über die gesamte Länge des Sees, also über 37 km, Schallimpulse aussandten, um das vermeintliche Ungeheuer zu orten. Abermals erbrachte die Untersuchung weder eindeutige Ergebnisse noch scharfe Aufnahmen. Auf diesen tauchten lediglich ein paar verschwommene Umrisse auf, die zu so wenig exotischen Gegenständen wie Baumstämmen und Abfällen gehörten. Ein weiteres Problem dieser Expedition bestand darin, daß das Sonar nicht wirklich bis zum Grund vordrang und bloß 80 % des Wasservolumens erfaßte. Man kann sich leicht vorstellen, daß jede scheue, möglicherweise dort lebende Kreatur sofort in die Tiefe tauchte, als die Flottille übers Wasser fuhr, und demnach von vornherein gar nicht aufzuspüren war.

Aber nur weil wir das Ungeheuer bisher weder aus der Nähe gesehen noch sonstige Beweise für seine Existenz entdeckt haben, bedeutet das keineswegs, daß es nicht da ist. Falls Nessie doch lebt, müssen wir uns fragen: Was für ein Wesen ist das, und wie konnte es überdauern?

Am häufigsten wird die Vermutung geäußert, daß wir es hier nicht mit *einem* Tier zu tun haben, sondern mit einer *Gruppe* von Plesiosauriern. Diese waren Meeresreptilien, die von der späten Trias bis zum Ende der Kreidezeit, also vor 195 Millionen Jahren bis vor 65 Millionen Jahren, die Ozeane der Erde durchstreiften. Man nimmt an, daß einige Plesiosaurier das Aussterben ihrer ganzen Gattung am Ende der Kreidezeit überlebten. Viel später dann, als der See vom Meer abgetrennt wurde, waren sie plötzlich darin ›eingesperrt‹ – und sind es immer noch.

Obgleich diese Theorie äußerst problematisch erscheint, ist sie doch keineswegs ausgeschlossen. Der zentrale Gedanke, daß eine kleine Gruppe von Tieren das Aussterben ihrer Artgenossen überdauert, ist im Grunde nicht so weit hergeholt, wie man vielleicht meint. 1938 zum Beispiel fanden afrikanische Fischer im Indischen Ozean einen zwei Meter langen, dick gepanzerten Fisch. Nach eingehender Untersuchung stellte man fest, daß es sich um einen Hohlstachler (Coelacanthidae) handelt, der nach bisherigem Wissensstand bereits vor 70 Millionen Jahren ausgestorben war. Das vorliegende Exemplar hatte inzwischen einen viel größeren Körper ausgebildet als seine prähistorischen Ahnen und gehörte wahrscheinlich einer Gruppe von Hohlstachlern an, die immer noch in den Tiefen des Ozeans lebt.

Evolution ist jener Prozeß, der alle Arten zwei wesentlichen Faktoren unterwirft – der natürlichen Auslese und dem Zufallsprinzip. Wenn ein Lebewesen eine bestimmte Eigenschaft ausbildet, kann sie an die nächste Generation weitervererbt werden, sofern dieses Lebewesen lange genug überlebt, um Nachkommen hervorzubringen. Dadurch werden zwar sowohl die positiven als auch die negativen Eigenschaften weitergegeben, aber mit der Zeit entwickeln die Arten verfeinerte, besser angepaßte Exemplare, weil diese aufgrund ihrer ›guten‹ Eigenschaften den Kampf ums Überleben leichter bestehen, weil sie stärker, dominanter sind und daher ihre zweckmäßigen Veredelungen auch mit einer höheren Wahrscheinlichkeit weitervererben. Der Zufall spielt insofern eine Rolle, als er die Veränderung genetischer Merkmale, die Mutation, steuert.

Alle Arten entwickeln sich weiter, aber die Umwelt kann das Tempo dieser Entwicklung beeinflussen. Wenn die äußeren Bedingungen über einen langen Zeitraum stabil bleiben und die Art auch innerhalb eng gesteckter Grenzen überlebensfähig ist, wird die Entwicklung wahrscheinlich langsamer ablaufen als in einer rauheren, kräftezehrenderen, von Auslese geprägten Umgebung. Es ist also durchaus möglich, daß sich eine kleine Gruppe von Lebewesen - vielleicht von Plesiosauriern - in ein und derselben Periode - sagen wir innerhalb von 65 Millionen Jahren - wesentlich langsamer weiterentwickelt hat als eine andere Spezies auf der Erde.

Wenn jedoch solch kleine Gruppen weitgehend isoliert sind, hat dies den schädlichen Effekt, daß ihre genetische Vielfalt - und damit ihre Überlebenschance - erheblich eingeschränkt ist. Eine kleine Schar von Plesiosauriern unterscheidet sich hinsichtlich der Fehler, die sich in der Erbinformation ergeben können und die folglich die Gesundheit, ja das Überleben der Gruppe gefährden, nicht von den Bewohnern einer abgelegenen böhmischen Gemeinde des Mittelalters. Wenn wir einmal annehmen, daß die Gemeinschaft ursprünglich nicht mehr als ein paar Dutzend Individuen umfaßte, so wäre die Wahrscheinlichkeit von Degenerationen in deren Erbmaterial bereits in einem frühen Stadium verhältnismäßig hoch.

Ein weiteres Problem ist der Mangel an den notwendigen organischen Substanzen. Jedes Lebewesen ist angewiesen auf die sogenannte *Biomasse*. Durchschnittlich muß sie sein Körpergewicht etwa um das Zehnfache übersteigen, woraus sich dann jene Konzeption ergibt, die in der sogenannten *Biomassen-Pyramide* anschaulich wird.

Biomassen-Pyramide für ein einfaches Ökosystem

Abb. 9.1

Stellen wir uns ein vereinfachtes Ökosystem vor, in dem es Füchse, Kaninchen und Gras gibt. Die Füchse stehen an der Spitze der Biomassen-Pyramide, das Gras bildet deren Grundlinie. Das Gras ist der *Produzent* oder *Autotroph*, weil es seine Nahrung mit Hilfe des Sonnenlichts direkt durch Photosynthese erhält. Die Kaninchen leben auf der nächsten *trophischen Stufe* und werden, eben weil sie in dieser speziellen Nahrungskette gleich über den Grünpflanzen rangieren, *Primärverbraucher* genannt. Damit die Gruppe der Füchse überlebt, braucht sie das Zehnfache ihrer Biomasse in Form von Kaninchen. Die wiederum benötigen das Zehnfache ihrer Biomasse in Form von Gras, um weiter existieren zu können. Dieses Verhältnis kommt dadurch zustande, daß bei den Primärverbrauchern (Kaninchen) und Sekundärverbrauchern (Füchse) die Umwandlung von Nahrung in Energie einen Effektivitätsgrad von nur etwa 10% hat. Ohne eine hinreichende Menge an Gras können die Kaninchen nicht überleben, und ohne eine hinreichende Menge an Gras und Kaninchen können die Füchse nicht überleben.

Eine Gruppe von Plesiosauriern im Loch Ness befände sich also, bezogen auf ihr *geschlossenes System*, an der Spitze der Biomassen-Pyramide, und um zu überleben bräuchte sie eine beträchtliche Menge an kleineren Lebewesen, die in der Pyramide einen niedrigeren Rang einnehmen. Vielleicht haben sich die Plesiosaurier durch Anpassung an ihre Umgebung sogar zu Allesfressern entwickelt, so daß sie über ein reichhaltiges Nahrungsangebot verfügen – aber selbst dann würden Lebewesen in ihrer Größe die natürlichen Ressourcen, die der See bietet, aufs äußerste strapazieren oder gar völlig aufbrauchen. Argumentieren wir andererseits damit, daß die Gruppe sehr klein sei, so stoßen wir auf das Problem der eingeschränkten genetischen Vielfalt. Falls es sich bei dem Ungeheuer von Loch Ness tatsächlich um eine Gruppe von Sauriern handeln sollte, so wäre diese also in einem äußerst heiklen Zustand. Denn sie könnte nicht sehr weit anwachsen, weil es an der notwendigen Nahrung fehlt, dürfte aber auch nicht so klein werden, daß durch Inzucht schwerwiegende genetische Defekte entstehen. Kurzum: Es kann gut sein, daß einer der genannten Faktoren schon vor langer Zeit zur endgültigen Auslöschung dieser Spezies führte.

Jene, die meinen, Nessie sei nichts anderes als eine übriggebliebene Schar längst ausgestorbener Plesiosaurier, setzen stillschweigend voraus, daß diese heutigen Lebewesen sowohl in Salzwasser als auch in Süßwasser leben können, daß also die im Laufe der letzten 7500 Jahre geschehene Umwandlung des Salzwassersees in einen Süßwassersee für sie kein ernsthaftes Problem darstellt. Dagegen aber ist folgendes einzuwenden: Der Plesiosaurier war ein Meeresreptil, das sicherlich auch einige Zeit an Land verbrachte. Schon von daher ist es mehr als erstaunlich, daß bisher keine beweisbare Begegnung stattfand zwischen diesen Tieren und all den neugierigen Menschen, die wie besessen nach ihnen suchen.

Um dieses Argument zu widerlegen, glauben manche, Nessie sei ein seltsamer, sehr großer Fisch. Auch dies ist, unter evolutionären Gesichtspunkten betrachtet, durchaus denkbar. Salzwasserfische könnten sich zu Süßwasserfischen entwickelt haben, während der Loch Ness infolge der Abtrennung vom Meer allmählich seine chemische Zusammensetzung änderte.

Demnach besteht die Möglichkeit, daß es sich bei dem Ungeheuer von Loch Ness entweder um äußerst überlebensfähige Dinosaurier handelt, die die Probleme der Biomassen-Pyramide genauso bewältigt haben wie den Mangel an genetischer

Vielfalt, oder um Meeresreptilien, die sich auf wundersame Weise ans Süßwasser angepaßt haben, oder um Riesenfische, die das gleiche biochemische und anatomische Kunststück fertigbrachten. Allerdings wäre auch zu überlegen, ob sich nicht alle bisherigen Augenzeugenberichte, in denen das Ungeheuer auftaucht, durch Baumstämme erklären lassen, die in Ufernähe hängenblieben sind – oder gar durch eine immer wieder aufgetretene Fata Morgana.

Die letztere Annahme ist im Grunde plausibler, als es die Dinosaurier-Enthusiasten wahrhaben wollen. Die Umweltbedingungen im und um den Loch Ness sind für derartige Luftspiegelungen überraschend günstig; sie könnten durch Gegenstände im Wasser hervorgerufen werden – etwa durch auftauchende Fische oder durch große Äste, die infolge reißender Strömung plötzlich in die Höhe ragen.

Eine Fata Morgana kommt dann zustande, wenn Lichtstrahlen an der Grenze zwischen wärmeren und kälteren Luftschichten unterschiedlich stark gebrochen werden. Das Auge nimmt die Bewegung des Lichts immer entlang einer geraden Linie wahr; wenn also der Strahl auf dem Weg zum Auge gebrochen oder gebeugt wird, scheint es, als hätte sich das ursprüngliche Bild bewegt oder vergrößert.

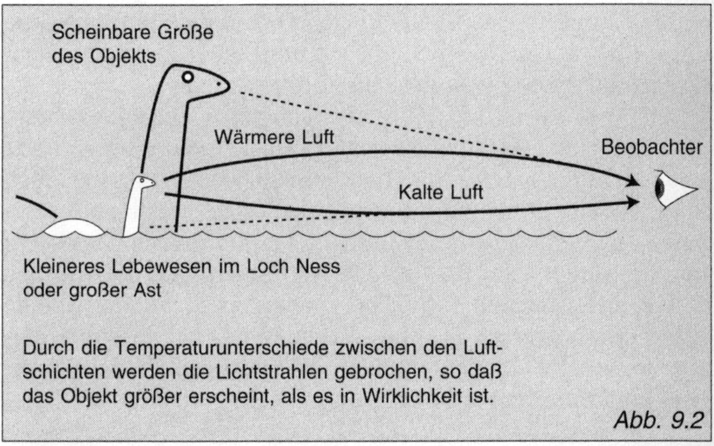

Durch die Temperaturunterschiede zwischen den Luftschichten werden die Lichtstrahlen gebrochen, so daß das Objekt größer erscheint, als es in Wirklichkeit ist.

Abb. 9.2

Wenn man einen Gegenstand auf einer kalten Wasseroberfläche sieht – also zum Beispiel auf dem Loch Ness im Winter –, so werden aufgrund der etwas wärmeren Luft die Lichtstrahlen von der oberen Seite des Gegenstandes in die eine Richtung, die von der unteren Seite in die andere Richtung abgelenkt. Diesen Effekt bezeichnet man als *Temperaturumkehr*. Obwohl er erst im letzten Jahrhundert wissenschaftlich erklärt wurde, schilderten die Seefahrer schon seit der Antike die durch ihn hervorgerufene Sinnestäuschung und nannten sie ›Trugbild‹. Damit meinten sie, daß etwas vor ihnen ›sich auftürmte‹ und ›bedrohlich näher rückte‹.

Leute, die von Ungeheuern fasziniert sind, lehnen diese Begründung ab, weil sie angeblich zu eng gefaßt sei, und weisen auf Fälle hin, in denen bogenförmige Wellen zusammen mit einer langhalsigen Kreatur gesichtet wurden. Doch neuere metereologische Untersuchungen könnten auch diese Erscheinung verständlich machen. Die bogenförmige Welle beziehungsweise jede andere Turbulenz an der Oberfläche des Sees wird möglicherweise durch sogenannte *Wasserteufel* verursacht. Sie gelten als ›kleinere Cousins‹ der Wasserhosen, als ›ferne Verwandte‹ von Tornados, und stammen von Strudeln ab, die wiederum aus Druckunterschieden im Wasser resultieren.

Diese Erklärungsversuche mögen viele Berichte über Nessie sowie über andere Meeres- und Seeungeheuer ins rechte Licht rücken. Eine noch weit größere Zahl derartiger ›Zeugenaussagen‹ ist auf Tricks und Täuschungsmanöver zurückzuführen. Dennoch bleibt festzuhalten, daß es bisher weder für die eine noch für die andere These handfeste Beweise gibt. Der Loch Ness ist sehr groß und kann mit dem gegenwärtigen technischen Know-how nicht Zentimeter für Zentimeter abgesucht werden. Daher setzt man größte Hoffnungen auf die künftige Entwicklung hochempfindlicher Sonare oder auf ausgefeilte Thermo-Radargeräte, die eines Tages vielleicht Aufschluß darüber geben, ob in den dunklen Wassertiefen tatsächlich irgendwelche eigenartigen Kreaturen leben.

Fast so berühmt wie Nessie sind jene ›evolutionären Sackgassen‹, die an Land leben. Dazu gehören der Yeti, jener Schneemensch aus dem Himalaja, und der Bigfoot aus Nordamerika.

Der Yeti spielt eine wichtige Rolle in den Legenden der Nepalesen, die ihn verehren und sein Gebiet nicht betreten. Sie glauben, daß er in dreifacher Gestalt existiert. Der kleinste, *yeh-teh* (daher auch der Name), hat etwa die Größe eines Affen; der *meh-teh* ist größer und schwerer, erreicht die Körperlänge eines kleinen Menschen; der *dzu-teh* aber soll fast drei Meter groß sein.

In neuerer Zeit begann man sich für den Yeti zu interessieren, als Reisende aus dem Westen den Himalaja erforschten und dann, nach Hause zurückgekehrt, mit legendären Geschichten aufwarteten, die sie von den Einheimischen gehört hatten und nicht selten mit eigenen vagen Vermutungen ausschmückten. Man entdeckte Fußabdrücke sowie Exkremente, und viele glaubwürdige Zeugen – darunter Lord Hunt und seine Gattin, die 1978 mehrere Aufnahmen von Fußspuren machten und diese dann auch gezielt in die Presse lancierten – haben den Argumenten der Yeti-Gläubigen zusätzliches Gewicht verliehen.

Die amerikanische Version dieses Wesens ist der ebenso scheue, ebenso stämmige ›Bigfoot‹, der angeblich in Wäldern haust, zugleich aber schon in fast jedem Bundesstaat aufgetaucht sein soll. Hinweise auf ähnliche Kreaturen gibt es in China, im Ural, wo sie unter dem Namen *yag-mort* bekannt sind, in Sibirien, wo sie als *chuchunaa* bezeichnet werden, und in Australien, wo sie *yowie* heißen. In einer Folge der Fernsehserie *Akte X* (The Jersey Devil) hatten Mulder und Scully mit dieser Art von ECS zu tun, als sie der Spur eines menschenähnlichen Geschöpfs nachgingen, das in den Wäldern lebte und sich unter dem Schutz der Dunkelheit in die Vorstädte wagte, um nach Nahrung zu suchen.

Es ist durchaus möglich, daß es kleine Gruppen von Menschen gibt, die in unwegsamen Regionen leben und seit Generationen jeden Kontakt mit der Zivilisation meiden. Dokumentiert sind die Fälle von Kindern, die mit Tieren zusammenlebten – so etwa der des berühmten Wolfsjungen aus Frankreich, den man zu Beginn des 19. Jahrhundert in der Nähe von Avetron aufstöberte. Sein ›Entdecker‹ und Förderer, der Arzt Jean Marc Itard, versuchte, ihn mit der Zivilisation vertraut zu machen, allerdings ohne großen Erfolg. Als der Wolfsjunge im Alter von 40 Jahren starb, war er immer noch nicht fähig, sich dem menschlichen Leben wirklich anzupassen, weshalb ihn viele für verrückt hielten.

Von größerem Interesse für die Wissenschaftler ist die Vorstellung, daß in einsamen Gebieten vielleicht Gruppen von Lebewesen anzutreffen sind, die sich in völliger Abgeschiedenheit entwickelt haben und über die wir praktisch überhaupt nichts wissen. Sie wären, im wahrsten Sinne des Wortes, evolutionäre Sackgassen.

Auf diese treffen die gleichen biologischen Gesetzmäßigkeiten zu wie auf Seemonster oder Meeresungeheuer. Um derart lange zu überleben, müßte eine solche Gemeinschaft schon im Anfangsstadium über eine hinreichende Zahl von Individuen verfügen, die die genetische Vielfalt garantieren, dürfte aber zugleich nicht zu viele Individuen umfassen, weil sonst die Ressourcen ihres Lebensraumes nicht ausreichen, um sie alle zu ernähren.

Der Himalaja gehört zu den unwirtlichsten Gegenden der Erde, aber er beherbergt ein Ökosystem, in dem viele unterschiedliche, enorm resistente Pflanzen die Grundlage der Nahrungskette bilden und genauso den Jaks wie auch anderen, ziemlich kleinen Säugetieren und Vögeln als Futter dienen. Der Yeti stünde an der Spitze der Nahrungskette, wobei er allerdings – vergleichbar dem Ungeheuer von Loch Ness – so schwierige Umweltbedingungen vorfände, daß er tatsächlich vom Aussterben bedroht wäre.

Um die vorhandenen Ressourcen optimal zu nutzen, müßte der Yeti jedenfalls eine Art Allesfresser sein, der nicht nur auf Jaks und andere Tiere zurückgreift, sondern auch auf die ihm zur Verfügung stehenden Pflanzen. Er hätte wohl eine dicke, schützende Fettschicht und trüge einen sehr dicken Mantel, so daß er abseits der neugierigen Menschen hoch oben im Gebirge leben könnte, um nur zum Jagen ein wenig tiefer zu steigen. Sicherlich wäre er ein Einzelgänger mit genau abgegrenztem Territorium, der andere, weibliche Yetis lediglich träfe, um sich fortzupflanzen (was nur selten geschehen würde).

Die amerikanische Version des Yeti, der Bigfoot, ist für die Wissenschaftler einerseits zwar leichter vorstellbar, andererseits aber problematischer. Natürliche Ressourcen, insbesondere Nahrungsmittel sind in den Wäldern Amerikas weitaus reichlicher vorhanden, außerdem ist dort das Klima wesentlich günstiger. Aber das Land ist sehr dicht besiedelt, weshalb es doch äußerst unwahrscheinlich wäre, daß ein Lebewesen in der Größe des Bigfoot nur so selten gesehen wurde wie bisher. Im Falle des Yeti ist ohne weiteres verständlich, warum man niemals Knochen oder sterbliche Überreste fand und nur wenige Fußspuren entdeckte, doch dergleichen wäre kaum denkbar bei einem geheimnisvollen Wesen, das in Kentucky oder Kalifornien ansässig sein soll.

Im Hinblick auf diese großen, menschenähnlichen ECS müssen wir vor allem die Frage stellen, wie sie sich überhaupt hätten entwickeln können. Die Körpergröße des Yeti oder des Bigfoot ließe darauf schließen, daß sie ab einem bestimmten, weit zurückliegenden Punkt in der Evolution einen anderen Entwicklungsprozeß durchlaufen haben als der Homo sapiens. Wo genau sich die Wege möglicherweise trennten, ist heute kaum feststellbar. Sowohl Yeti als auch Bigfoot scheinen dem Gorilla verwandter zu sein als dem Menschen. Der Gorilla ist unter den Primaten der größte; er kann eine Körperlänge von fast zwei Metern erreichen und bis zu 180 kg wiegen. Darüber hinaus verteidigt er sein Territorium, lebt aber gewöhnlich in kleinen Gruppen.

Die weitverbreitete Auffassung, der Mensch stamme vom Affen ab, ist schlichtweg falsch. Eine solche Theorie hat auch Darwin nie vertreten, obwohl sie gerade in den 60er Jahren des 19. Jahrhundert sehr populär war. Vielmehr haben Homo sapiens und alle anderen Primaten einen *gemeinsamen Urahnen*. Die Biologen sind sich einig, daß die Entwicklungslinien von Mensch und Affe während des Tertiärs auseinanderliefen.

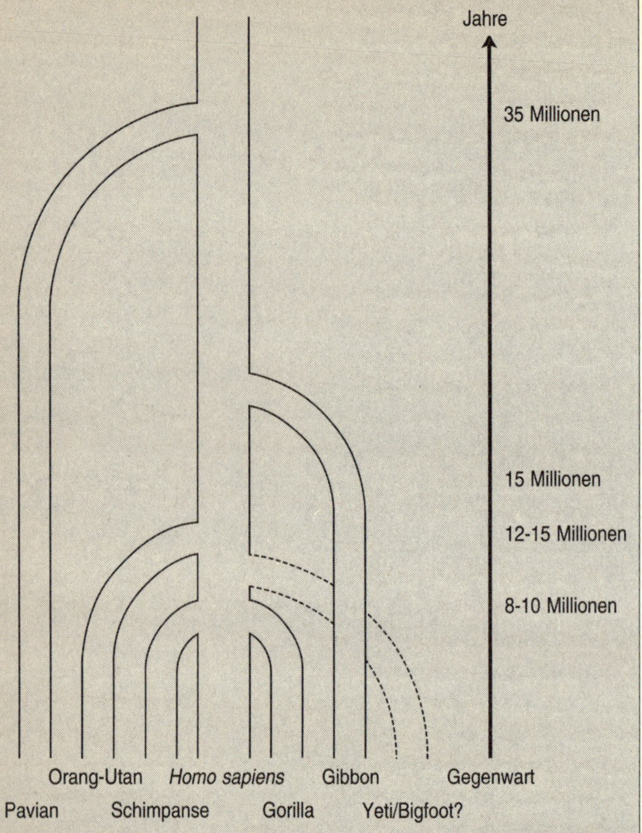

Bezüglich des Zeitablaufs der evolutionären Entwicklung der Primaten herrscht große Uneinigkeit, da fossile Funde und biochemische Untersuchungen immer wieder zu unterschiedlichen Ergebnissen führen. Es ist daher unmöglich, auch nur einen ungefähren Zeitpunkt festzulegen, an dem die Entwicklung des Yeti begann. Ausgehend von seinem angeblichen körperlichen Erscheinungsbild kann man aber annehmen, daß der Yeti sich ungefähr zu der Zeit zu entwickeln begann, als auch der Gorilla den evolutionären Zweig verließ, der schließlich den Homo sapiens hervorbrachte.

Abb. 9.3

Aber hierbei handelt es sich um eine sehr große Zeitspanne, die vom Aussterben der Dinosaurier vor etwa 65 Millionen Jahren (erdgeschichtlich also von Jura und Kreide) bis in unsere Vergangenheit vor ca. 2 Millionen Jahren reicht.

Uneinigkeit besteht darüber, wann genau die beiden Stammbäume sich teilten. Neuere paläontologische und anatomische Untersuchungen an fossilen Resten deuten an, daß die Entwicklung des Hominiden (Mensch) von der des Pongida (Affe) während des Miozäns, das heißt vor etwa 20 Millionen Jahren, abzuweichen begann, aber Experimente in vergleichender Immunologie weisen darauf hin, daß dieses Ereignis erst vor 4 Millionen Jahren stattfand.

Die genetischen Untersuchungen, die in den beiden letzten Jahrzehnten durchgeführt wurden, zeitigten ein atemberaubendes Ergebnis: Die Erbmasse des Menschen unterscheidet sich nur sehr geringfügig von der eines Gorilla oder Orang-Utan. Ja inzwischen steht fest, daß die Abweichung zwischen dem Genom (Summe aller Gene) des Menschen und dem des Schimpansen nur 1 % beträgt.

All dies würde folgendes bedeuten: Wenn ein affenartiger Typus sich irgendwann vor einigen Millionen Jahren aus anderen Ästen am Baum der Evolution herausgebildet haben sollte, so wäre sein genetisches Material dem der modernen Primaten, einschließlich Homo sapiens, äußerst ähnlich. Natürlich wissen wir nicht, wie sich dieses Lebewesen im Laufe Tausender Generationen an die Umwelt angepaßt hätte. Um seine Entwicklung näher zu bestimmen, bräuchten die Biologen eine Blutprobe oder einige Überreste, aus welchen man die DNS-Struktur ermitteln könnte. Doch falls eines Tages solche Funde auftauchen, würde es die meisten Forscher nicht verwundern, am Ende feststellen zu müssen, daß der abartige Schneemann eigentlich ein naher Verwandter des abartigen Geschäftsmanns ist.

Der Planet Erde ist sehr groß. Wir wissen mehr über die abgewandte Seite des Mondes als über manchen Meeresboden, und sicherlich werden die Menschen bereits auf dem Mars leben, ehe sie Häuser bauen am Grund des Marianengrabens, der etwa 11 km unterhalb der Wellen des Pazifischen Ozeans liegt. Erst vor einem knappen halben Jahrhundert wurde erstmals der Gipfel des Mount Everest bestiegen, und es gibt viele Gebiete auf der Erde, die kein Mensch je betreten hat. Es wäre höchst anmaßend, die Existenz riesiger Meereskreaturen, Seeungeheuer und fast drei Meter großer, affenähnlicher Lebewesen von vornherein auszuschließen. Die Frage, wie kleine, isolierte Gruppen über einen Zeitraum von Millionen von Jahren überleben könnten, wirft zwar eine Reihe schwieriger Probleme auf, dennoch sind sie nicht völlig unlösbar, verlangen also nicht zwangsläufig nach Antworten aus dem okkulten Bereich.

Es ist bezeichnend, daß wir vielleicht erst jetzt, da wir in die verborgensten Winkel der Erde vorstoßen, solch exotischen Kreaturen begegnen. Möglicherweise beruhen sie alle auch nur auf Einbildung, sind nichts als Phantasiegebilde des Menschen, falls sie aber tatsächlich existieren, so werden wir das wahrscheinlich bald herausfinden. Es ist nur eine Frage der Zeit, bis jede Region des Planeten vollständig erforscht ist, bis sich niemand mehr unseren neugierigen Blicken entziehen kann. Wenn es den Yeti, den Bigfoot und Nessie gibt, dann sind die Tage ihrer paradiesischen Abgeschiedenheit leider gezählt.

10. Kapitel

Einmal in die Zeit und wieder zurück

»Eine Dame mit strahlendem Gesicht
War viel schneller noch als das Licht.
Sie machte eine Tagesreise
In der relativen Weise
Und kam wieder, die Nacht davor, laut Bericht.«

A. H. R. BUTLER[51]

Irgendwann hat sich wohl jeder von uns einmal vorgestellt, eine Reise durch die Zeit zu unternehmen. Die Tatsache, daß wir in einer bestimmten Epoche leben und nur eine begrenzte Spanne Zeit zur Verfügung haben, ist deshalb so frustrierend, weil wir nicht wissen, was in der Zukunft geschieht. Das ist vielleicht einer der Gründe, warum Science-Fiction und Fantasy derart beliebt sind.

Und hatten wir nicht auch schon oft den Wunsch, in die Vergangenheit zu reisen und in der eigenen Biographie etwas zu ändern – vielleicht eine wichtige Angelegenheit ganz anders zu behandeln? An welchen Punkt würden Sie zum Beispiel zurückkehren, um ein Problem aus der Welt zu schaffen, eine Äußerung ungesagt oder einen Schaden ungeschehen zu ma-

51 Professor Arthur Buller, *Punch*, 19. Dezember 1923.

chen, den Sie jemandem zugefügt beziehungsweise selbst erlitten haben? Und wenn Sie einfach nur zum Vergnügen durch die Zeit reisen wollten, welchen Augenblick in der Geschichte würden Sie dann wählen: die Schlacht von Waterloo oder das Endspiel der Fußballweltmeisterschaft im Jahre 1966, das Sie von der Haupttribüne des Londoner Wembley Stadions mitverfolgen können?

Seit den letzten dreihundert Jahren, in denen die moderne Naturwissenschaft über den Bereich bloßer Vermutung und wirklichkeitsferner Spekulation endgültig hinausging, halten die Physiker eine Zeitreise für unmöglich. Dennoch gab es immer wieder dokumentierte Fälle einzelner Personen, die behaupteten, durch offenbar übernatürliche Hilfsmittel in die Vergangenheit oder in die Zukunft gereist zu sein. Sie wurden, vielleicht aus gutem Grund, verspottet und verhöhnt; doch seit Ende der 80er Jahre dieses Jahrhunderts haben die Wissenschaftler begonnen, die Möglichkeiten einer solchen Zeitreise ernsthaft zu erwägen. Obwohl alle Belege für ein Entschwinden in der Zeit ziemlich schnell ad absurdum geführt werden können, ist es doch vorstellbar, daß solche ›Exkursionen‹ möglich sind und daß sie eines Tages vielleicht völlig verstanden oder gar realisiert werden.

Eines der berühmtesten Beispiele für diese Überwindung der Zeitschranken stammt aus dem Jahre 1901. Zwei ehrenwerte ältere Fräulein, Charlotte ›Annie‹ Moberly, Leiterin eines College in Oxford, und Eleanor Jourdain, Direktorin einer Mädchenschule, waren fest davon überzeugt, daß sie während eines Spaziergangs durch den Schloßpark von Versailles in die Vergangenheit zurückgekehrt waren – ohne jedes Zutun ihrerseits.

Es war ein heißer Sommernachmittag, und die beiden Damen wollten zu dem kleinen Lustschloß im Park. Plötzlich erlebten sie einige ziemlich merkwürdige Dinge. Zunächst sahen sie eine Frau, die Kleidung im Stil des 18. Jahrhundert trug, sich aus dem Fenster eines Gebäudes neigte und ein weißes Tuch ausschüttelte. Dann kamen sie an einigen Amtspersonen mit graugrünen Mänteln und dreieckigen Hüten vorbei. Etwas später liefen sie einer Gruppe von Kindern über den Weg, die allesamt altmodisch gekleidet waren, und begegneten einem Mann in schwarzem Umhang, dessen Gesicht durch Pockennarben völlig entstellt war. Schließlich trafen sie noch auf eine Frau, die ein kostbares Kleid, ebenfalls aus dem 18. Jahrhundert, anhatte; sie saß vor einer Staffelei und malte. Diese ›Visionen‹ dauerten etwa eine halbe Stunde. Die beiden Damen fügten hinzu, sie hätten daraufhin das kleine Lustschloß erreicht, wo ihnen der Weg zum Ausgang des Parks gezeigt wurde, und seien dann wieder in die Welt von 1901 zurückgekehrt.

Charlotte Moberly und Eleanor Jourdain veröffentlichten ihren Bericht zehn Jahre später pseudonym unter dem Titel *An Adventure* (Ein Abenteuer). In der Zeit zwischen ihrem Erlebnis und dem Erscheinen des Buches hatten sie intensive Studien betrieben über die Schloßanlagen in Versailles, über die Geschichte des Parks und über die Mode des 18. Jahrhundert. Sie gelangten zu dem Schluß, daß sie etwa 120 Jahre in die Vergangenheit gereist und kurz vor der Französischen Revolution angekommen waren. Sie untermauerten diese fragwürdige Aussage mit dem Hinweis, daß die Parkanlagen ab 1780 umgestaltet worden waren und daß sie bei ihrem Spaziergang einen Weg beschritten hatten, der gar nicht mehr existierte. Schließlich vertraten sie die Überzeugung, daß es sich bei der ›malenden Frau‹ um niemand anderes als um Marie Antoinette handelte, was sie mit einem Gemälde begründeten, auf dem die französische Königin genauso gekleidet ist wie jene Frau, die sie gesehen hatten.

Miss Moberly und Miss Jourdain waren achtbare Mitglieder der englischen Oberschicht und neigten wohl nicht dazu, vorsätzlich zu lügen oder eine abstruse Geschichte zu erfinden, nur um dadurch einen Bestseller ›zu landen‹. Trotzdem bergen ihre Erlebnisse eine ganze Reihe von Problemen.

Obwohl die Frauen offenbar gründliche Nachforschungen anstellten, ließen sie doch einige wesentliche Fakten außer acht. Zunächst einmal sei festgehalten, daß in der Zeit, als sie Versailles besuchten, ein französischer Adliger namens Comte Robert de Montesquiou viel Mühe und Geld darauf verwandte, in den dortigen Parkanlagen sogenannte *tableaux vivants* (die wir heute wohl als ›Happenings‹ oder ›interaktive Kunstereignisse‹ bezeichnen würden) zu arrangieren. Bei diesen Aufführungen wirkten viele Freunde des Comtes mit, die edle Kostüme des 18. Jahrhundert trugen und historische Szenen nachspielten.

Es kann also gut sein, daß Miss Moberly und Miss Jourdain nichts ›Übernatürlicheres‹ entdeckten als ein Historien- oder Rollenspiel. Das war ihnen vielleicht nicht bewußt, aber gemessen an ihren vermeintlich gewissenhaften Untersuchungen arbeiteten sie in diesem Punkt doch sehr nachlässig.

Zum anderen regen sich gerade deshalb Zweifel an ihrer Geschichte, weil sie einer Frau begegneten, die sie für Marie Antoinette hielten. Auch wenn sie sich dabei auf ein vorhandenes Bildnis der Königin beriefen, erscheint es doch sehr unwahrscheinlich, daß sie bei ihrer Reise in die Vergangenheit zwangsläufig auf eine so berühmte Person treffen. Weitere Bedenken stellten sich ein aufgrund eines Leserbriefs, der 1965 in der *Times* publiziert wurde. Er stammt von T.G.S. Combe, der über das Buch der beiden Damen einen Vortrag gehalten hatte. Am Ende des anschließenden Gesprächs erfuhr er von einem Zuhörer, daß man diesem in der Kindheit über eine exzentrische Frau erzählt hatte, die um die Jahrhundertwende in der Nähe von Versailles lebte und die Gewohnheit entwickelte, sich an sommerlichen Nachmittagen als Marie Antoinette zu verkleiden und dann im Garten des kleinen Lustschlosses zu sitzen.

Die meisten anderen Berichte von Zeitreisen sind in der Regel weniger dramatisch. Einzelne Personen oder kleine Gruppen von Menschen behaupten, bei ihrem ›Ausflug in die Vergangenheit‹ ein Gebäude oder eine Straße gesehen zu haben, und wenn sie dann nach ihrer Rückkehr die betreffende Stelle sehen, müssen sie zugeben, daß die örtlichen Gegebenheiten eigentlich ganz anders sind als in ihrer Erinnerung.

Ein bemerkenswerter Fall ereignete sich 1979, als vier englische Touristen vorgaben, in einem ›urigen und altmodischen‹ Gasthof im französischen Montélimar übernachtet zu haben.

Sie beschrieben die Zimmer, die anderen Gäste und den Besitzer, führten weiter aus, daß sie für ihren Aufenthalt zu viert weniger als 2 englische Pfund in Francs gezahlt und sogar Fotos voneinander in den Gästezimmern gemacht hätten. Als sie jedoch auf ihrer Rückreise erneut in dem Gasthof übernachten wollten, stellten sie fest, daß sich an der gleichen Stelle eine Tankstelle befand.

Als sie ihre Urlaubsfotos entwickeln ließen, geschahen noch seltsamere Dinge. Sie sahen nämlich, daß die Aufnahmen, die sie ihrer Meinung nach in dem geheimnisvollen Gasthof gemacht hatten, ganz fehlten, daß aber die entsprechenden Negative vorhanden und völlig unbeschädigt waren - so als wäre der Auslöser nie betätigt worden. Die Frage, wie es sein konnte, daß sie mit ihrer heutigen Kleidung und einem modernen Auto den Leuten im Gasthof nicht befremdlich erschienen, oder wie sie es fertiggebracht hatten, in heutiger Währung die Rechnung zu begleichen, vermochten die beiden Ehepaare nicht zu beantworten.

Natürlich kann dieser Fall wie viele andere eine reine Erfindung sein, die man gezielt benutzte, um Aufsehen zu erregen oder finanzielle Vorteile zu erzielen. Aber möglicherweise sind die Erlebnisse dieser Menschen auch auf eine Gruppenhalluzination zurückzuführen. Wie wir in Kapitel 8 gesehen haben, tritt sie - vielfach belegt - ebenso bei Gespenstern und Poltergeistern auf. Vielleicht war die von Miss Moberly und Miss Jourdain erzählte Geschichte so eine kollektive Halluzination, die durch die *tableaux vivants* des Comte de Montesquiou ausgelöst wurde. Bei den zwei englischen Ehepaaren, die durch Montélimar reisten, ist es denkbar, daß sie tatsächlich Halluzinationen hatten - allerdings erst nach zu vielen Gläsern französischen Weins.

Derartige Erscheinungen könnten aber auch auf das in Kapitel 8 beschriebene ›Playbackverfahren‹ zurückzuführen sein. Vielleicht wurden frühere Ereignisse in die Umgebung ›eingeprägt‹ beziehungsweise von ihr ›aufgezeichnet‹ - und viel später dann aus irgendeinem Grund ›abgerufen‹, als die genannten Personen an diesen Ort kamen.

Es gibt jedoch einige Beispiele, in denen diese vielleicht früher einmal aufgezeichneten Bilder nicht als Erklärungsmuster dienen können. Hier geht es um Menschen, die behaupten, die Zukunft gesehen zu haben. Häufig beobachten sie, wie ein langgezogenes, zigarrenförmiges Luft- oder Bodenfahrzeug in hoher Geschwindigkeit vorbeifährt. Manchmal schauen die Insassen durch die Fenster nach draußen und deuten aufgeregt in ihre Richtung; dann wieder merken die ›Zukunftsmenschen‹ nicht, daß sie beobachtet werden.

Man hat die Vermutung geäußert, daß es sich dabei um ›Visionen‹ handelt, die aus der Zukunft in die Vergangenheit projiziert werden und die bisweilen einen Sichtkontakt zwischen beiden Seiten ermöglichen. Die Anhänger dieser Idee gehen sogar noch weiter und behaupten, daß dadurch viele mysteriöse Begegnungen mit UFOs verständlicher würden. Das hieße aber, daß die UFO-Zeugen nicht außerirdische Raumfahrzeuge sehen, sondern Fahrzeuge aus unserer eigenen fernen Zukunft, in denen möglicherweise Menschen sitzen, deren Physiognomie von der unseren etwas abweicht.

Vieles von dem ist reine Spekulation. Tatsächlich haben wir keine Ahnung, wie eine Zeitmaschine konstruiert sein müßte. Jene Physiker, die in den Randgebieten der Wissenschaft arbeiten, beginnen erst jetzt, Theorien zu entwerfen und zusammenzufügen, die die Möglichkeiten einer Zeitreise zu erfassen versuchen. Doch existieren hier allenfalls mathematische Konzeptionen. Der Bau einer Zeitmaschine ist für uns heute genauso unrealistisch wie das Projekt, innerhalb des uns gesetzten Zeitrahmens das Zentrum der Milchstraße zu erreichen.

Und dennoch: Der erste Schritt in Richtung einer solchen Konstruktion besteht darin, die ihr zugrundeliegenden mathematischen Zusammenhänge zu begreifen. Außerdem können wir erst dann die Theorie einer Zeitreise entwickeln, wenn wir die Bedeutung der Zeit an sich verstanden haben.

Wir alle machen die Erfahrung, daß die Zeit vergeht, aber niemand scheint erklären zu können, was ›Zeit‹ eigentlich ist. Einige meinen sogar, sie sei lediglich eine Kategorie unseres Geistes, der die Ereignisse in eine logische und lineare Reihenfolge bringt, eben weil die Gehirnzellen nur so arbeiten und den Dingen einen Sinn geben können.

Für diese Auffassung gibt es keinen empirischen Beweis; und obwohl wir bereits gesehen haben, daß gesunder Menschenverstand und grenzüberschreitende Physik oft weit auseinanderklaffen, scheinen wir doch ein angeborenes Bewußtsein von der Richtung der Zeit zu besitzen, eine Vorstellung davon, daß die Zeit einem *fliegenden Pfeil* gleicht.

Seltsamerweise beruhen fast alle Prozesse im Universum, ob sie nach der klassischen Physik oder nach der Quantenmechanik von Schrödinger und Dirac erklärt werden, im wesentlichen auf der Reversibilität der Zeit. Das heißt zum Beispiel, wenn zwei subatomare Teilchen zusammentreffen und aufeinander einwirken, um zwei neue Teilchen zu bilden, so kann der Prozeß auch in umgekehrter Richtung ablaufen: durch die Interaktion der beiden erzeugten Teilchen entstehen unter bestimmten Bedingungen wieder die ursprünglichen Teilchen.

Dennoch ist diese Umkehrbarkeit nicht Bestandteil unserer ›realen‹ Welt, unserer alltäglichen Erfahrung. Zerbrochene Gläser fügen sich nicht wieder von selbst zusammen, es ist nicht unser Auge, das das Licht zu den Gegenständen sendet, die Toten erheben sich nicht aus ihren Gräbern. Folglich hat es auch hier wie bei den zuvor behandelten Aspekten der Quantenmechanik den Anschein, als würden die Prinzipien, die das Verhalten ›einfacher‹, dem Quantenbereich zugehöriger Systeme bestimmen, den komplexeren Systemen widersprechen – etwa jenen, die unser tägliches, auf der makrokosmischen Ebene angesiedeltes Leben beeinflussen. Aber selbst das erscheint paradox, denn wie jeder materielle Gegenstand bestehen auch wir aus elementaren Teilchen. Was also veranlaßt diese, sich in komplexen Systemen scheinbar anders zu verhalten als in einfachen Systemen, wo sie dem Gesetz der Reversibilität unterworfen sind?

Die Antwort auf diese Frage ergibt sich durch den Unterschied zwischen dem, was unmöglich, und dem, was nur sehr unwahrscheinlich ist. Die Physiker sagen: Es ist – ungeachtet religiöser Überlegungen – nicht *unmöglich*, daß der Tote aufsteht und lebendig wird oder daß ein zerbrochenes Glas plötzlich wieder ganz ist, nur setzen diese (verglichen mit den Interaktionen zweier subatomarer Teilchen) perfekten Abläufe so viele unwahrscheinliche Zwischenschritte voraus, daß wir mit größter Sicherheit länger auf ihr *natürliches* Eintreten warten müßten, als das Universum existiert. Das heißt, obwohl sie nicht *unmöglich* sind, sind sie doch höchst *unwahrscheinlich*.

Um diese Erörterungen nun mit der Vorstellung des *Zeitpfeils* in Verbindung zu bringen, müssen wir eine der fundamentalsten Gesetzmäßigkeiten des Weltalls, nämlich den sogenannten zweiten Hauptsatz der Wärmelehre in Betracht ziehen. Er bildet gewissermaßen das Kernstück der Physik. In seinem Buch *The Nature Of the Physical World* schreibt der Physiker Arthur Eddington:

> *»Der zweite Hauptsatz der Wärmelehre nimmt meines Erachtens unter allen Naturgesetzen den höchsten Rang ein. Wenn jemand Sie darauf hinweist, daß Ihre Lieblingstheorie über das Weltall nicht übereinstimmt mit den Maxwellschen Gleichungen, dann ist das um so schlimmer für die Maxwellschen Gleichungen. Wenn sie offenkundig in Widerspruch steht zur Erfahrung – nun, diesen Experimentatoren unterlaufen manchmal grobe Fehler. Aber wenn sich herausstellt, daß Ihre Theorie dem zweiten Hauptsatz der Wärmelehre zuwiderläuft, dann kann ich Ihnen keine Hoffnungen machen; es bleibt Ihnen nichts anderes übrig, als zutiefst beschämt in sich zusammenzufallen.«*[52]

Im Gegensatz zu einigen bizarren Aspekten der Quanten- und der Relativitätstheorie, entspricht der zweite Hauptsatz der Wärmelehre im Grunde vollkommen dem gesunden Menschenverstand. In vereinfachter Form besagt er: Alles nutzt sich ab, geht zu Ende. Oder, in wissenschaftliche Termini gekleidet: Die Entropie eines *geschlossenen Systems* nimmt immer zu.

52 Zitiert nach John Gribbin: *Companion to the Cosmos*. Weidenfeld and Nicholson 1996.

Der Ausdruck ›Entropie‹ beschreibt ›das Maß der Unordnung in einem System‹. Demzufolge beinhaltet eine Tasse Tee ein höheres Maß an Entropie als die einzelnen Teeblätter, das Wasser und die Milch, weil diese zusammengemischt wurden. Es wäre mehr Energie notwendig, die Bestandteile wieder voneinander zu trennen, als anfangs für ihre Mischung aufgewandt wurde.[53]

Wenden wir uns erneut dem zerbrochenen Glas zu. Wenn wir die Splitter zusammenfügen wollten, so als ließen wir einen Film rückwärts laufen, um das Glas vollkommen zu rekonstruieren, so müßten wir die Entropie des System verringern. Das ist auch möglich (im Grunde versuchen die Lebewesen meistens, die Entropie in ihrer Umgebung zu vermindern), erfordert aber Energie, und so ist es äußerst unwahrscheinlich, daß dergleichen zufällig auf natürliche Weise geschieht.

Ähnlich erhöht ein Garten, der immer mehr zuwächst, allmählich seine Entropie. Um das wuchernde Unkraut zu jäten und die Nutz- und Zierpflanzen wieder in ihren früheren Zustand zu bringen, müßte Arbeit, das heißt Energie investiert werden. Es ist extrem unwahrscheinlich, daß sich die Ordnung von selbst ergibt, ohne Einsatz von Intelligenz und Muskeln.

Da sich bei allen natürlichen Prozessen die Unordnung oder Entropie offensichtlich erhöht, verfügen wir über einen Indikator, der uns hilft, die Entwicklung des Universums und damit auch die Richtung des Zeitpfeils zu erkennen.[54]

---

53 Unser Universum ist ein geschlossenes System, also wird seine Entropie ständig zunehmen.

54 Obwohl intelligente Lebewesen die Entropie in ihrer Umgebung anscheinend ständig zu verringern trachten, könnte das Leben selbst der Grund dafür sein, daß das Universum eines Tages endet und erlischt. Denn jeder Prozeß bedeutet für das System einen Verlust an nutzbarer Energie (von Energie also, die nicht mehr in Arbeit umgesetzt werden kann). Der Physiker Barry Chapman umschreibt diesen Sachverhalt folgendermaßen: »Es mag durchaus sein, daß der Zweck des Lebens einfach darin besteht, den Hitzetod des Universums herbeizuführen.« (Aus: Barry Chapman: *Reverse Time Travel.* Cassell 1995, S. 107.)

Können also intelligente Lebewesen oder gar Informationen eine nichtlineare Bewegung von einem Bezugssystem der Zeit in ein anderes vollziehen, wenn diese doch nur in einer Richtung verläuft? Wäre es möglich, eine Zeitmaschine wie Tardis zu bauen?

Gegenwärtig setzen sich die Physiker intensiv mit zwei möglichen Mechanismen auseinander, durch die eine echte Verbindung zwischen den Zeiten hergestellt werden könnte. Der erstere macht sich das stets lehrreiche Beispiel des Wurmlochs zunutze.

In Kapitel 6 haben wir gesehen, daß der Transfer von Informationen mit Hilfe eines solchen Wurmlochs möglicherweise im Bereich einer an Einsteins Relativitätstheorie orientierten Physik liegt. In der dort geführten Diskussion benutzte ich es, um zu erklären, inwiefern die außersinnliche Wahrnehmung einen ganz natürlichen Prozeß darstellen könnte; doch vielleicht dient es auch dazu, ein System zu ersinnen, in dem die Zeitreise nach beiden Richtungen erfolgen kann.

Danach würde der Beobachter aus ›unserer Zeit‹ das andere Ende des Wurmlochs als Zukunft sehen und könnte Ereignisse miterleben, die noch nicht eingetreten sind - und selbstverständlich existierte er für diejenigen, die sich an diesem anderen Ende befinden, als Teil ihrer Vergangenheit. Folglich könnte ein Wurmloch eine Zeitschleife ermöglichen - durchreist man es in der einen Richtung, kommt man in der Vergangenheit an, durchreist man es in entgegengesetzter Richtung, ist man in der Zukunft.

Die Existenz Schwarzer Löcher gilt als nahezu gesichert, doch Wurmlöcher gibt es vielleicht nur in der Vorstellung. Zwar wäre das Universum ohne Wurmlöcher und Zeitschleifen weitaus weniger interessant, aber leider fügen sich die Gesetze der Physik nicht den menschlichen Wünschen. Wenn sich jedoch in Zukunft herausstellen sollte, daß Schwarze Löcher tatsächlich weit verbreitet sind, dann könnten sehr wahrscheinlich auch Wurmlöcher existieren. Und wenn wir zunächst beim Transfer von Informationen, dann von Objekten über solche Zeit- und Raumbahnen die entsprechenden Fortschritte erzielen, so könnte auch die Zeitreise als durchaus möglich erscheinen. Andere Zivilisationen auf fernen Sternen unternehmen sie vielleicht schon.

Stephen Hawking und andere Wissenschaftler haben die Vermutung geäußert, daß Mini-Wurmlöcher vielleicht ein natürlicher Bestandteil unseres Universums sind und daß gerade sie die Berichte von Zeitreisen evozieren. Es ist also denkbar, daß der Informationsgehalt eines Zwischenfalls in jenem antiquierten Gasthof in Montélimar auf ganz natürliche Weise in die Zukunft übermittelt und dann von den vier englischen Touristen wahrgenommen wurde, die behaupteten, den Ort besucht zu haben. In Kapitel 6 zeigte sich, daß einige Anhänger dieser Theorie sogar glauben, diese Wurmlöcher seien durch höchst traumatische Erlebnisse überhaupt erst verursacht worden und die Energie dessen, was geschah, wandere über die natürlich vorhandenen Verbindungsstrecken zwischen den unterschiedlichen Zeitebenen des Wurmlochs. Unter Umständen bestehen diese verblüffend ›praktischen‹ Vorrichtungen in weit größerer Zahl, als wir denken. Ja es ist nicht auszuschließen, daß unser Universum eingefügt ist in ein riesiges Netz miteinander verknüpfter Wurmlöcher, die nur darauf warten, von einer weit genug fortgeschrittenen Technologie genutzt zu werden.

Die zweite Konzeption ist auf Schwarze Löcher, nicht aber auf Wurmlöcher angewiesen. Hier geht es darum, die enorme Schwerkraft im Innern der Schwarzen Löcher ›zu überfliegen‹.

Erneut sind die Gleichungen von Einsteins Relativitätstheorie zugrundezulegen. Der erste Mathematiker, der sich 1949 anhand dieser Gleichungen ernsthaft mit den Möglichkeiten einer Zeitreise auseinandersetzte, war ein Freund und Kollege Einsteins am Princeton Institute for Advanced Study: Kurt Gödel. Vierzehn Jahre später veröffentlichte ein neuseeländischer Wissenschaftler, Dr. Roy Kerr, eine Arbeit, in der er die Idee einer Zeitmaschine mit Hilfe der auf Schwarze Löcher angewandten Relativitätstheorie erörterte. Damals hatte man die Schwarzen Löcher noch nicht offiziell anerkannt (die Ehre, sie erstmals nachgewiesen zu haben, wurde 1967 John Wheeler zuteil), aber Kerr wußte, daß solche Objekte prinzipiell denkbar sind. Er machte sich die Tatsache zunutze, daß die Zeit durch Geschwindigkeit und Gravitationsfelder beeinflußt wird, um eine Theorie der Zeitreise vorzulegen. Dank eines amüsanten Zufalls erschien seine Arbeit genau einen Tag bevor die erste Folge der Fernsehserie *Dr. Who* ausgestrahlt wurde, nämlich im November 1963.

Kerrs Theorie besagt folgendes: Wenn eine Zeitmaschine in ein Schwarzes Loch geschossen würde und den Rand des Gravitationsfeldes überfliegen könnte, ohne von ihm verschluckt zu werden, verginge die Zeit für die Insassen viel langsamer. Unterdessen würden die Ereignisse in der äußeren Welt vergleichsweise schnell aufeinanderfolgen. Wenn dann die Zeitmaschine an einen Punkt jenseits des Schwarzen Lochs zurückkehrte, befänden sich ihre Insassen in der Zukunft.

Ein Jahrzehnt später wurde die Theorie, Schwarze Löcher als Zeitmaschinen zu verwenden, durch Frank Tipler von der University of Maryland noch vertieft, der kurz darauf, 1974, seine Vorstellungen genauer ausführte in einem Aufsatz, den die angesehene Zeitschrift *Physical Review* veröffentlichte.[55]

Tipler ging noch viel weiter als Kerr. Seinem Ansatz zufolge könnte eine sehr weit fortgeschrittene Zivilisation eine besondere Art von Schwarzem Loch erzeugen, das er *naked singularity* (Einfache Singularität) nannte. Damit dies geschieht, müßte die Singularität, die sich im Zentrum des Schwarzen Lochs befindet, rotieren. Diese extreme Rotation würde das Raum-Zeit-Kontinuum in der Nähe der Singularität derart ›verkrümmen‹, daß sich die Zeit in eine weitere Dimension des Raumes verwandelte, durch den dann ein Fahrzeug behutsam gesteuert werden könnte.

Anschließend präzisierte Tipler seine Spekulationen hinsichtlich dieser künstlichen Singularität. Nach seinen Berech-

---

55 Frank Tipler: *Rotating Cylinders and the Possibility of Global Causality Violation,* in: *Physical Review 9 D* (1974), S. 2203–2206.

nungen bräuchte man einen 100 km langen und etwa 10 km breiten Zylinder aus äußerst dichtem Material, das der Masse in einem Neutronenstern ähnelt, wo alle Elektronen der Atome mit den Protonen im Kern verschmolzen sind. Außerdem müßte sich der Zylinder genau zweimal pro Millisekunde um die eigene Achse drehen.

Man mag diesen Entwurf trotz seiner genialen Züge als Hirngespinst abtun. Verblüffenderweise aber gibt es im Universum tatsächlich natürliche Objekte, die mit Tiplers Berechnungen fast übereinstimmen.

In Kapitel 2 habe ich darüber berichtet, wie der britische Astronom Jocelyn Bell 1967 den ersten Pulsar entdeckte – indem er nämlich eine konstante Radiowelle zurückverfolgte, die man anfangs für die Botschaft einer außerirdischen Zivilisation hielt. Obwohl dieses Signal sich als natürlicher Impuls erwies, sind doch die Konsequenzen dieser Entdeckung vielleicht genauso aufregend, als wenn eine fremde Zivilisation ihn aus dem Weltraum hierher gesandt hätte. Denn seither entdeckte man besondere Objekte namens *Millisekunden-Pulsare*, die so sehr den Charakter von natürlichen Zeitmaschinen haben, daß sie mit Hilfe einer fortgeschrittenen Technologie nur ein klein wenig verändert werden müßten, und schon wären sie verwendbar. Diese Millisekunden-Pulsare bestehen aus einem Material von fast optimaler Dichte und rotieren einmal alle 1,5 Millisekunden (was einem Drittel der von Tipler postulierten Geschwindigkeit entspricht).

Obwohl uns vielleicht Tausende von Jahren von einer Technologie trennen, die uns erlaubt, solche Objekte zu nutzen, so hat doch die Entdeckung der Millisekunden-Pulsare in Zusammenhang mit den innovativen Ideen Frank Tiplers und anderer die Physiker in helle Aufregung versetzt. Und dennoch, das Problem der zeitlichen Paradoxe bleibt weiterhin ungelöst.

Daß die Zeitreise ungeheuer schwierige Paradoxe impliziert, ist den Forschern seit Jahrhunderten bekannt. Lange bevor man sich ernsthaft damit beschäftigte, wie eine Zeitmaschine zu konstruieren sei, erachtete man diese Paradoxe als derart problematisch, daß sie allein schon eine reale Zeitreise zu verhindern schienen.

Mit seinem Klassiker *The Time Machine*[56] von 1895 prägte H. G. Wells die Diskussion über dieses Thema entscheidend mit. Aber selbst wenn Wells eine Zeitmaschine besessen hätte – über ›Relativität‹ konnte er noch nichts wissen, weil der spätere Schöpfer dieser Theorie, Albert Einstein, zu jener Zeit gerade erst sechzehn Jahre alt war und in die Technische Hochschule in Zürich eintrat, wo er sich mühsam seine mathematischen Grundkenntnisse erwarb. So überrascht es auch nicht, daß Wells sein Zeitreisesystem kaum näher erklärte; trotzdem achtete er darauf, seinen Helden nicht in die Vergangenheit zu schicken, weil ihm wahrscheinlich klar war, daß eine solche Reise äußerst heikle Paradoxe mit sich bringt.

Zum Glück ist dieses Problem vielleicht nicht so schwerwiegend, wie Wells und andere befürchteten. Durch den Rückgriff auf einige faszinierende Aspekte der Quantentheorie sind die Physiker inzwischen zu dem Schluß gelangt, daß die zeitlichen Paradoxe möglicherweise gar nicht existieren.

In seiner Kurzgeschichte *All You Zombies* aus dem Jahre 1959 beschrieb Robert Heinlein wohl eines der verwirrendsten Beispiele des Zeitreise-Paradoxes, das man sich überhaupt vorstellten kann.

Im Zentrum der Geschichte steht eine Person namens ›Jane‹, die 1945 aufgrund merkwürdiger Umstände vor einem Waisenhaus ausgesetzt wird. Das Kind wächst auf, ohne zu wissen, wer seine Eltern sind. 1963, im Alter von 18 Jahren, verliebt sich das junge Mädchen in einen Gammler, der das Waisenhaus besucht. Eine Zeitlang geht alles gut, aber dann zieht er sich von ihr zurück, und Jane stellt fest, daß sie schwanger ist. Sie hat eine schwere Geburt, es wird ein Kaiserschnitt vorgenommen. Bei diesem operativen Eingriff entdecken die Ärzte, daß Jane sowohl weibliche als auch männliche Ge-

---

56 H. G. Wells: *The Time Machine: An Invention.* Heinemann 1895. Diverse deutsche Ausgaben unter dem Titel *Die Zeitmaschine.*

schlechtsorgane besitzt, und um ihr Leben zu retten, müssen sie aus ihr einen Mann ›machen‹.

Kurz darauf wird das Baby auf mysteriöse Weise aus dem Krankenhaus geraubt; Jane wird zum Aussteiger und endet schließlich als Stadtstreicher. Sieben Jahre später, 1970 also, stolpert die männliche Jane in eine Bar und freundet sich mit dem Barkeeper an; er gibt ihr die Möglichkeit, sich an jenem Gammler zu rächen, der ihr Leben ruiniert hatte – allerdings nur unter der Voraussetzung, daß sie der ›Zeitreise-Truppe‹ beitritt. Sie willigt ein, die beiden gehen ins Jahr 1963 zurück; der Stadtstreicher ›Jane‹ verführt im Waisenhaus die 18jährige weibliche Jane, schwängert sie und verschwindet wieder. Daraufhin reist der Barkeeper in der Zeit 9 Monate weiter, raubt das Baby aus dem Krankenhaus, legt es, nach einer Reise in die Vergangenheit, 1945 vor das Waisenhaus, und setzt Jane im Jahre 1985 ab. Die männliche Jane schließt sich der ›Zeitreise-Truppe‹ an, die kurz nach der Erfindung der Zeitreise gegründet wurde.

Jane tut sich in der Truppe hervor und wird schließlich zu einem erfolgreichen Barkeeper, der seine eigene Bar aufmacht und in das Jahr 1970 zurückkehrt, um einen jungen Stadtstreicher dazu zu überreden, der ›Zeitreise-Truppe‹ beizutreten.

In dieser Geschichte ist Jane also Mutter, Vater und Tochter ihrer selbst. Außerdem ist sie der Gammler und der Barkeeper. Aber wer sind Janes Großeltern? Offenbar ist sie ein Geschöpf der Zeit, aus sich selbst entstanden und völlig unabhängig vom Universum – mit anderen Worten ein Paradox.

Es gibt noch andere, einfachere Beispiele für diese Umkehrung des Kausalitätsprinzips. Man stelle sich vor, ein Zeitreisender kehrt in die Vergangenheit vor 100 Jahren zurück und befindet sich im Atelier eines Malers, der sich irgendwie schwertut mit seiner Kunst. Er sagt ihm, daß er als Künstler in der Zukunft weltberühmt sein wird, bekannt für seinen charakteristischen Stil, der sich allerdings von dem jetzigen sehr unterscheide. Dann zeigt er ihm einen Katalog mit den künftigen Arbeiten. Der Maler lenkt den Besucher ein wenig ab, fotokopiert die Kunstwerke, und der Zeitreisende begibt sich wieder in die Zukunft. Der Maler aber fängt an, die Gemälde zu kopieren, die er zuvor fotokopiert hat.

Irritierend an diesem Paradox ist, daß es offenbar eine Art Freikarte offeriert – und daß es bei näherer Betrachtung gegen die Gesetze der Physik verstößt. Was war zuerst, das Gemälde oder der Ruhm des Malers? Außerdem scheint hier der freie Wille eliminiert worden zu sein. Wenn Wesen aus der Zukunft imstande sind, die Vergangenheit zu manipulieren und unser Leben zu verändern, wo bleibt dann noch der Grundsatz der Selbstbestimmung?

Glücklicherweise können diese Paradoxe aufgelöst werden durch einen Ansatz, der von Physikern als Viele-Welten-Theorie *(many-universes interpretation)* bezeichnet wird.

Ich habe diese Hypothese bereits in Kapitel 6 berührt, als ich die verschiedenen Deutungen des Schrödingerschen Katzenexperiments erörterte, aber sie hat vielleicht noch weitreichendere Konsequenzen im Hinblick auf die Zeitreise.

Die einfachste Aussage der Viele-Welten-Theorie lautet: Bei jedem fundamentalen Ereignis teilt sich die Zukunft in zwei mögliche Ergebnisse oder separate Universen. Das ist leicht zu verstehen, wenn wir einmal unser eigenes Leben betrachten. Angenommen, wir haben ein wichtiges Vorstellungsgespräch. In der einen Richtung passiert folgendes: Wir führen dieses Gespräch, bekommen den Job und werden irgendwann Chef der Firma. In der anderen Richtung aber verpassen wir den Zug, das Gespräch findet nicht statt, und haben deshalb auch keine Chance, diesen idealen Job zu bekommen.

Allerdings spielt sich dieser Fall auf der makrokosmischen Ebene ab. Nach der Viele-Welten-Theorie bewirkt jede Veränderung im subatomaren Bereich, die sich innerhalb unseres Raum-Zeit-Kontinuums ereignet, eine Aufteilung in zwei verschiedene Universen. Diese können einander derart ähnlich sein, daß wir zwischen ihnen überhaupt keinen Unterschied bemerken. Vielleicht befindet sich im einen Universum nur ein einziges Elektron an einer anderen Stelle. Dennoch sind die beiden Universen nicht identisch. Und gerade aufgrund dieser

Tatsache könnten die komplizierten Zeitreise-Paradoxe aus der Gleichung verschwinden.

Betrachten wir ein anderes Beispiel. Wenn wir in Universum A, ›unserem‹ Universum, in der Zeit rückwärts gehen und unseren Großvater dazu überreden, eine wichtige Verabredung mit unserer künftigen Großmutter nicht einzuhalten, so wird ein Paradox deshalb vermieden, weil in dem Augenblick, da wir in der Vergangenheit ankommen, gleichzeitig zwei mögliche Zukünfte oder Universen entstehen, nämlich Universum A und Universum B. In Universum A trifft unser Großvater unsere künftige Großmutter zum Essen und geht mit ihr eine Beziehung fürs Leben ein, ohne sich unserer Existenz bewußt zu sein. Das führt zu einer Zukunft, in der wir geboren werden und eine Zeitreise in die Vergangenheit unternehmen. In Universum B hält der Großvater die Verabredung nicht ein, folglich werden wir nie geboren. Aber da wir ja tatsächlich aus Universum A gekommen sind, hören wir nicht plötzlich auf zu existieren, also gibt es auch kein Paradox.

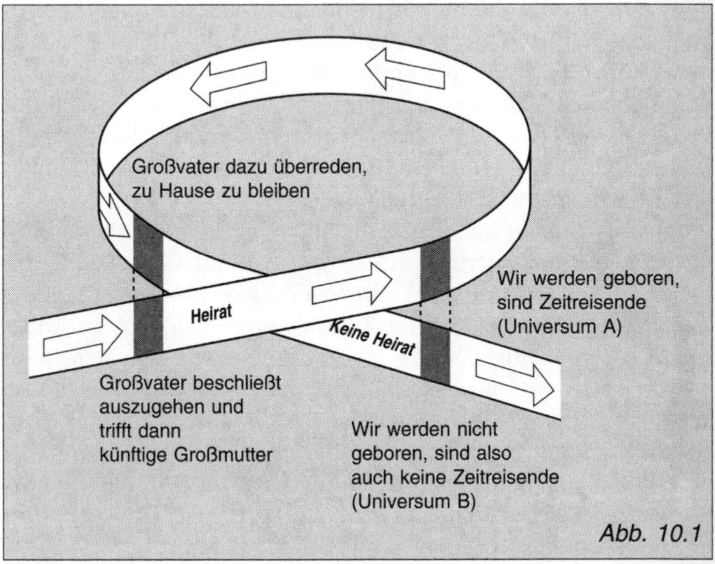

Abb. 10.1

Stephen Hawking sagt mehrfach, daß wenn die Zeitreise wirklich möglich wäre, so würden uns viele ›Zeittouristen‹ aus dem All besuchen; da dies aber nicht der Fall ist, ist sie unmöglich. Diese Ansicht ist aus mindestens drei Gründen falsch. Erstens: Zeitreisende wären sicherlich klug genug, ihre Spuren zu verwischen. Zweitens: Unser Raum-Zeit-Kontinuum nimmt im Leben und im Volumen des ganzen Universums eine so verschwindend kleine Stelle ein, daß Zeitreisende diese Zeit oder diesen Ort höchstwahrscheinlich noch nicht besucht haben. Drittens: Wenn die Viele-Welten-Theorie stimmt, könnten nur menschenähnliche Lebewesen in bestimmten Universen die Besucher überhaupt erkennen. Hawking hat seine Meinung inzwischen geändert und glaubt, daß die Zeitreise theoretisch möglich ist.

Aller Voraussicht nach werden wir eines Tages in der Lage sein, natürliche Erscheinungen des Weltalls – etwa die Eigenschaften eines Schwarzen Lochs oder exotische Objekte wie zum Beispiel Pulsare – zu benutzen und ein Gerät zu entwickeln, das die Reise in die Vergangenheit ermöglicht. Falls dergleichen sich dennoch als Illusion erweisen sollte, besteht vielleicht immer noch die Alternative, für die Zeitreise geeignete Wurmlöcher zu verwenden. Jedenfalls bedarf es im einen wie im andern Fall dramatischer Fortschritte in der Physik und insbesondere einer geglückten Verbindung von Quantentheorie und Relativitätstheorie, die auch weiterhin als ›Heiliger Gral‹ der modernen Physik gilt.

Darüber hinaus kann man darüber spekulieren, ob sich auf der Erde nicht manchmal günstige Umstände oder Zufälle ergeben, die es einigen Menschen erlauben, in die Vergangenheit beziehungsweise in die Zukunft einzutauchen. In Anbetracht der gewaltigen Kräfte, die im Innern von Pulsar-Zeitmaschinen oder auf den Zeitbahnen der Wurmlöcher wirksam sind, ist das zwar eher unwahrscheinlich, aber dann gibt es sicherlich andere faszinierende Objekte im Weltraum wie Pulsare und Neutronensterne, die nur darauf warten, von neugierigen Wissenschaftlern entdeckt zu werden. Vielleicht befinden sich einige von diesen näher an der Erde.

Schließlich scheint das ideelle Potential der Quantenmechanik groß genug zu sein, um das Problem der Paradoxe zu lösen. Wenn sich eines Tages herausstellt, daß sich die unzähligen Universen der Schöpfung tatsächlich entsprechend der Viele-Welten-Theorie verhalten, und zudem noch die nötige Technologie vorhanden ist, dann könnte die letzte Schranke, die uns von der Zeitreise trennt, überwunden werden. Vielleicht ist es verfrüht, ein Ticket für den ›Zeitexpreß‹ zu buchen, aber wir können davon träumen.

11. Kapitel

Auf dem Weg ins Licht

»Sie saßen im Boot. Nick im Heck, sein Vater ruderte. Über den Hügeln erschien die Sonne. Ein Barsch sprang, und ein Wellenkreis breitete sich aus. Nick ließ die Hand ins Wasser hängen. Es fühlte sich warm an in der kühlen Frische des Morgens.
An diesem frühen Morgen auf dem See, im Heck des Bootes sitzend, während sein Vater ruderte, hatte er das Gefühl, niemals sterben zu müssen.«

ERNEST HEMINGWAY[57]

Es gibt unzählige Umschreibungen dafür – entschlafen, verscheiden, ins Gras beißen; aber ganz gleich, wie wir uns ausdrücken, eines Tages wird jeder von uns das Große T vor Augen haben oder hautnah erleben, was der Genetiker Steve Jones kürzlich während einer Diskussion über die Wahrscheinlichkeit, an diversen Ursachen zu sterben, in folgende Worte faßte: »Nicht jeder Spieler wird in der Lotterie gewinnen, aber jeder wird sterben.«[58]

---

57 Ernest Hemingway, *Indian Camp*, in: *In Our Time*, Cape, 1926.
58 Steve Jones, *View From the Lab*, in: *Daily Telegraph* vom 5. Juni 1996.

Düstere Aussichten? Ja, gewiß, und eben deshalb haben wir Menschen seit der Zeit, da unsere Urahnen den Tod erstmals bewußt wahrnahmen, uns selbst immer wieder zu überzeugen versucht, daß er nicht das Ende ist, daß es ein Leben ›danach‹ gibt – sei es im Himmel, in der Hölle oder hier auf Erden. Aber gibt es dafür irgendwelche Beweise? Ist das alles nicht nur Wunschdenken, wie die Materialisten behaupten? Oder besitzt vielleicht doch jeder von uns etwas Besonderes, etwas Unsterbliches?

Bis in die 70er Jahre dieses Jahrhunderts gab es nur wenige Bemühungen, den Sterbeprozeß von der psychologischen Seite her zu erfassen; folglich hatten wir auch keine Nachrichten aus dem Jenseits. Allmählich jedoch tauchten einzelne Berichte auf, in denen Menschen dem Tod sehr nahe kamen, ja bereits für tot erklärt worden waren, und dann wieder ins Leben zurückkehrten. Einige der Personen konnten sich später daran erinnern, was sie in diesem Zustand gefühlt hatten, für den der Ausdruck *Near Death Experience* (NDE), Sterbeerlebnis, geprägt wurde.

Der erste, der diese Grenzerfahrung einer breiteren Öffentlichkeit zugänglich machte, war ein Arzt aus Georgia namens Raymond Moody. Er schrieb darüber ein Buch mit dem Titel *Life After Death* (Leben nach dem Tod)[59], das inzwischen eine Auflage von über drei Millionen Exemplaren hat. Obwohl Moody die von ihm beschriebenen Erlebnisse weder analysierte noch bewertete, brachte er doch durch die aufgeführten Dokumente viele Vorstellungen zur Sprache, die mit der Nah-Toderfahrung in engem Zusammenhang stehen. Dazu gehören etwa Fälle, in denen Menschen ihren Körper von oben sahen oder einen dunklen Tunnel in Richtung des Lichts entlanggingen oder einem geistigen Führer begegneten. Die erste sorgfältige Untersuchung, die zugleich eine große Anzahl von Berichten zu diesem Thema vereinigte, legte 1980 ein anderer amerikanischer Arzt vor, nämlich Kenneth Ring von der University of Connecticut.

---

59 Dr. Raymond Moody: *Life After Life.* Mockingbird Books 1975.

Ring teilte das Sterbeerlebnis in fünf Kategorien ein: Gefühl des Friedens, Trennung vom Körper, Eintritt in die Dunkelheit (Tunnel), Wahrnehmung des Lichts, Eintritt ins Licht. Die Mehrzahl der Personen, die mit derartigen Grenzerfahrungen konfrontiert waren, konnten sich nur an die ersten Stadien erinnern; weniger als 10 % haben alle fünf Stadien durchlaufen.[60] Erstaunlicherweise aber glauben die meisten Forscher auf diesem Gebiet, daß sämtliche Beschreibungen in gewissen Punkten übereinstimmen und daß ein vollständiges Sterbeerlebnis offenbar jene Details umfaßt, die in der folgenden Geschichte zum Vorschein kommen:

»Plötzlich fühlte ich eine große Ruhe, einen tiefen, inneren Frieden. Dann wurde mir schlagartig bewußt, daß ich über meinem Körper schwebte und beobachtete, was sich da unten abspielte. Ich war völlig losgelöst, so als würde ich einen Film anschauen. Ich konnte mich von oben sehen, ebenso die Schläuche und Röhren, die Ärzte, die um mich herumstanden, die trostlose, ganz gerade Linie auf dem Monitor.

Allmählich merkte ich, wie es um mich dunkler wurde, als ob mein Blickfeld sich verengen würde; dann sah ich einen Tunnel mit einem hellen Licht am Ende. Ich verspürte den Drang, mich auf das Licht zuzubewegen, und stellte fest, daß ich mich immer beeilte. Dabei blitzten Szenen aus meiner Vergangenheit vor mir auf, sowohl schöne als auch schlimme Augenblicke. Als ich dann dem Glanz näher kam, erblickte ich eine Gestalt, die von Licht umgeben war. Ich erkannte in ihr meinen Vater. Er war schon seit zehn Jahren tot, aber da stand er nun, genauso, wie ich ihn im Gedächtnis hatte. Er fragte mich, ob ich für diese Reise bereit sei. Wollte ich weitergehen mit ihm oder lieber umdrehen? Einen Moment später, noch ehe ich Zeit hatte zu antworten, spürte ich, daß ich nach hinten gezogen wurde, daß mein Körper mich aufsaugte. Abrupt wachte ich auf, und sehr schnell kehrte die Agonie zurück. Ich war schrecklich wütend, beruhigte mich dann aber wieder.«

---

[60] Kenneth Ring: *Life At Death: A Scientific Investigation of the Near-death Experience.* Conard, McCann and Geoghegan, New York 1980.

Für viele sind derartige Schilderungen ein klarer Beweis dafür, daß wir nach dem körperlichen Tod in irgendeiner Weise weiterleben. Doch bei nüchterner Betrachtung stellt sich leider heraus, daß derlei Berichte wohl ganz einfach überinterpretiert werden. Wir werden also im obigen Beispiel jedes Stadium einzeln analysieren und die verschiedenen Möglichkeiten in Erwägung ziehen.

Das Gefühl von Entspannung oder von Frieden ist mit Hilfe anerkannter medizinischer Kenntnisse vielleicht am leichtesten zu erklären. Es stellt sich nämlich fast zwangsläufig ein, weil der Körper mit ›Beruhigungsmitteln‹, insbesondere Endorphinen, durchflutet wird. Das sind vom Gehirn produzierte Peptide, die bei extremen körperlichen Belastungen eine schmerzlindernde Wirkung entfalten. Dieser Endorphinstoß ist etwa auch für Fitneßfanatiker von großem Nutzen, denn er treibt sie immer weiter an; dadurch können sie während des Trainings die Schmerzgrenze überwinden. Daß diese Substanzen ausgeschüttet werden, ist also nicht überraschend, sondern nur ein weiteres Beispiel dafür, wie der Körper in Streßsituationen auf eine Art ›Überlebensprogramm‹ umschaltet.

Das nächste Stadium einer solchen Grenzerfahrung führt dazu, daß der Patient sich und seine Umgebung von außen sieht. Fast immer nimmt er dabei die Vogelperspektive ein und verfolgt alle Vorgänge von oben - und zwar mit großem inneren Abstand. Diesen Abschnitt des Sterbeerlebnisses nennt man *Out of Body Experience* (OBE), außerkörperliche Erfahrung.

Die Empfindung, vom eigenen Körper getrennt zu sein, tritt nicht nur in traumatischen Situationen oder in der Agonie auf. Es gibt eine ganze Reihe von Menschen, die behaupten, der Körper habe sich eine Zeitlang von ihnen abgelöst, so daß sie in der Astralwelt herumwandern konnten. Meistens sind diese Verhaltensweisen nicht unterscheidbar von denen im Traum. So erzählt ein Astralreisender namens Robert Monroe phantasievolle Geschichten über seine Ausflüge zu den Planeten unseres Sonnensystems, ja sogar zu weiter entfernten Sternen. Er sagt, er sei fähig, jenseits der Zeit durch den intergalaktischen

Raum zu schweben. Ungeachtet aller lästigen Beschränkungen, die mit der Relativität verbunden sind, reist er an jeden x-beliebigen Ort im Weltall und stützt seine Ausführungen damit, daß er angeblich ›Markierungen‹ auf den Planeten entdeckt habe, bevor die NASA mit Hilfe von Satelliten auf sie aufmerksam wurde.[61]

Natürlich gibt es für solche weit hergeholten Geschichten keinerlei Beweise, aber sie eignen sich gut für die Bestsellerlisten. Interessanter, aber weniger aufsehenerregend sind die Berichte von Leuten, die behaupten, ihren Körper während eines traumatischen Erlebnisses, das sie zugleich an die Schwelle des Todes führte, verlassen zu haben. Derartige Zeugnisse machen wirklich neugierig, weil sie weder fragwürdige Erinnerungen noch kaum nachprüfbare Ausnahmefälle darstellen, sondern einem tieferen, lebensbedrohenden Prozeß entstammen.

Gerade diesen Dokumenten hat man einen hohen Wert beigemessen, vielleicht weil sie das einzige Stadium beschreiben, das mit der Lebenswelt und mit anderen Personen in Verbindung gebracht werden kann. Oft wissen die Koma-Patienten noch einzelne Wörter oder Sätze, die in ihrer Nähe ausgesprochen wurden, oder zitieren die Bemerkungen von Ärzten, die an ihnen Wiederbelebungsversuche vornahmen. Außerdem können sie einzelne Teile der medizinischen Geräte sowie deren Geräusche beschreiben. In seltenen Fällen sprechen die Patienten sogar davon, etwas gesehen zu haben, das sich nicht in der unmittelbaren Umgebung ereignete, und berichten zum Beispiel über eine Begebenheit im Nebenzimmer. Besonders diese offenbar übersinnlichen Fähigkeiten machen einen großen Eindruck auf Leute, die an ein Leben nach dem Tode glauben.

Eigentlich ist es nicht verwunderlich, daß Personen, die unter einem Trauma leiden, sich an einige Dinge erinnern können, die sie ringsum gesehen oder gehört haben. Untersuchungen haben gezeigt, daß Menschen, die nicht bei Bewußt-

---

61 Robert Monroe: *Far Journeys*. Souvenir 1986.

sein oder in Schlaf gesunken sind, sich ganz gut an das entsinnen, was in ihrer Nähe gesprochen wurde, und daß die ringsum stattfindenden ›realen‹ Ereignisse zum Teil in ihren Träumen auftauchen.[62]

Dazu also sind keine übernatürlichen Kräfte nötig. Man denke nur einmal an das allseits bekannte Verhalten ›frischgebackener‹ Elternpaare. Schon der leiseste Laut, den sie unterbewußt mit ihrem Baby assoziieren, läßt sie aus dem Tiefschlaf hochfahren, während sie auf einzelne Geräusche, die von draußen kommen, überhaupt nicht achten. Auch hier handelt es sich um einen aus Urzeiten stammenden Überlebensmechanismus, um eine tief verwurzelte Instinktreaktion.

Darüber hinaus wurden umfangreiche wissenschaftliche Studien über Narkosepatienten durchgeführt, bei denen man feststellte, daß sie äußere Sinnesreize registrieren, obwohl sie sich hinterher oft nicht mehr an Einzelheiten erinnern können.[63]

Trotzdem würden alle diese rationalistischen Argumente widerlegt werden durch einen Beweis, der eindeutig zeigte, daß ein Mensch in todesähnlichem Zustand imstande ist, Informationen zu empfangen, die er unmöglich über die normalen Sinnesorgane aufnehmen konnte. Leider muß denen, die ein Leben nach dem Tode propagieren, gesagt werden, daß in diesem Zusammenhang kein einziger Beleg genauerer Prüfung standhielt. Die Psychologin Susan Blackmore hat mehrere hundert Fälle von Leuten mit außerkörperlichen Erfahrungen analysiert – Fehlanzeige.

Darunter ist auch das Beispiel einer Patientin namens Maria, die einen Herzinfarkt erlitten hatte und später schilderte, wie sie über ihrem Körper geschwebt und in ein anderes Krankenzimmer gewandert sei, wo sie auf dem Finstersims einen

---

62 *The Mind in Sleep: Psychology and Psychophysiology*, herausgegeben von A. Arkin, J. Antrobus und S. Ellman. Hillsdale, NJ, Lawrence Erlbaum Associates 1978.

63 K. Millar/N. Watkinson: *Recognition of Words Presented During General Anaesthesia*, in: *Ergonomics 36*, 1983, S. 585–594.

liegengelassenen Tennisschuh entdeckt habe. Daraufhin ging eine Krankenschwester in dieses Zimmer und fand ihn tatsächlich an der angegebenen Stelle vor. Doch Maria ist inzwischen gestorben, und da der Schuh von niemandem sonst gesehen wurde, kann nur die Krankenschwester den Vorfall bestätigen. Damit bleibt die ganze Sache zweifelhaft.

Ein weiteres Dokument stammt von einer Frau, die vorgab, ihren Körper verlassen und ihren Sohn Graham gesehen zu haben, wie er mit einer Krankenschwester stritt und dann von dieser aufgefordert wurde, sich zu entfernen. Anschließend ›flog‹ die Frau über ihren Sohn, der gerade den Korridor hinunterging. Sie sah, wie er einen Raum betrat, wo sein Partner Chris ihn erwartete. Chris fragte Graham, was passiert sei, und der antwortete, daß sie ihn nicht zu seiner Mutter lassen wollten. Wütend stieß er mit dem Fuß einen Stuhl zur Seite und zündete sich eine Zigarette an.

Bei dieser Geschichte besteht das Problem darin, daß jedes Ereignis vorherzusehen war. Obwohl sich die Frau in einem traumatischen Zustand befand, könnte ihr Gehirn den Streit zwischen ihrem Sohn und der Krankenschwester zur Kenntnis genommen haben. Daraufhin malte sie sich aus, was nach solch einem Zwischenfall zwangsläufig passieren mußte. Sie wußte, wer aller Wahrscheinlichkeit nach im Krankenhaus auf ihren Sohn wartete, ahnte dessen heftige Reaktion (als er den Stuhl umstieß) und vermutete, daß er sich bestimmt eine Zigarette anstecken würde. Demnach liegt auch hier kein eindeutiger, nachprüfbarer Beweis dafür vor, daß etwas nicht mit rechten Dingen zuging, daß übernatürliche Kräfte im Spiel waren.

Dennoch eröffneten einige von Ärzten durchgeführte Experimente faszinierende Ausblicke. Sie hatten Patienten behandelt, die glauben, dem Tode sehr nah gewesen zu sein. Eine besonders interessante Studie wurde von dem Kardiologen Dr. Michael Sabom vorgelegt. Er versuchte herauszufinden, wie gut sich Menschen, die ihrer Meinung nach den Körper verlassen haben, an die reale Umgebung erinnern können. Er fragte diese Personen, inwieweit ihnen der körperliche Zustand und die Wirkungsweise der verschiedenen chirurgischen

Geräte im Operationssaal noch bewußt war. Zu seiner Überraschung stellte er fest, daß diejenigen, die behaupteten, außerhalb ihres Körpers gewesen zu sein, wesentlich mehr Details rekapitulieren konnten, als Personen der Vergleichsgruppe, die sich der gleichen Operation unterzogen und keine solche Grenzerfahrung gemacht haben.

Bei genauerer Einschätzung könnte man dies als eine Art Indizienbeweis für die Existenz des Übersinnlichen ansehen, aber wir dürfen keine voreiligen Schlüsse ziehen, eben weil über die Gehirnvorgänge während einer angeblich außerkörperlichen Erfahrung sehr wenig bekannt ist. Solche Phänomene lassen sich vielleicht ganz einfach damit erklären, daß Patienten, die eine scheinbar ›mystische‹ Erfahrung machen, sich im Grunde nur in einem Geisteszustand befinden, der ihr Kurzzeitgedächtnis außerordentlich aktiviert. So könnten sie mehr Informationen aus ihrer unmittelbaren Umgebung aufnehmen als Leute, deren Trauma nicht ganz so schlimm ist.

Die Berichte über Erlebnisse im Grenzbereich zwischen Leben und Tod enthalten fast immer die Aussage, daß der Patient von oben auf sich ›herabschaut‹. Diese allgemeine Erscheinung haben einige als Beweis dafür genommen, daß der Astralleib sich tatsächlich vom irdischen Leib trennt. Aber gerade weil so viele die Vogelperspektive einnehmen, ist Vorsicht geboten. Denn wenn der Geist oder der Astralleib den hiesigen Körper verläßt, warum wird dieser dann immer nur aus der Höhe gesehen?

Psychologen sind der Auffassung, daß das ›Schweben über dem Körper‹ auf eine vom traumatisierten Gehirn hervorgerufene Halluzination oder Visualisation schließen läßt. Das kommt daher, weil wir als lebendige, intelligente Wesen geistige Muster entwerfen von der Welt, und zwar in jedem Augenblick, da wir sie mit den Augen wahrnehmen. Folglich wird die Welt immer in Augenhöhe visualisiert. In unserer Erinnerung jedoch visualisieren wir eine Szene fast ausschließlich aus der Vogelperspektive oder von einem dritten Standpunkt aus. Sehr selten vergegenwärtigen wir uns eine Situation, an der wir beteiligt waren, aus unserer damaligen Perspektive, obwohl nahezu alle audiovisuellen Informationen, die das Gehirn speichert, von diesem Blickwinkel herrühren.

Wenn unser Gehirn stirbt und die audiovisuellen Impulse durcheinandergeraten oder größtenteils ausgeschaltet werden, kehren wir in unsere Erinnerungen und Träume zurück, um weiterhin ein geistiges Muster von der Welt zu entwerfen, wobei die dann entstehenden Bilder fast immer ›von oben‹ gesehen werden. Das ist auch der Blickwinkel des Träumers oder einer Person, die sich in tranceähnlichem beziehungsweise betäubtem Zustand befindet – oder desjenigen, der unter einem schweren Gehirntrauma leidet und an den Grenzen des Bewußtseins weiterlebt.

Susan Blackmore von der Universität von Bristol und Harvey Irwin von der Universität von New South Wales, Australien, haben Experimente durchgeführt mit Menschen, die behaupten, jenseits ihres Körpers gewesen zu sein. Die beiden Wissenschaftler fanden heraus, daß viele Testpersonen die ausgeprägte Fähigkeit haben, den Blickwinkel zu wechseln. Vor allem aber berichteten diese, daß sie in ihren Träumen zumeist die Vogelperspektive einnehmen; außerdem können sie ein Ereignis im Wachzustand leichter abrufen, wenn sie es ›von oben‹ mitbekommen.[64]

Nach dieser Empfindung, über dem Körper zu schweben, haben die meisten, die weiterhin in diesem todesähnlichen Stadium sind, den Eindruck, ihr Blickfeld werde immer kleiner, so daß sich ihre gesamte Umgebung in einen Tunnel verwandelt, an dessen Ende sie ein helles Licht ausmachen.

Diejenigen, die an ein Leben nach dem Tod glauben, betrachten diese Strecke als ›Übergang ins Jenseits‹. Sie sagen, er führe nicht nur zum göttlichen Licht, sondern auch zu jenem Ort, wo wir unseren wichtigsten Bezugspersonen begegnen und beschließen, entweder weiterzureisen in Richtung einer geistigen Existenz oder aber zurückzukehren auf die Erde und wieder gesund zu werden. Doch auch diese sehr verlockende

---

64 Susan Blackmore, vgl. *Journal of Mental Imagery*, Vol. 11/1987, S. 53.

Vorstellung ziehen Neurophysiologen und Psychologen aufgrund der in den letzten Jahren durchgeführten Untersuchungen in Zweifel.

Einer der Hinweise auf den möglichen Ursprung des Tunnel-Bildes kam von Carl Sagan, der vermutete, daß es sich hierbei um eine ›Erinnerung an die Geburt‹ handelt; doch diese Theorie gilt inzwischen als widerlegt.[65] Psychologen vertreten die Auffassung, daß der Mensch von seiner Geburt wohl kaum eine genaue Vorstellung zurückbehält und daß dieses Ereignis nichts mit dem Gang durch einen Tunnel zu tun hat. Dann versuchte man zu zeigen, daß der Tunnel eine *Veranschaulichung* der Geburt darstellt – ein geistiges Bild also, das das Gehirn entwirft, um zu begreifen, was bei der Geburt wirklich passiert ist. Auch diese Idee wurde nicht mehr weiter verfolgt, nachdem man 254 Personen danach befragt hatte, ob sie je zwischen Leben und Tod geschwebt hätten. 36 Personen waren mit Kaiserschnitt entbunden worden, aber fast alle von ihnen gaben an, eine solche Grenzerfahrung tatsächlich schon gemacht zu haben.[66]

Eine weitere, plausiblere Erklärung lautet: das Gehirn leidet an *zerebraler Anoxie*, an Sauerstoffmangel also. Dieses rein physische Phänomen ruft nach heutiger Ansicht der Psychologen die Vorstellung von Tunnel und Licht hervor. Außerdem glaubt man, daß es auch für die immer wieder dokumentierten Begegnungen mit längst verstorbenen Verwandten oder gar mit einer göttlichen Gestalt am Ende des Tunnels verantwortlich ist.

Wie in Kapitel 3 bereits erörtert, arbeitet das Gehirn mit elektrischen Impulsen, die an den Neuronen (Nervenzellen) entlangwandern. Diese Impulse schließen die Lücken zwischen den Enden der Neuronen, ermöglichen also die Synapse, die Übertragung von Reizen. Die dabei transferierten Informationen unterliegen einer genauen Kontrolle. Sind die

---

65 Carl Sagan: *Broca's Brain*. Random House 1979, S. 143.

66 Susan Blackmore: *Birth and the OBE: An Unhelpful Analogy*, in: *Journal of the American Society for Psychical Research 77*, 1983, S. 229–238.

Impulse zu zahlreich oder zu schnell, kann das Signal nicht richtig übertragen werden; sind sie zu gering oder zu langsam, ist die Gehirnfunktion beeinträchtigt. Das heißt, die Hemmung der Impulse durch das Gehirn ist ebenso wichtig wie deren Anregung.

In den 50er Jahren dieses Jahrhunderts hat man entdeckt, daß halluzinogene Drogen wie LSD und Meskalin die Inhibitoren (Hemmstoffe) im Gehirn zerstören, wodurch dann die Signale schneller und geballter die Synapsen überqueren. LSD unterbindet die Funktion der *Raphe*-Zellen, die die Aktivität in der Sehsphäre der Großhirnrinde, wo die Gedanken weiterverarbeitet werden, regulieren.

Experimente, die an Ratten durchgeführt wurden, haben gezeigt, daß, wenn das Gehirn über zu wenig Sauerstoff verfügt, die hemmenden Signale vor den stimulierenden Signalen ausgeschaltet werden, wodurch die Nervenzellen ihre Impulse schneller und effizienter weitergeben. Das hat zwei schwerwiegende Folgen: Erstens werden - wie bei der Einwirkung von LSD - die Impulse in der Sehsphäre anders rezipiert; zweitens erzeugt die zerebrale Anoxie Halluzinationen.

Die Vision des Tunnels war schon lange vor der Verbreitung der NDE genau belegt; man kannte sie als Bestandteil der halluzinatorischen Erfahrung, wie sie durch Drogen, zum Beispiel Psilocybin *(magic mushrooms)* und LSD, hervorgerufen wird. Um 1930 bemerkte Heinrich Klüver, ein Psychologe an der Universität von Chicago, daß in der Halluzination durch Drogen vier elementare Bilder auftauchen: das Gitter, die Spirale, das Spinngewebe und der Tunnel. Aber erst in den letzten Jahren hat man für diese doch sehr beschränkte Bildreihe eine Erklärung gefunden.

Der Neurobiologe Jack Cowan arbeitete seit den frühen 80er Jahren an diesem Problem und entdeckte eine Verbindung zwischen den von der Netzhaut registrierten Signalen und den

---

[67] J. D. Cowan: *Spontaneous Symmetry Breaking in Large-Scale Nervous Activity,* in: *International Journal of Quantum Chemistry 22,* 1982, S. 1059–1082.

im Gehirn vorgestellten Bildern.[67] Er schloß daraus, daß eine traumatische Störung im Gehirn – etwa ein Sauerstoffmangel, der zur Verminderung hemmender Signale führt – sogenannte Aktivitätsstreifen in der Sehsphäre hervorruft. Sobald diese Streifen in ein wahrnehmbares Bild übersetzt werden, erscheinen sie als konzentrische Kreise.

Noch wichtiger aber ist folgende Tatsache: Wenn die Netzhaut eine optische Information aufnimmt, werden die meisten Neuronen dafür gebraucht, die Daten aus dem Zentrum der Sehsphäre zu verarbeiten. Wenn nun das Gehirn zu wenig Sauerstoff zugeführt bekommt und die hemmenden Signale unterdrückt werden, wirkt sich dies zwar auf alle Neuronen aus, doch da das Zentrum der Sehsphäre mehr Neuronen beansprucht, wird es auch am empfindlichsten gestört. Infolgedessen entsteht das helle Licht am Ende des Tunnels.

Glücklicherweise kann diese Theorie durch Computer überprüft werden. Wenn ein Prozessor mit den Informationen programmiert ist, die die Verbindung zwischen Netzhaut und Sehsphäre in der Großhirnrinde mit Hilfe eines einfachen Modells veranschaulichen, und dann noch eine Simulation der stimulierenden Impulse erfolgt, so erscheint auf dem Bildschirm eine tunnelähnliche Form. In der Mitte ist sie hell, zum Rand hin dunkler. Erhöht man den Aktivitätsgrad, um den Effekt des Sauerstoffmangels im Gehirn zu reproduzieren, dann bewegt sich der ›Tunnel‹ auf einen zu: man hat den Eindruck, ihn in Richtung des hellen Lichts zu durchqueren.

Einige sehr intensive Erfahrungen wurden von denen berichtet, die dem Tod gerade noch ›von der Schippe gesprungen sind‹. Manchmal sagen sie, daß in dem Augenblick, da sie ins Licht eintraten (das fünfte und letzte Stadium jeder bisher bekannten Grenzerfahrung im Todesbereich), der Tunnel verschwand und sich in Felder, Bäume und andere verzerrte Bilder verwandelte. Verblüffenderweise passiert genau das in der Computer-Simulation. Wenn der Reizfluß weiter verstärkt wird, um einen noch größeren Sauerstoffmangel und eine extreme Reduktion der hemmenden Signale im Gehirn darzustellen, entpuppt sich der Tunnel plötzlich als eine Reihe von Spiralen und komplexen Ringen.

Aber was hat es auf sich mit diesem überwältigenden Eindruck des Patienten, am Ausgang des Tunnels einer lichtumfluteten, bereits verstorbenen Bezugsperson oder in manchen Fällen sogar Gott selbst zu begegnen?

Anscheinend werden auch derartige Bilder durch die zerebrale Anoxie hervorgerufen, weil dem Gehirn, sobald seine normalen Funktionen durcheinandergeraten oder überlastet sind, nichts anderes übrigbleibt, als Träume und Erinnerungen zu evozieren, um mit der Situation zurechtzukommen. Susan Blackmore beschreibt diesen Sachverhalt folgendermaßen: »Das System greift einfach auf das konstanteste Muster von der Welt zurück, das ihm jederzeit zur Verfügung steht, und nennt es ›Wirklichkeit‹. Im normalen Leben gibt es ein ›Wirklichkeitsmuster‹, das extrem konstant, kohärent und komplex ist. Es entsteht durch die aufgenommenen und verarbeiteten Sinnesreize. Im wesentlichen enthält es die Information ›Ich, hier, jetzt‹. Meiner Meinung nach erscheint dieses Muster nur deshalb real, weil es das beste ist, das das System jeweils zur Verfügung hat.«[68]

Menschen, die schwer verletzt wurden, einen Herzinfarkt erlitten haben oder sonstwie in einem körperlich kritischen Zustand sind, klammern sich instinktiv an das, was ihnen in Phantasien oder Träumen die größte Geborgenheit schenkt. Also werden diese Halluzinationen wahrscheinlich das Bild eines verlorenen Elternteils oder Partners erzeugen, manchmal auch jene Gestalt, die der Patient für Gott hält.

Ein sehr auffälliger Aspekt dieser Erfahrungen in Todesnähe hat den Hoffnungen und Wunschvorstellungen derer, die an ein Leben ›danach‹ glauben, großen Auftrieb gegeben, die Behauptung nämlich, daß das Geschehen immer in der gleichen Weise ablaufe, daß die dabei auftauchenden Bilder allgemeingültig und in allen Religionen und Kulturen anzu-

---

68 Susan Blackmore: *Visions from the Dying Brain,* in: *New Scientist* vom 5. Mai 1988, S. 43–45.

treffen seien. Nach Ansicht einiger Kritiker ist das nicht ganz richtig.

Als erstes machen sie darauf aufmerksam, daß viele Menschen ihre diesbezüglichen Erlebnisse verschweigen, weil sie Angst haben, deswegen verspottet zu werden. Dadurch vermindert sich die Zahl der Fälle erheblich. Aber selbst dann kommt eine solche Grenzerfahrung äußerst selten vor. In seinem Buch *Pseudoscience and the Paranormal* vertritt der Skeptiker Terence Hines die These, daß es eine ganze Reihe von Beispielen gebe, in denen Menschen ihre sehr unangenehmen Todeserfahrungen genau so beschreiben wie Drogenabhängige ihre manchmal ›schlechten Trips‹.

Das kann auf ganz unterschiedliche Faktoren zurückzuführen sein, etwa auf die chemische Zusammensetzung im Gehirn des Patienten, durch die er ja überhaupt erst in diesen kritischen Zustand kam; dann vielleicht auch auf seine Stimmung, seine Lebenssituation - oder auf die Medikamente, die die Ärzte ihm verabreichen, um ihn ins Leben zurückzuholen.

Die meisten Psychologen sind sich einig, daß diese Erfahrungen an der Schwelle des Todes deshalb so viele von Geschlecht, Rasse, Religion oder Gesellschaftsschicht unabhängige Gemeinsamkeiten aufweisen, weil ähnliche Gehirnstrukturen eben auch ähnliche Bilder hervorrufen. Demnach wären viele Facetten der Persönlichkeit - der Geschmack des einzelnen, seine Interessen, seine Arbeit, seine sonstigen Beschäftigungen - im Grunde nur unwesentlich oder nebensächlich und hätten kaum einen Einfluß auf die Funktionsweise des Gehirns in traumatischen oder komatösen Zuständen. Dagegen könnten die tieferen Triebe, die starken Gefühle wie Liebe und Haß bei der Erzeugung halluzinatorischer Bilder - egal, ob durch eine Droge oder ein Trauma verursacht - eine weitaus größere Rolle spielen.

Kein Mensch, der sich im Grenzbereich zwischen Leben und Tod aufhielt, ist davon unberührt geblieben. Viele sehen hierin ihr eigentliches Schlüsselerlebnis. Einige haben sich dadurch derart verändert, daß sie nicht mehr wiederzuerkennen waren; sie fingen an, das Leben aus einem völlig neuen Blickwinkel zu betrachten, ihren Platz in der Welt ganz anders zu bewerten. Und fast keiner (bis auf jene Unglücklichen, für die die Reise in Richtung Jenseits voller Schrecken war) hatte nachher noch diese Angst vor dem Tod, die ja den meisten Leuten nur allzu vertraut ist. Manche meinten sogar, sie würden sich auf das Sterben freuen.

Die Wissenschaft hingegen stellt fest, daß die Schilderungen derer, die ein Sterbeerlebnis hinter sich haben, nicht mit übernatürlichen Kräften in Verbindung gebracht werden müssen. Sie sieht in keinem der Fälle eindeutige Hinweise auf ein Leben nach dem Tod. Trotzdem dürfen sich diese Patienten aus zwei Gründen glücklich schätzen. Zunächst einmal haben sie überlebt; darüber hinaus aber sind sie mit einem sehr seltenen Phänomen in Berührung gekommen, das sich die meisten Menschen unmittelbar vor ihrem Tod eigentlich nur wünschen dürften. Sicherlich ist dieses Phänomen genauso echt wie faszinierend. Jene, die behaupten, einen Tunnel gesehen zu haben, ja selbst jene, die glauben, einen Augenblick lang Gott begegnet zu sein, sind keine Lügner; sie sagen lediglich, daß ihnen etwas widerfuhr, das sie für absolut wahr und richtig erachten. Und tatsächlich sahen sie intensive, teils persönliche, teils überpersönliche Bilder von Leben und Tod, die allesamt in ihrer Großhirnrinde erzeugt worden waren.

Es kann sein, daß die Alten solche Erfahrungen in der Region des Todes kannten. Möglicherweise geht die Legende von Himmel und Hölle auf die Bilder einer hier schrecklichen, dort angenehmen Jenseitsreise zurück, die von den tiefsten Trieben, Wünschen und Phantasien mit ausgelöst wurden. Und vielleicht haben gerade deshalb die Gläubigen immer wieder versichert, daß die Gutherzigen in den Himmel kommen, die Bösen aber in die Hölle fahren.

Die Grenzerfahrung Tod hat etwas sehr Beruhigendes. Es ist tröstlich zu wissen, daß wir zumindest darauf hoffen können, eine ganz natürliche Erleichterung zu empfinden, sobald unser Gehirn für immer ›abschaltet‹. Gewiß, einige sterben auf der Stelle, und zwar aus den unterschiedlichsten Gründen, aber die große Mehrzahl der Menschen, die bisher auf der

Erde lebten, ging wohl langsam ›von dannen‹. Falls die Natur tatsächlich den Kunstgriff anwendet, diesen Übergang durch schmerzlindernde Substanzen und wohltuende Gehirnprozesse zu erleichtern, so wäre er als durchaus gelungen zu bezeichnen.

Vielen erscheint das Leben grausam – aber vielleicht ist es doch nicht wirklich böswillig.

12. Kapitel

Die heilsame Berührung

»Ein Wunderheiler, der besticht,
Er sagte: ›Schmerzen gibt es nicht.‹
Doch wenn ich auf Nadeln sitze,
Und sie ritzen die Haut mit der Spitze,
Mag ich nicht, was mich innerlich sticht.«

ANON[69]

»Erhebe dich, mein Sohn, du bist geheilt«, ruft der Prediger, und die vielen Zuschauer erwidern einstimmig und lautstark: »Halleluja!« Daraufhin schreit auf der anderen Seite der Bühne ein Mann, der zusammengekrümmt im Rollstuhl sitzt, plötzlich »Praise the Lord« (Lobet den Herrn) und löst sich vorsichtig aus seinem Rollstuhl, den er seit über einem Jahr nicht mehr verlassen hat, macht ein paar zögernde Schritte in Richtung des Predigers, und die Menge tobt.

Auf den ersten Blick wirken solch dramatische Darbietungen sehr eindrucksvoll; der priesterliche Heiler würde behaupten, Gott habe ihm die Kraft gegeben, gelähmte Glieder wieder bewegungsfähig zu machen, Blinden das Augenlicht zurückzugeben, bösartige Tumore zum Verschwinden zu bringen.

---

69 *The Week-End Book,* 1925, S. 158.

Aber inwieweit kann man derartigen Aussagen trauen? Gibt es irgendwelche wissenschaftlichen Beweise für die Heilung durch den Geist oder den Glauben?

Das Gesundbeten ist eine der ältesten Geheimkünste und spielt auch in den orthodoxen Religionen eine mehr oder minder wichtige Rolle. Jesus soll Lazarus von den Toten erweckt haben, und dem Neuen Testament zufolge wurden die Kranken auf der Stelle geheilt, indem sie einfach das Gewand des Gottessohns berührten. Von den Anfängen des Mittelalters bis in die Neuzeit haben Quacksalber und Wunderheiler behauptet, durch bloße Berührung heilen zu können – entweder aufgrund ihrer inneren Kräfte oder dank eines allwissenden und liebenden Gottes, dem sie angeblich als Medium dienten. Der Heiler ist eine weitere Figur, die so tief in den Vorstellungen der Menschen verwurzelt ist, daß sie einen Archetyp darstellt. Vielleicht verfügen deshalb selbst in Verruf geratene Prediger auch weiterhin über so viele treue Anhänger.

Heiler lassen sich in verschiedene Kategorien einteilen, ob sie ihre Methoden nun mit der Religion in Zusammenhang bringen oder unabhängig davon anwenden. Zwei Vertreter sind besonders typisch, nämlich diejenigen, die sagen, sie würden die Energie aus dem Jenseits zum Patienten leiten, und diejenigen, die glauben, die Energie komme aus ihrem Innern.

Der priesterliche Heiler gehört zur ersten Gruppe und macht seine Gemeinde glauben, diese außerordentlichen Fähigkeiten seien ihm durch Gott zuteil geworden. Meistens sind die Anhänger davon auch überzeugt, weil ihnen wegen ihrer persönlichen Situation gar keine andere Wahl bleibt. Gerade diese Notlage hebt der Prediger/Heiler immer wieder hervor und nutzt sie bis zum äußersten aus, denn er ist eigentlich nur daran interessiert, seiner unglücklichen Gefolgschaft Geld abzuknöpfen.

Die großangelegten Shows – etwa jene des Predigers Morris Cerullo –, die in Hallen wie dem Earls Court oder Madison Square Garden stattfinden, sind so gewaltige Ereignisse, daß sie eine Massenhysterie auslösen, wie man sie sonst nur von Fußballspielen oder Popkonzerten kennt. In Anbetracht dieser Atmosphäre religiösen Eifers, untermischt mit einem tiefen Glaubensbedürfnis, kann man ohne weiteres verstehen, daß Menschen immer empfänglicher werden für Suggestionen und sich immer bereitwilliger manipulieren lassen.

Derartige Shows sind sorgfältig choreographiert und inszeniert. Der Heiler gibt vor, über die Menschen, die er ›heilt‹, nichts zu wissen, tatsächlich aber wurden diese bereits vor Beginn des Spektakels von seinen Assistenten ausgesucht. Die Helfer entlocken den Teilnehmern alle möglichen Informationen, die dann an den Heiler weitergeleitet werden. Meistens werden nur solche Leute in der Show präsentiert, die noch am wenigsten mißgestaltet sind beziehungsweise die unauffälligsten Krankheiten haben. Die wirklich Behinderten – die am ganzen Körper Gelähmten und die Spastiker – befinden sich im hinteren Teil des Zuschauerraums; sie spielen im genauso dramatischen wie effektvollen Bühnengeschehen nicht die geringste Rolle.

Diese Shows sind aber vor allem deshalb so heimtückisch, ja verhängnisvoll, weil einige sehr kranke Menschen sich selbst einzureden versuchen, sie seien geheilt, und dann aus Unachtsamkeit sich schwer verletzen oder ihren Zustand noch verschlimmern. Diese Symptome stellen sich erst nach Ende der Show ein, wenn alle nach Hause gegangen sind, so daß der Prediger keine negativen Auswirkungen auf seine Person befürchten muß.

In seinem Buch *Healing: A Doctor In Search of a Miracle* berichtet der Arzt und Forscher William Nolen über den Fall der fünfzigjährigen Helen Sullivan, deren Krebs bereits metastasierte. Angesteckt von der allgemeinen Begeisterung während der Zeremonien der Predigerin Kathryn Kuhlman, wollte sie zeigen, daß auch sie geheilt sei. Also nahm sie die Stütze ab, die monatelang ihren Rücken zusammengehalten hatte, und ging vor mehreren tausend hysterischen Anhängern auf die Bühne.

Später erklärte Mrs. Sullivan:

»Als Kathryn Kuhlman beim Gottesdienst sagte: ›Jemand, der Krebs hat, wird jetzt geheilt‹, wußte ich, daß sie mich meinte. Ich spürte am ganzen Körper so ein Glühen und war überzeugt, daß die Kraft des Heiligen Geistes in mich einströmt. Ich marschierte geradewegs auf die Bühne, und als Kathy mich nach der Stütze fragte, nahm ich sie sofort ab, obwohl ich das wegen meiner starken Rückenschmerzen seit Monaten nicht mehr gemacht hatte. Ich war mir sicher, wieder völlig gesund zu sein. An jenem Abend sprach ich ein Dankgebet an unsern Herrn und an Kathryn Kuhlman und ging so frohgemut zu Bett wie schon lange nicht mehr. Aber um vier Uhr in der Früh wachte ich mit schrecklichen Rückenschmerzen auf.«[70]

Spätere Röntgenaufnahmen zeigten, daß sich bei Mrs. Sullivan ein durch die Krebserkrankung bereits geschwächter Rückenwirbel noch weiter verschoben hatte. Sie starb zwei Monate danach.

Der von scheinbar charismatischen Predigern veranstaltete ›Heilzirkus‹ stellt die zugleich aufsehenerregendste und anrüchigste Seite der unorthodoxen Heilmethoden dar. Er erscheint vielen seriösen Heilern als eine Art Krebsgeschwür, weil er sie vor aller Welt in Verruf bringt. Solche ›Wundertäter‹ wie Cerullo, Pat Robertson und Konsorten sind zwar heftigster Kritik ausgesetzt, haben aber weiterhin großen Erfolg. Nachdem jedoch der Fernsehprediger Oral Roberts seine Anhänger aufgefordert hatte, ihm Bargeld zu schicken, weil er sonst sterben müßte, trugen viele Autos den Aufkleber mit der grimmigen Botschaft: ›LORD‹, was soviel heißt wie ›Let Oral Roberts Die‹ (Laßt Oral Roberts sterben).

Das Prinzip ›Heilung‹ gehört in all seinen unterschiedlichen Erscheinungsformen zum Ethos der 90er Jahre, und so kann es nicht überraschen, daß es gerade in den letzten Jahren viele Lebensbereiche erfaßt hat. Laut der Federation of Spiritual

---

[70] William Nolen: *Healing: A Doctor in Search of a Miracle.* New York, Random House 1974, S. 98–99.

Healers (Vereinigung der spirituellen Heiler) gibt es in Großbritannien mehr als 20 000 Heiler, die mit der Kraft des Glaubens oder anderen alternativen Methoden arbeiten, und eine kürzlich durchgeführte demoskopische Untersuchung ergab, daß die Hälfte der Befragten von der Wirksamkeit derartiger Praktiken überzeugt ist.[71] Viele Prominente unterziehen sich umfassenden Behandlungen bei Gurus, die durch die Presse weithin bekannt gemacht werden. Erst neulich berichtete eine Zeitung: »Sowohl auf feinen Dinnerpartys als auch bei gemütlichen Zusammenkünften kreisen die Gespräche ständig um Giftstoffe und innere Befreiung, um negative Einstellung und geistige Suche. Dicke Adreßbücher weisen auf Aroma- und Reflexzonentherapeuten hin, nennen die Spezialisten für Darmspülungen oder Pendeln. Den neuesten Heiler ausfindig zu machen, ist inzwischen zum Bestandteil eines quasi spirituellen Einkaufsbummels geworden.«[72]

Der amerikanische Präsident Bill Clinton ist ein Anhänger der Ganzheitsmedizin, Schauspielerinnen wie Demi Moore und Popgrößen wie der Ex-Beatle George Harrison haben ihre bevorzugten Therapien und Behandlungen. Doch spätestens seit Mitte der 90er Jahre sind diese Verfahren nicht mehr nur den Reichen und Berühmten vorbehalten, sondern auch für weite Kreise der Mittelschicht verfügbar.

Solche Heilmethoden haben sich aus verschiedenen Gründen durchgesetzt. Erstens haben die Menschen trotz all ihrer materiellen Vorteile, trotz ihrer Bemühungen, die Annehmlichkeiten des modernen Lebens zu genießen, das Gefühl, daß ihnen irgend etwas fehlt - ein Element, das die geistigen Bedürfnisse befriedigt. Zweitens sind Aroma-, Rebirth- oder Kristalltherapie (neben Dutzenden anderer Varianten, die sich oft von den traditionellen Therapien ableiten) zumeist einfach und angenehm. Sie erfordern keinen großen Aufwand und können gewissermaßen im Vorbeigehen gebucht, gekauft, ge-

---

71 Jerome Burne: *Do You Believe?,* in: *Focus*, Dezember 1993, S. 36–41.

72 Cassandra Jardine: *Have Faith - and Ease Those Ills,* in: *The Daily Telegraph*, 31. Mai 1996, S. 20.

nutzt werden. Jedenfalls verlangen sie von einem viel weniger als ein schwieriges Problem, eine Schlankheitskur oder die Lehre eines alten Guru wie Georges Ivanovich Gurdjieff, der erklärte, es sei »unmöglich, das Ziel ohne Leiden zu erreichen«. Drittens fühlt sich der Einzelne von der Verantwortung für seine Fehler und Schwächen weitgehend entbunden, wenn er sich in die Hände eines Gesundheitsgurus begibt. Ist er nicht ganz fit oder gesund, so kann er das immer auf Umweltgifte, auf die schlechte Luft- oder Wasserqualität, auf den allgemeinen Streß zurückführen; er braucht die Ursachen nie in der eigenen Psyche zu suchen.

Wenn man einmal diese ganzen Modeerscheinungen und Verrücktheiten sowie die eigentlich gefährlichen Fälle verkehrter Behandlungsmethoden und faktischer Körperverletzungen, die den selbsternannten priesterlichen Heilern anzulasten sind, in Betracht zieht, dann ist leicht einzusehen, warum dieses Thema völlig konträre, emotional aufgeladene Meinungen hervorruft. Und man kann ohne weiteres verstehen, wie sehr sich die seriösen Heiler, die wirklich über besondere Gaben verfügen (und damit viel weniger Geld verdienen als die groß auftrumpfenden Showmen), benachteiligt und in ihrer Berufsehre verletzt fühlen.

Die Showmen nutzen die physischen Gebrechen und die psychische Anfälligkeit ihrer Verehrer aus, um kurzlebige Wunder zu wirken. Mrs. Sullivan zum Beispiel konnte deshalb ihre Rückenstütze abnehmen, ohne in diesem Moment Schmerzen zu haben, weil ihr Inneres mit Endorphinen durchflutet wurde. Wie wir in Kapitel 11 gesehen haben, produziert der Körper diese Peptide in Phasen extremer Anspannung, um den Schmerz zu lindern oder ganz zu betäuben. Wissenschaftliche Untersuchungen aus den frühen 80er Jahren belegen eindeutig, daß der Endorphinspiegel in direkter Beziehung steht zu dem, was man als *Placebo-Effekt* bezeichnet. Dieser führt dazu, daß der Patient sich besser fühlt, weil er an die Wirksamkeit einer bestimmten Medizin oder Behandlungsmethode glaubt. Ein einfaches Experiment zeigt, wie das abläuft.

Die Versuchspersonen werden in zwei Gruppen, A und B, eingeteilt. Diejenigen in Gruppe A werden mit einem spezifischen Medikament behandelt und darüber auch informiert; denen in Gruppe B werden Vitamintabletten verabreicht mit dem Hinweis, daß sie das gleiche Medikament erhalten wie die Personen in Gruppe A. Man hat herausgefunden, daß beide Gruppen fast identisch auf das Präparat reagieren. Wenn man dagegen den Patienten in Gruppe B sagt, daß sie nur Vitamintabletten bekommen, so sprechen viel weniger von ihnen auf das Mittel an.

Eine kürzlich durchgeführte Studie bestätigt, daß der Placebo-Effekt den Schmerz lindert, weil der Körper Endorphine erzeugt, und daß diese Wirkung durch ein Mittel namens Naloxon gehemmt werden kann.[73] Weitere Experimente an Ratten zeigen, daß der Ausstoß von Endorphinen eine bedingte Reaktion darstellt, die sowohl erlernbar als auch kontrollierbar ist.[74]

Am Beispiel von Mrs. Sullivan können wir den Placebo-Effekt noch besser begreifen. Die von der Predigerin entfachte Begeisterung sowie die stark emotionalen Reaktionen des Publikums bewirkten, daß bei Mrs. Sullivan eine sehr hohe Dosis an Endorphinen produziert und ins Blut abgegeben wurde. Dieser biologische Prozeß, gekoppelt mit dem großen Wunsch, die Predigerin möge tatsächlich eine Heilerin sein, genügte, um in dem Augenblick, als sie die Stütze abwarf und ihren Rollstuhl verließ, jeden Schmerz zu beseitigen. Es dauerte aber nur wenige Stunden, bis sich der Endorphinspiegel wieder so weit gesenkt hatte, daß jener heftige Schmerz auftrat, der durch die zusammengedrückten Rückenwirbel ausgelöst wurde. Natürlich bekamen nur wenige der an diesem Abend anwesenden Zuschauer die ganze Geschichte mit – nämlich die schlimmen Qualen der armen

---

73 R. Gracely u. a.: *Placebo und Naloxone Can Alter Post surgical Pain by Separate Mechanism,* in: *Nature,* 306, S. 264–265.

74 L. Watkins/D. Mayer: *Organization of Endogenous Opiate and Non-opiate Pain Control Systems,* in: *Science,* 216, S. 1185–1192.

Frau. Für die Leute im Saal war Kathryn Kuhlman eine Wunderfrau.

Bei diesen Shows entsteht zwar tatsächlich eine Form von Energie, aber sie hat ganz andere Auswirkungen, als von den Predigern behauptet wird. Ein skeptisch und spöttisch eingestellter Journalist schrieb neulich nach dem Besuch einer Veranstaltung von Pastor John Arnott, der der Gemeinde ›Toronto Blessing‹ vorsteht, eine solche Show sei »ein zutiefst unangenehmes Erlebnis. Ich hatte das Gefühl, mitten in eine unheimliche Massenpsychose geraten zu sein, der zu widerstehen ein hohes Maß an emotionaler Kraft erforderte. Hinterher fühlte ich mich ausgelaugt, verbraucht, erschöpft.«[75]

Bei derlei Spektakeln sind noch einige andere Faktoren von Bedeutung. Die Täuschungsmanöver seitens der Prediger spielen eine genauso wichtige Rolle wie die innere Überzeugung seitens der Anhänger. Daneben muß man aber auch die zeitliche Dimension bei schweren Krankheiten berücksichtigen, insofern diese immer einen nichtlinearen Verlauf nehmen. Das heißt, auch wenn sich der Zustand des Patienten insgesamt verschlechtert, macht er doch jeweils schlimme und weniger schlimme, vielleicht sogar angenehme Phasen durch. Selbst diejenigen, die an einer tödlichen Krankheit leiden und schließlich daran sterben, sind manchmal in besserer, manchmal in schlechterer Verfassung. Folglich wird der Kranke gerade dann das Bedürfnis haben, einen Heiler aufzusuchen, wenn es ihm besonders schlecht geht. In der Meinung, daß es nicht mehr schlimmer kommen kann, betrachtet er diesen oft als seine letzte Rettung. Geht er dann zu der Veranstaltung eines Predigers oder zu einem privaten Heiler, ist es durchaus möglich, daß er (falls er nicht stirbt) bald eine Erleichterung verspürt, die auf die natürlichen Schwankungen im Krankheitsverlauf zurückgeführt werden kann. Da er sich dessen jedoch nicht bewußt ist, rechnet er die plötzliche Besserung dem Heiler als Verdienst an, und der freut sich natürlich über so viel Anerkennung.

---

[75] John Sweeney: *Gigglers for God,* in: *Life Magazine* (The Observer), 3. März 1996, S. 30–33.

Ein ganz anderes Phänomen, das Menschen helfen soll, wieder gesund zu werden, hängt mit dem Glauben an die heiligen und heilenden Kräfte bestimmter Orte zusammen. Gewöhnlich werden diese mit mythischen oder religiösen Ereignissen identifiziert, und der verzweifelt Suchende fühlt sich wie magisch von ihnen angezogen. Solche Orte haben die gleiche Funktion wie der charismatische Heiler; sie geben dem Gläubigen das Gefühl, geheilt zu sein, weil der Schmerz allein infolge des Aufenthalts dort oder nach der Teilnahme an einem Ritual kurzzeitig nachläßt. Diese Wirkung wird noch verstärkt, wenn die betreffende Stätte eine tief religiöse Bedeutung hat.

Eines der berühmtesten christlichen Beispiele dafür ist Lourdes in Frankreich. Es entwickelte sich zu einem Pilgerzentrum, nachdem dort einem Mädchen namens Bernadette im Jahre 1858 mehrmals die heilige Jungfrau erschienen war. Achtzehn Jahre später wurde an der Stelle eine Basilika, dann eine Rosenkranzkirche und schließlich die Basilika St. Pius X. errichtet. Jährlich pilgern mehr als fünf Millionen Gläubige nach Lourdes. Obwohl jedes Jahr Zehntausende behaupten, ein Wunder erlebt zu haben, wurden von der katholischen Kirche in den letzten 130 Jahren nur 64 solcher Fälle anerkannt. Zur Prüfung und Bestätigung der Wundertaten hat man 1947 ein ›Medizinisches Amt‹ eingerichtet, dem eigens bestellte Ärzte angehören. Um als Wunder eingestuft zu werden, muß ein derartiges Ereignis mehrere strenge Kriterien erfüllen, die Kardinal Lambertini (der spätere Papst Benedikt XIV.) 1758 aufstellte. Danach muß die Krankheit nach medizinischem Ermessen unheilbar sein und darf auf keine der angewandten Behandlungsmethoden, auf keines der verabreichten Medikamente ansprechen; darüber hinaus muß sie ein fortgeschrittenes Stadium erreicht haben, ohne daß irgendwelche Anzeichen der Besserung sichtbar geworden wären. Vor allem aber muß die Heilung spontan erfolgen und sämtliche Symptome beseitigen. Selbst die 64 sanktionierten Fälle sind anfechtbar, und manche Kritiker meinen, daß die Behörde aufgrund neuerer medizinischer Erkenntnisse einige davon heute nicht mehr absegnen würde. Außerdem ist es bezeichnend, daß es nie ein klares und eindeutiges Wunder gab, das keine Kontroversen ausgelöst hätte. Als der französische Schriftsteller Anatole France am Ende des 19. Jahrhundert Lourdes besuchte und all die weggeworfenen Krücken der ›Geheilten‹ sah, bemerkte er: »Was, und nirgends Holzbeine?«

Lourdes und andere heilkräftige Orte wecken in den Verzweifelten intensive Wunschvorstellungen, sie vereinigen die Bedürfnisse der sehr Kranken; möglicherweise fühlen diese sich für kurze Zeit besser, weshalb sie dann auch die Krücken wegwerfen. Aber wie bei den unredlichen Shows der Fernsehprediger wird später nur selten nachgeprüft, was aus den Pilgern eigentlich geworden ist.

Dennoch hat ein Arzt, nämlich Peter May aus Southampton, zwanzig Jahre lang den schwierigen Versuch unternommen, die Fälle jener Menschen genauer zu untersuchen, die angeblich in Lourdes geheilt wurden. Er kam zu dem Schluß, daß die ›einzigartige‹ Heilung durch den Glauben genauso jeder realen Grundlage entbehrt wie die ›magische‹ Kraft weltberühmter Heilorte und die ›Wundertaten‹ der Fernsehprediger. Für ihn ist dieses ganze Phänomen ein Sammelsurium von Mißverständnissen und Fehldeutungen.

In einem kürzlich erschienenen Zeitschriftenartikel schrieb er: »Tatsache ist, daß sich viele Syndrome mit der Zeit sowieso zurückbilden, ob sie nun behandelt werden oder nicht. Ich habe Berichte über angebliche Heilungen der Sarkoidose (eine Lymphknotenerkrankung) gelesen, in denen sie als ›seltene‹ Krankheit ›mit möglicherweise letalem Ausgang‹ beschrieben wird, obwohl man weiß, daß in 80 % der Fälle eine Besserung zu erwarten ist, und zwar ohne jede Behandlung. Des weiteren ist häufig die Rede davon, daß Migränen, Rückenschmerzen, Übelkeiten, Phobien und Ekzeme geheilt wurden, aber all diese Leiden treten auf und verschwinden wieder, auch ohne ärztlichen Eingriff. Und was solche Krankheiten wie die sensorisch-neuronale Taubheit betrifft, die man als ›unheilbar‹ einstufte und die dann auf wundersame Weise abgeklungen sind, so finden sich in der medizinischen

Literatur einige Fälle, in denen eine Spontan-Remission zu verzeichnen war.«[76]

Wenn also derart spektakuläre Phänomene wie Lourdes und die Veranstaltungen der Fernsehprediger, die von Millionen von Menschen in aller Welt unterstützt werden, ziemlich suspekt sind, wie steht es dann um die Heiler, die allein arbeiten und sich um einzelne Patienten kümmern? Kann es sein, daß einige Menschen tatsächlich über besondere Heilkräfte verfügen? Und gibt es Methoden mit heilbringender Wirkung, die die Wissenschaft nicht erklären kann? Fast alle priesterlichen Heiler führen ihre scheinbaren Fähigkeiten auf Gott zurück und bezeichnen sich als bloße Mittler, die die ihnen zuteil gewordene Energie an andere weiterleiten. Aber es gibt auch eine ganze Reihe von wohlmeinenden, nicht-priesterlichen Heilern, die überzeugt sind, diese Gabe zu besitzen.

Einer ihrer bekanntesten ist Matthew Manning, der schon als Schuljunge im elterlichen Haus und im Internat spiritistische Sitzungen abhielt und dabei offenbar mit Poltergeistern in Kontakt trat. Bald beherrschte er das automatische Schreiben und die Kunst, Werke großer Meister originalgetreu zu kopieren. Manning hat keine eigenständige künstlerische Begabung, aber die Bilder, die er abmalte, waren von hoher Qualität und umfaßten ganz unterschiedliche Stilrichtungen.

Heute ist er ein professioneller Heiler. Er sagt, er gebe die Energie, die er früher für das automatische Schreiben und die Malerei benutzte, weiter, um die Menschen von ihren Krankheiten zu kurieren. »Ich bin nicht die Quelle«, erklärt er, »sondern nur das Medium, das die Energie zum Fließen bringt.«[77]

Obwohl er den gleichen Fragen und Zweifeln ausgesetzt ist wie alle anderen Wunderheiler, scheinen doch seine unerklärlichen künstlerischen Fähigkeiten genauso wie seine im Labor getesteten psychokinetischen Demonstrationen darauf hinzu-

---

[76] Vgl. Fußnote 71.

[77] Matthew Manning: *In the Minds of Millions.* London, Allen 1977.

deuten, daß sich in seinem Geist außergewöhnliche (nicht unbedingt übernatürliche) Dinge abspielen.

Die Vorstellung, daß Matthew Manning oder irgendein anderer aus seiner Zunft ein echtes Medium für höhere Kräfte ist, wirft ein Problem auf, nämlich das der Relevanz. Einfach ausgedrückt: Warum sollte ein Geist, ein Gott oder ein außerirdisches Wesen den Wunsch haben, derlei Tätigkeiten zu unterstützen? Auch wenn die Wissenschaft zu erklären versucht, inwiefern Gespenster vielleicht ›Aufzeichnungen‹ früherer Ereignisse sind oder ob Poltergeistaktivitäten nicht doch auf eine kollektive Hysterie zurückgeführt werden müssen, ist es einerseits schlicht unlogisch, andererseits sehr überheblich, die Existenz unsterblicher Geister, anthropozentrischer Gottheiten und besorgter Außerirdischer vorauszusetzen. Selbst wenn wir annehmen, es gebe ein göttliches Wesen und selbst wenn wir an einem Leben nach dem Tod festhalten – weshalb sollte sich ein allmächtiger, universeller Geist für das Schicksal eines einzigen irdischen Organismus interessieren?

Die Erde ist ein winziger Planet, einer unter vielleicht Millionen bewohnten Welten in einem grenzenlosen Universum. Ist es da sinnvoll, sich vorzustellen, daß Gott sich um die Frostbeulen von Mrs. Smith in Hausnummer 46 kümmert?

Trotz alledem hat Matthew Manning verblüffende Fähigkeiten an den Tag gelegt und setzt diese nun für die Heilung ein. Es mag bezeichnend sein, daß viele Skeptiker ihn nicht einmal erwähnen, eben weil sie wissen, daß sie ihm mit heutigen wissenschaftlichen Kenntnissen nicht beikommen. Ist also die Gabe eines Matthew Manning wirklich ein Geschenk Gottes, wie manche behaupten, oder verweist sie nur auf die gewaltige Kapazität des menschlichen Gehirns? Da wir diese nur zu etwa 10 % ausnutzen, stellt sich die Frage, ob es darin nicht verborgene Regionen gibt, wo so außergewöhnliche Leistungen in bezug auf Erinnerungsvermögen, Vorstellungskraft und Geschicklichkeit erbracht werden, daß ein normaler Mensch etwa ein Gemälde Leonardo da Vincis perfekt zu kopieren vermag? Und würden dann ähnliche Fähigkeiten die Behauptungen der Geistheiler bestätigen?

Gerade aufgrund der hier angedeuteten Möglichkeiten sind jene Heiler, die glauben, Energie in sich aufnehmen und bündeln zu können, um damit andere wieder gesund zu machen, wesentlich überzeugender als priesterliche Heiler. Interessanterweise jedoch haben diejenigen, die ihre Heilkräfte auf seriöse Weise ausüben, keine Ahnung, woher diese eigentlich kommen.

In vielen Kulturen ist die Anwendung ›innerer Heilkräfte‹ seit alters her bezeugt. Bei afrikanischen Stämmen zum Beispiel praktizieren Schamanen diese Methode seit Tausenden von Jahren. Sie beruht genauso wie alle heutigen alternativen Heilbehandlungen – Akupunktur, Kristalltherapie, Shiatsu usw. – letztlich auf einem Ausgleich der ›Energiefelder‹ im Körper.

Aber wie sind derartige Energiefelder beschaffen? Die klassische Medizin war völlig außerstande, sie zu lokalisieren, geschweige denn näher zu untersuchen; dennoch hat sie sich gewisse Verfahren wie die Akupunktur inzwischen zu eigen gemacht[78], weil diese sich als sehr erfolgreich erwiesen haben. Da die Akupunktur aber die Existenz eines mit wissenschaftlichen Techniken nicht zu ortenden Energiesystems postuliert, müssen wir fragen: Ist sie im Grunde nur ein weiteres ›Placebo‹? Und wo verlaufen, wenn sie tatsächlich hilft, die Grenzen der Wissenschaft, insbesondere der Medizin? Wenn schon Akupunktur, warum dann nicht auch Kristalltherapie, bei der es darum geht, eine gemeinsame Schwingung zwischen den Energien bestimmter Mineralien und denen des Menschen herzustellen? Und wenn schon Kristalltherapie, warum dann nicht auch Handauflegen?

Die Beobachtung eines Energiefeldes, das die Lebewesen umgibt, erscheint noch am ehesten möglich durch die sogenannte Kirlian-Fotografie.

---

78 Nach einem Bericht in *The Mail On Sunday* vom Dezember 1991 sind über 40 Ärzte im staatlichen Gesundheitsdienst Großbritanniens zugleich Geistheiler. Zitiert nach John und Anne Spencer: *The Encyclopedia of the World's Greatest Unsolved Mysteries.* Headline 1995.

Dieses Verfahren, das nach Auffassung seiner Verfechter die Aura lebendiger Körper sichtbar macht, geht auf das russische Ehepaar Semyon und Valentina Kirlian zurück. Ihre erste Aufnahme machten sie im Jahre 1939, indem sie Schwachstrom durch organisches Gewebe leiteten, so daß dann ein Muster in leuchtenden Farben zum Vorschein kam. Offenbar wird es durch die physiologischen und emotionalen Veränderungen im jeweiligen Objekt beeinflußt.

Dieses Bild soll das Energiefeld von Personen, Tieren, und Pflanzen darstellen, die einem niedrigen elektrischen Strom ausgesetzt wurden. Semyon Kirlian sagt dazu: »In diesen lichten Hieroglyphen zeichnen sich die inneren Aktivitäten des Menschen ab.«[79] Die Skeptiker jedoch haben eine andere Erklärung parat und behaupten, die durch die Kirlian-Fotografien hervorgerufene Begeisterung beruhe lediglich auf einer falschen Auslegung wissenschaftlicher Fakten.

Das Bild entsteht durch den elektrischen Strom, der die Luft um den Gegenstand ionisiert, und dessen Umriß ergibt die äußere Form. Die Wissenschaftler nehmen an, daß die oft eindrucksvollen Abbildungen sowie die leuchtenden Farben vor allem deshalb so gut zur Geltung kommen, weil Feuchtigkeit mit im Spiel ist. Deshalb, so argumentieren sie, erzeugten belebte Objekte im Gegensatz zu unbelebten derart auffällige Bilder.

Außerdem unterstellen sie, deren ›Stimmungsabhängigkeit‹ sei auf die Tatsache zurückzuführen, daß der Feuchtigkeitsgrad der Haut in direkter Beziehung steht zu den Gefühlsregungen – feuchte Hände zum Beispiel signalisieren Angst. Diese Zweifel vergrößern sich noch aufgrund einer weiteren Beobachtung: Die großartigen Effekte der Kirlian-Fotografie treten nicht im Vakuum auf, was darauf hindeutet, daß der stark gefärbte Rand allein durch die Ionisation der Luftpartikel zustandekommt und nichts zu tun hat mit dem Gegenstand selbst.

---

79 Zitiert nach S. Ostrander/L. Schroeder: *Psychic Discoveries Behind the Iron Curtain.* Englewood Cliffs, New Jersey, Prentice Hall 1971.

Die Anhänger der Aura-Theorie haben dieser Art von Beweisführung heftig widersprochen. Dabei stützen sie sich auf eine ganze Reihe von Untersuchungen, die seit den 30er Jahren angestellt wurden und eine immer größere Zahl seltsamer Effekte zutage förderten. Das bemerkenswerteste Ergebnis, das die Kritiker bis heute nicht ganz erklären können, stammt aus jenem Experiment, das mit dem Blatt einer Pflanze durchgeführt wurde. Dieses Blatt wurde nach der Kirlian-Methode fotografiert und wies dann auf dem Bild den üblichen glühenden Umriß auf. Dann aber schnitt man ein Stück vom Blatt weg und fotografierte, was von diesem noch übriggeblieben war. Überraschenderweise zeigte das Kirlian-Bild den vollen Umriß des Blattes, so als ob das fehlende Stück immer noch vorhanden wäre.

Aus diesem Experiment und aus anderen haben die Forscher auf die Existenz eines sogenannten *bioplasmischen Feldes* und einer darin enthaltenen Bioenergie geschlossen; und haben damit nur neue Bezeichnungen geprägt für das bereits bekannte ›Energiefeld des Körpers‹ und für jene Kraft, in der viele Heiler die Quelle ihrer Fähigkeiten erblicken.

In Kapitel 7 haben wir gesehen, daß der Geist offenbar imstande ist, den Körper in außergewöhnlich hohem Maße zu steuern, und daß diese Eigenschaft von besonders begabten Individuen weiter entwickelt und verfeinert werden kann. Genauso ist es denkbar, daß ein talentierter und geübter Heiler dem Körper des Patienten die Anweisung gibt, wieder gesund zu werden oder sich gegen Krankheit zu schützen. Das heißt, durch Suggestion verstärkt er dessen sehnlichste Wünsche. Das mag dann in eine Art Hypnose übergehen, bei der Patient und Heiler gemeinsam eine geistige Schranke errichten gegenüber dem, was schadet, sei es nun eine Allergie oder ein bösartiger Tumor.

Eigentlich handelt es sich hierbei nicht um einen übernatürlichen Vorgang; aber es kommen extreme geistige und körperliche Kräfte zum Einsatz, die den Stoffwechsel zu beeinflussen versuchen bis zur völligen Beherrschung. Der Eindruck des Übersinnlichen entsteht nur, weil man sich jenseits der üblichen Pfade bewegt. Jedenfalls erfordert diese Methode weder zwielichtige ›Führer‹ noch religiöse Verehrung oder gar Ergebenheit.

In den 50er Jahren führte der Psychiater Stephen Black eine imponierende Serie von Experimenten durch, um die positiven Auswirkungen der Hypnose sowohl auf den Heilungsprozeß als auch auf die Prophylaxe zu zeigen. Er versammelte einige Personen, die an den allgemein bekannten Allergien litten und für hypnotische Suggestion empfänglich waren. Wie üblich unterteilte er sie in zwei Gruppen. Er hypnotisierte die Probanden der ersten Gruppe und spritzte ihnen subkutan jene Substanz, gegen die sie allergisch sind. Dieses Allergen bewirkte sofort den charakteristischen roten Hautausschlag, der sich innerhalb von zwanzig Minuten noch weiter ausbreitete.

Black wiederholte dann den Test mit der zweiten Gruppe, versetzte die Probanden aber zunächst in Hypnose und suggerierte ihnen, daß sie auf das Allergen nicht ansprechen würden. Dann wurde ihnen die gleiche Substanz subkutan injiziert. Keiner der Probanden wies auch nur die geringsten Anzeichen einer allergischen Reaktion auf. Anschließend führte Black in beiden Gruppen Biopsien durch und stellte fest, daß in der zweiten Gruppe jene Stoffe blockiert worden waren, die normalerweise die Läsion hervorrufen.[80]

In diesen Experimenten konnte der Placebo-Effekt, auf den die meisten Skeptiker so gern rekurrieren, gar nicht eintreten, weil die hypnotisierten Personen keine Ahnung hatten, was mit ihnen geschieht. Aber Blacks Aussage, sie würden auf das Allergen nicht ansprechen, veranlaßte bei ihnen vielleicht doch die Erzeugung jener so wichtigen Endorphine, die wohl hauptsächlich für den Placebo-Effekt verantwortlich sind.

Auf dem sich immer weiter ausdehnenden Forschungsgebiet der Psychoneuroimmunologie (PNI) wurden zu diesem Thema einige neue und aufregende Ergebnisse zutage gefördert. Die PNI versucht zu erklären, inwieweit Stimmungen und Gefühle

---

80 A. A. Mason/S. Black: *Allergic Skin Responses Abolished under Treatment of Asthma and Hayfever by Hypnosis.* Lancet, I, S. 1129–1135.

die Abwehrmechanismen und Reaktionen des Körpers gegenüber Krankheiten beeinflussen. Bis vor einiger Zeit glaubte man noch, daß der Körper sich unabhängig vom Gehirn gegen Viren und Bakterien schützt – daß die angegriffenen Gegenden autonom reagieren, indem sie die entsprechenden biochemischen Wirkstoffe produzieren. Heute sind die Neurologen in einem Umdenkprozeß und nehmen an, daß jene peripheren Nerven eine wichtige Funktion ausüben, die Thymusdrüse, Lymphknoten und Knochenmark verbinden, das bekanntermaßen die weißen Blutkörperchen (Lymphozyten) bildet – sozusagen die Armee des Körpers, bestehend aus Marine und Luftwaffe.

In Phasen der Anspannung oder der Depression wird das Immunsystem durch sogenannte *kortikosteroide Hormone* in Mitleidenschaft gezogen, die die Wirkung der Lymphozyten beeinträchtigen und dadurch unsere natürliche Abwehr schwächen. Umgekehrt produziert der Körper in Zeiten des Glücks oder der Euphorie eine Substanz namens *Interferon*, die das Immunsystem stärkt und heute von immer mehr Ärzten als wichtiges Mittel zur Krebsbekämpfung eingesetzt wird.

Die Erzeugung dieser Substanzen kann ganz verschiedene Ursachen haben. Wenn wir einmal die ›positiven‹ Biochemikalien betrachten, die der Gesundheit förderlich sind, so zeigt sich bei den Endorphinen, daß sie, ausgelöst durch momentane Aufregung, stoßweise und in relativ kurzer Zeit ausgeschüttet werden – also eine Reaktion darstellen auf körperliche Anstrengung oder auf die elektrisierende Spannung bei den Veranstaltungen der Fernsehprediger. Diese Substanzen helfen uns in Extremsituationen und kurbeln unsere Kräfte weiter an.

Eine intensivere Langzeitwirkung haben jene Stoffe, die im Körper langsam und über einen größeren Zeitraum gebildet werden. Sie könnten auch durch einen fürsorglichen Heiler oder durch den Glauben an eine bestimmte Heilbehandlung – etwa Akupunktur, Aromatherapie, Darmspülung – hervorgerufen werden. Derartige Verfahren ermöglichen eine kontrolliertere, ausgeglichenere und leichter umzusetzende neurologische Reaktion. Überraschenderweise hat sich durch Versuche gezeigt, daß selbst Haustiere einen heilsamen Einfluß auf den Kranken ausüben, weil sie Streß abbauen und das bieten, was für die Psychologen nichts anderes ist als »eine Form von unbedingter Liebe, die das Immunsystem unterstützt«.

Demnach ist man geneigt, fast alle Aspekte der Geistheilung entweder abzutun als gefährliche Ausbeutung oder aber mit den Methoden moderner Neurophysiologie zu erklären. Zwar wird der Terminus ›Placebo-Effekt‹ zu häufig gebraucht und oft an falscher Stelle angewandt, aber es mehren sich die Beweise dafür, daß das Gehirn tatsächlich auf die körperliche Gesundheit einwirkt und daß man dessen Fähigkeiten durch Übung nutzen kann, nicht zuletzt auch in finanzieller Hinsicht. Dennoch bleibt ein Phänomen der Geistheilung, das sich bisher jeder wissenschaftlichen Erklärung entzog und von den Skeptikern gern übergangen wird.

Eines Morgens im Jahre 1993 entdeckte die Pferdezüchterin Jan Piper eine Beule über dem Auge ihrer bevorzugten Zuchtstute Jessica. Sie war sofort beunruhigt und befürchtete das Schlimmste. Der Tierarzt erschien am späteren Vormittag und entdeckte weitere Geschwulste im Rachen und in der Flanke. Eine Woche später lag die Diagnose vor. Das Pferd litt unter einer *Lymphosarkomatose*, einem selten vorkommenden Krebs, der zunächst die weißen Blutkörperchen befällt und dann die inneren Organe angreift. Diese Krankheit ist tödlich und praktisch unheilbar.

Am Tag bevor Jessica eingeschläfert werden sollte, hörte die verzweifelte Pferdezüchterin von einem Tierheiler namens Charles Siddle. Obwohl ihr Mann skeptisch war, rief sie Mr. Siddle an, und am nächsten Abend kam er. Er blieb weniger als eine halbe Stunde im Stall. Nachdem er dort einen großen Kristall auf den Boden gestellt hatte, legte er seine Hände auf Jessica und ließ die Handflächen über das Fell, die Mähne und die Augen gleiten. »Morgen wird sie wahrscheinlich noch etwas müde sein«, sagte er leise, »aber danach geht es ihr wieder gut.« Daraufhin verabschiedete er sich.

Am nächsten Morgen fraß Jessica wieder, zum ersten Mal seit Wochen, und nach einigen Tagen war sie vollkommen geheilt. Sie hat jetzt ein Fohlen und erfreut sich weiterhin bester Gesundheit.

Diese Art von Geistheilung ist ein wahres Rätsel. Da hier nicht denkende Menschen, sondern Tiere beteiligt sind, kann man weder Wunschdenken noch Placebo-Effekt unterstellen. Manche Ärzte vermuten, daß solche Wunderheilungen Beispiele für eine Spontan-Remission sind. Tatsächlich gibt es sowohl bei anderen Tieren als auch bei Menschen genau dokumentierte, wenn auch seltene Fälle, in denen die Heilung plötzlich und auf ganz natürliche Weise erfolgte.

Die britische Veterinary Association weigert sich, die Arbeit der Tierheiler anzuerkennen, aber das renommierte Royal College of Veterinary Surgery hat ihnen kürzlich gestattet, ihre Künste in Anwesenheit eines ausgebildeten Veterinärs an den Tieren zu erproben. Für den wissenschaftlichen Forscher ist es allerdings frustrierend, daß diese Heiler in bezug auf ihre Tätigkeit genauso vage Formulierungen benutzen wie jene, die mit Menschen zu tun haben. Auch sie scheinen sich kaum darüber bewußt zu sein, wie sie eigentlich ihr Werk vollbringen. »Im Grunde weiß ich nicht, was da passiert, wenn ich heile«, sagte einer von ihnen neulich in einem Dokumentarbericht des Fernsehens zu diesem Thema. »Die Energie strömt durch meine Hände, also bin ich wohl so etwas wie ein Medium.«

Man nimmt an, daß der Heilungsprozeß bei jedem Tier gleich abläuft – daß also die Aura wiederhergestellt, das Energiefeld neu geordnet wird. Dieser Erklärungsversuch birgt die gleiche Problematik wie zuvor: Um das Rätsel zu lösen, beruft man sich auf ein Phänomen, welches jeder wissenschaftlichen Grundlage entbehrt. Das ist ungefähr so, als würde man behaupten, Gespenster seien mit Sicherheit die Geister von Toten. Die Heilung durch Glauben bleibt demnach genauso ein Geheimnis wie das Energiefeld und die Aura.

Dennoch erzielt Charles Siddle bei den Tieren, die er behandelt, weiterhin beachtliche Heilungserfolge. Zum Beispiel kümmerte er sich um ein preisgekröntes Rennpferd, das einen so schlimmen Bänderschaden hatte, daß es kaum noch gehen konnte, weil das Röhrbein bereits stark angeschwollen war.

Nach einem einzigen Besuch des Tierheilers ging die Schwellung fast ganz zurück, und das Pferd galoppierte über die Koppel, als ob es nie verletzt gewesen wäre. Derlei kann man nicht mit einer natürlichen Spontan-Remission erklären.

Daneben gibt es andere Hinweise dafür, daß ein Mensch nicht nur durch den Placebo-Effekt etwaige Symptome kontrollieren beziehungsweise eine Krankheit in Schach halten kann. In Kanada haben der Heiler Oskar Estebany und der Forscher Dr. Bernard Grad von der McGill University in Montreal herausgefunden, daß Mäuse sehr empfänglich sind für Estebanys offenbar heilsame Kräfte. Jeder der drei Gruppen von je 16 Mäusen wurde ein kleines Stück Haut entfernt. Dann wurde die erste Gruppe Estebanys heilsamen Berührungen ausgesetzt, die zweite Gruppe wurde gewärmt (um die Möglichkeit auszuschließen, daß allein die Wärme der Hand sie beeinflußt), und die dritte Gruppe wurde nicht weiter beachtet. Es zeigte sich, daß die Heilung bei der ersten Gruppe wesentlich schnellere Fortschritte machte als bei den beiden anderen.

In einem ähnlichen Experiment mit menschlichen ›Versuchskaninchen‹ scheint ein Team von der John F. Kennedy University of California die Vorstellung, alle unkonventionellen Heilmethoden seien nur eine Art Placebo, endgültig widerlegt zu haben. 44 Probanden wurde mitgeteilt, sie nähmen an einem konventionellen medizinischen Experiment teil. Dann entfernte man bei jedem ein Stück Haut von der Schulter. Jeden Tag forderte man die Probanden auf, ans Fenster zu gehen und die Wunde zu zeigen, weil sie fotografiert würden. Eigentlich aber wurden einige der Freiwilligen ohne ihr Wissen von einem Heiler behandelt. Am Ende ergab sich, daß bei ihnen die Wunde viel schneller verheilte als bei den anderen.

Einige Wissenschaftler haben diese Heilkräfte noch näher untersucht und Experimente an Pflanzen durchgeführt. Dr. Tony Scofield und Dr. David Hodges von der London University arbeiteten dabei mit einem Heiler namens Geoff Boltwood zusammen. Die Forscher nahmen eine Handvoll Kressesamen und behandelten sie mit Salzwasser, um sie ›einzudicken‹. Anschließend wurde die Menge in zwei Hälften geteilt. Boltwood hielt in jeder Hand eine. Die erste Hälfte versuchte er positiv zu beeinflussen, indem er seine geistigen Kräfte konzentrierte und in ihre Richtung lenkte, die zweite Hälfte hielt er zwar in der Hand, schenkte ihr jedoch keinerlei Aufmerksamkeit. Nachdem das Experiment unter streng kontrollierten Bedingungen sechsmal wiederholt worden war, stellte das Team überrascht fest, daß fünf Samenproben, die Boltwoods Energien ausgesetzt waren, sich etwa doppelt so schnell entwickelten wie die anderen.

Möglicherweise haben die Forscher bei diesen Versuchen einige wichtige Faktoren außer acht gelassen. Jedenfalls wurden ihre Ergebnisse in den Fachzeitschriften denunziert, und manche Kritiker waren drauf und dran, die beiden Wissenschaftler als Betrüger zu bezeichnen. Aber deren Experiment ist kein Einzelfall. Forschergruppen in den USA und in Europa gelangten in ihren Testreihen zu ähnlich aufregenden Resultaten.

Wie diese Effekte zustandekommen, die mit keinerlei Placebo in Verbindung gebracht werden können, bleibt rätselhaft. Die Verfechter der Geistheilung sehen in ihnen den klaren Beweis dafür, daß der Heiler entweder externe Energien sammelt und weiterleitet oder interne Energiefelder nutzt, um kranke Menschen, Tiere, ja sogar Pflanzen in positiver Weise zu beeinflussen. Die Skeptiker dagegen vertreten die durchaus begründete These, daß diese Versuche doch eher bescheiden seien, daß trotz bester Absichten der Forscher sich Fehler eingeschlichen oder unbekannte Einflüsse bemerkbar gemacht haben könnten, daß derlei Effekten vielleicht ganz natürliche Ursachen zugrundeliegen.

Wie die Telepathie, die Präkognition und viele andere in diesem Buch behandelte Phänomene ist auch die Geistheilung in einem Grenzbereich angesiedelt. Dies gilt wohl für alle Aspekte des Paranormalen. Bisher sind auf diesem Planeten noch keine außerirdischen Raumfahrzeuge gelandet, aus den Körpern der Versehrten wachsen nicht plötzlich neue Gliedmaßen, und niemand, nicht einmal der publicitysüchtige Uri Geller hat es geschafft, übersinnliche Fähigkeiten in eindeutiger Weise zu demonstrieren. Das ist sehr enttäuschend, aber wir sollten daraus nicht gleich den Schluß ziehen, daß alle okkulten Dinge Unsinn sind. Viele sind tatsächlich an den Haaren herbeigezogen, wieder andere aber nicht. Der Astronom Sir Martin Rees sagt ganz zu Recht: »Wenn es für eine Sache keinen Beweis gibt, so ist das kein Beweis, daß es sie nicht gibt.«